高校思政工作助推
乡村振兴路径研究

林丽芳　著

中国农业出版社

北　京

图书在版编目（CIP）数据

高校思政工作助推乡村振兴路径研究／林丽芳著．—
北京：中国农业出版社，2024.4.—ISBN 978-7-109
-32045-1

Ⅰ.G641

中国国家版本馆 CIP 数据核字第 2024KL6348 号

中国农业出版社出版

地址：北京市朝阳区麦子店街 18 号楼
邮编：100125
责任编辑：吴洪钟
版式设计：杨　婧　责任校对：吴丽婷
印刷：北京中兴印刷有限公司
版次：2024 年 4 月第 1 版
印次：2024 年 4 月北京第 1 次印刷
发行：新华书店北京发行所
开本：700mm×1000mm　1/16
印张：11.75
字数：220 千字
定价：60.00 元

序

2020 年底，我国脱贫攻坚战取得了全面胜利，乡村振兴战略全面推进。由此，脱贫地区的主要帮扶任务内涵不仅涉及物质文明、社会和谐，还涉及"精神文明""生态文明"，其深度、广度、难度更不亚于脱贫攻坚。党的二十大报告指出："全面推进乡村振兴，全面建设社会主义现代化国家，最艰巨最繁重的任务仍然在农村。没有农业农村现代化，就没有整个国家现代化。""中国要强，农业必须强；中国要美，农村必须美；中国要富，农民必须富。"高校思政工作融入乡村振兴战略，不仅是新时代高校的使命与担当，也是高校顺应新时代发展的现实诉求。后扶贫时代，高校在推进乡村"精神扶贫"中拥有丰富的人才、文化、科研等资源优势，是推进乡村产业振兴、人才振兴、文化振兴、生态振兴、组织振兴的主力军。后扶贫时代，高校如何坚持问题导向，整合社会资源，充分调动高校师生的积极性、主动性、创造性，加强顶层设计，探索高校思政工作与助推乡村振兴契合的有效路径，是当前高校亟须谋划的现实问题、时代课题。

本课题研究溯源中西方反贫困思想，汲取中华优秀传统文化的智慧，坚持问题导向，聚焦"精神扶贫"，构建高校思政工作助推"五大振兴"的综合路径。本课题研究成果，可为政府机构、教育管理部门整合高校等社会各方资源推进乡村振兴提供理论及实践指导；

可为全国高校、农业院校、职业院校开展人才扶贫、文化扶贫、党建扶贫等"精神扶贫"提供借鉴；可为高校思政工作者（特别是思政课教师）构建"大思政课堂"视角下的社会大课堂与思政课小课堂相融合提供借鉴，为讲好"乡村振兴"故事提供现实思政素材；可为高校大学生开展"三下乡"活动、"三支一扶"计划、研究生"扎根实践"活动提供宽阔的视野及思路，实现与祖国同行、与人民同在。

林丽芳

2023 年 9 月

目录

序

第一章　乡村振兴理论溯源 1

一、西方反贫困理论及启示 1

（一）马克思主义反贫困理论及启示 1

（二）列宁反贫困思想及启示 5

（三）贫困恶性循环理论及启示 6

（四）贫困文化理论及启示 7

（五）精神贫困理论及启示 7

（六）城乡融合理论及启示 8

二、中华优秀传统文化溯源 12

（一）共同富裕——天下大同、均平共富 12

（二）民族基因——自强不息、人尽其才 13

（三）文化根脉——农耕文明 13

（四）生态伦理——"道法自然" 15

（五）乡村"善"治——重民本、"礼法合治" 16

三、教育扶贫相关理论 17

（一）教育公平理论 17

（二）人力资本理论 18

（三）协同教育理论 19

（四）社会动员理论 19

（五）实践育人理论 20

第二章　推进乡村振兴战略的"四重"逻辑 …………… 24

一、历史逻辑 ………………………………………… 24

（一）从人类社会发展史看 ……………………………… 24

（二）从中华民族发展史看 ……………………………… 24

（三）从社会主义发展史看 ……………………………… 25

（四）从党的百年奋斗史看 ……………………………… 25

二、理论逻辑 ………………………………………… 30

（一）为什么要实施乡村振兴战略 ……………………… 31

（二）乡村振兴的战略目标 ……………………………… 32

（三）乡村振兴为谁振兴 ………………………………… 33

（四）谁领导乡村振兴 …………………………………… 33

（五）依靠谁振兴 ………………………………………… 34

三、内在逻辑 ………………………………………… 34

（一）产业兴旺是根基——经济建设目标 ……………… 35

（二）生态宜居是内在要求——生态建设目标 ………… 35

（三）乡风文明是紧迫任务——文化建设目标 ………… 35

（四）治理有效是重要保障——政治建设目标 ………… 35

（五）生活富裕是主要目的——社会建设目标 ………… 36

四、实践逻辑 ………………………………………… 36

（一）乡村振兴的现实基础 ……………………………… 36

（二）坚持走"七条之路" ……………………………… 37

第三章　高校思政工作助推乡村振兴是现实诉求 …… 39

一、"精神扶贫"是后扶贫时代推进乡村振兴战略的现实需求 …… 39

（一）推进乡村振兴战略是"国之大者" ……………… 39

（二）后扶贫时代乡村"精神贫困"依然突出 ………… 40

（三）"精神扶贫"的重点任务 ………………………… 45

二、高校思政队伍是"精神扶贫"的主力军 ………… 47

（一）培养高素质农民的主力军 ………………………… 47

（二）科技助农主力军 ·· 50

（三）乡风文明建设主力军 ·· 51

（四）乡村生态文明建设主力军 ································ 51

（五）乡村有效治理主力军 ·· 51

三、高校思政工作助推乡村振兴的现实意义 ················ 52

（一）凝聚高校力量是我国扶贫的成功经验 ············ 52

（二）高校思政工作助力乡村振兴是使命担当 ········ 53

（三）有助于高校提升"立德树人"水平 ················ 54

（四）有助于高校师生"教学相长" ························ 55

（五）有助于缓解大学生就业压力 ···························· 57

第四章　高校助力乡村发展的实践经验 ·························· 58

一、国外高校助力乡村发展的实践经验 ···················· 58

（一）日本高校助力"造村运动" ···························· 58

（二）美国高校助力"乡村改进"模式 ···················· 62

（三）英国"农业＋、新农村、新农人"新循环模式 ·· 63

（四）韩国高校助力"新村运动" ···························· 65

（五）荷兰乡村人才培养模式 ···································· 65

（六）德国大学生社会实践全员参与制度 ················ 66

二、国内高校助推乡村发展模式及实践经验 ·············· 67

（一）国内高校助力乡村发展模式 ···························· 67

（二）实践经验 ·· 70

第五章　高校思政工作助推乡村振兴的问题导向 ············ 76

一、政府层面 ·· 76

（一）政策制度性供给缺失 ·· 76

（二）协同性较差 ·· 77

（三）志愿服务平台供给不足 ···································· 80

二、高校层面 ·· 80

（一）顶层设计不到位 ··· 80

（二）聚焦"精神扶贫"不够 ………………………………………… 81

（三）实践教育教学体系不健全 …………………………………… 82

（四）社会贡献率有待提升 ………………………………………… 83

（五）激励机制不健全 ……………………………………………… 84

（六）彰显特色不明显 ……………………………………………… 84

（七）保障机制不到位 ……………………………………………… 85

三、教师层面 ………………………………………………………… 85

（一）激励机制不健全 ……………………………………………… 85

（二）教师助力乡村振兴的责任感不强 …………………………… 85

（三）帮扶举措与乡村需求契合度不高 …………………………… 86

四、学生层面 ………………………………………………………… 86

（一）大学生理论基础比较薄弱 …………………………………… 86

（二）大学生返乡就业创业愿望不足 ……………………………… 86

（三）价值导向偏差 ………………………………………………… 87

（四）成果转化率不高 ……………………………………………… 87

（五）服务意识较差 ………………………………………………… 87

第六章　高校思政工作助推乡村产业振兴 ………………………… 89

一、走高质量农业发展道路 ………………………………………… 89

（一）提升创新能力 ………………………………………………… 90

（二）延伸产业链、价值链 ………………………………………… 92

（三）以"产学研服"一体化推动智慧农业 ……………………… 93

（四）打造智慧农业信息平台 ……………………………………… 97

二、贯彻绿色发展理念，打造生态产业 …………………………… 97

（一）树立绿色生产观 ……………………………………………… 98

（二）借鉴先进模式 ………………………………………………… 99

（三）以绿色科技赋能生态产业 …………………………………… 100

（四）树立品牌意识，做大做强 …………………………………… 101

三、增强文化自信，助推"文旅＋"产业 ………………………… 102

（一）强化乡村"颜值"与"价值"并存 ………………………… 102

（二）打造"一村一品"文旅产品 …………………… 103

（三）打造少数民族文旅产品 …………………… 104

（四）加大文旅宣传 …………………………… 105

四、以党建引领助推"党建＋"产业 ………………… 105

（一）打造"党建＋"产业链 ………………… 105

（二）挖掘红色文化资源，发展红色旅游 ……… 106

第七章　高校思政工作助推乡村人才振兴 ……… 108

一、培养返家乡建功立业的大学生 ………………… 109

（一）成立乡村振兴学院 …………………… 109

（二）增设乡村振兴相关专业 ………………… 109

（三）思政课程与课程思政同向同行培育"新农人" … 111

（四）完善志愿服务乡村振兴激励机制 ………… 114

（五）推动实践育人与助推乡村振兴有效融合 …… 115

（六）营造全员助推乡村振兴氛围 …………… 119

二、"志智双扶"，培养高素质农民 ………………… 120

（一）强化"扶志"，消除乡村"精神贫困" …… 120

（二）强化"扶智"，增强农民职业技能 ……… 124

（三）阻断贫困代际传递 …………………… 126

（四）发挥职业院校优势培养乡村人才 ………… 128

三、培养乡村"善治"的基层干部 ………………… 134

（一）培养乡村"政治强、作风硬、业务精"的基层干部 … 134

（二）完善驻村干部选拔及管理服务 ………… 136

（三）完善大学生村官培育、选拔机制 ……… 137

四、培养农业职业经理人 …………………………… 138

（一）优选培养对象 …………………………… 138

（二）提升培训实效性 ………………………… 139

（三）规范人才评价体系 ……………………… 139

（四）打通职称晋升绿色通道 ………………… 139

五、引导城市"富人"返家乡 ……………………… 140

（一）引导"先富"带"后富" ·· 140

（二）引导"新乡贤"返家乡 ·· 141

第八章　高校思政工作助推乡村生态振兴 ·················· 143

一、以习近平生态文明思想为引领 ·························· 143

（一）汲取中华优秀生态文化智慧 ·························· 144

（二）创新学习宣传方式 ·· 145

（三）强化生态价值 ·· 146

（四）树立大食物观 ·· 147

（五）加强生态法治教育 ·· 147

二、强化乡村生态文明建设的主体责任 ·················· 147

（一）强化农民的主体意识 ······································ 148

（二）强化政府主体责任 ·· 149

（三）高校的责任担当 ·· 150

三、创新乡村生态治理模式 ································· 151

（一）乡村科学规划先行 ·· 151

（二）形成绿色生产生活方式 ································· 152

（三）协同推进人居环境整治行动 ·························· 153

（四）以村规民约促生态保护与修复 ····················· 153

（五）以科技创新推动生态治理 ······························ 154

四、共建生态文明建设基地 ································· 154

（一）共建"生态产学研"一体化基地 ···················· 154

（二）共建大数据精准管理平台 ······························ 155

（三）多渠道筹集建设资金 ······································ 155

第九章　高校思政工作助推乡村组织振兴 ·················· 156

一、加强对乡村治理体系和治理能力现代化的研究 ······ 156

（一）治理主体 ·· 156

（二）治理现状 ·· 157

（三）有效治理的重点 ·· 157

二、构建政府、高校和乡村三方协同联动机制 ……………………… 158

（一）发挥政府的主导作用 ……………………………………… 158

（二）健全高校助推乡村振兴的运行保障机制 ………………… 160

（三）乡村基层组织提供需求清单 ……………………………… 162

（四）成立县政研究会 …………………………………………… 162

（五）共建合作管理服务平台 …………………………………… 162

三、增强乡村基层党组织的组织力、凝聚力、战斗力 …………… 163

（一）强化基层党组织设置 ……………………………………… 164

（二）突出乡村基层党组织的政治功能 ………………………… 165

（三）选拔好乡村"第一书记" ………………………………… 167

（四）提升服务能力 ……………………………………………… 167

四、推进乡村"三治融合" ………………………………………… 169

（一）助推乡村居民自治 ………………………………………… 169

（二）助推乡村法治 ……………………………………………… 171

（三）助力乡村德治 ……………………………………………… 171

五、凝聚社会各方力量 ……………………………………………… 172

（一）深化高校协作 ……………………………………………… 172

（二）凝聚社会力量助力乡村治理 ……………………………… 174

（三）加强国际交流合作 ………………………………………… 175

第一章　乡村振兴理论溯源

理论是实践的先导，实践是理论的升华。我们应汲取西方反贫困理论精华，溯源中华优秀传统文化智慧源泉，探究教育扶贫规律，并将其加以创造性转化和创新性发展，从而探索出新时代高校思政工作助推乡村振兴的新理念新思想新路径。

一、西方反贫困理论及启示

西方对于乡村发展的研究比较早，更早注意到了农村发展过程中的问题，并形成了一些成熟的理论，如马克思主义反贫困理论、列宁反贫困思想、城乡融合理论、贫困文化理论、精神贫困理论、贫困恶性循环理论等。在这些理论的指引下，形成了一些健全的制度和政策保障体系，如科技服务体系、高等教育改革体系、农村金融体系、高素质农民培育体系、城乡融合体系等。以精神扶贫为视角，汲取西方高校扶贫理论的精华，有助于我国高校思政工作助推乡村振兴战略。下面就几个重点理论进行阐述。

（一）马克思主义反贫困理论及启示

新时代乡村振兴战略依循了马克思主义城乡关系和乡村发展的思想，是马克思主义乡村发展、城乡融合思想中国化的最新成果，是习近平新时代中国特色社会主义经济思想的重要内容[①]。马克思反贫困理论彰显了其强大的生命力，对探究我国乡村深层次的贫困根源及如何推进农业农村现代化仍具有强大的指导价值和解释力。

1. 主要观点

马克思主义认为，贫困的根源是生产资料的私有制及其由此造成的劳动与

---

① 刘儒，刘江，王舒弘．乡村振兴战略：历史脉络、理论逻辑、推进路径［J］．西北农林科技大学学报（社会科学版），2020（2）：1-9.

财富的分离。资本主义社会里，资本家追求资本剩余价值最大化的同时，愈发使工人阶级陷入极度贫困的境地，在机器大生产和雇佣劳动制度下，资产阶级对剩余价值的进一步压榨和侵占进而形成资本积累，最终导致贫困。资本是死劳动，它就像吸血鬼一样，只有吮吸活劳动才有生命，吮吸的活劳动越多，它的生命就越旺盛①。马克思不仅看到了无产阶级在经济层面的贫困，而且据此还分析了无产阶级同样在政治、精神和文化生活领域存在极度贫困。劳动生产了宫殿，但是给工人生产棚舍。劳动生产了美，但是使工人变成畸形……劳动生产了智慧，但是给工人生产了愚钝和痴呆②。劳动者贫困主要源于资本、地租和劳动者的分离，资产阶级凭借其丰富的劳动资源，攫取生产者最多的剩余价值，进而使后者陷入贫困恶性循环，进一步使得生产过程中人与物的分离，即生产资料的贫困，更进一步衍生出劳动者的生活贫困、精神贫困和文化贫困等。马克思还阐明，贫困与国家管理有关，在《黑格尔法哲学批判》中，马克思站在与现实的人同步发展的层面上，来理解市民社会与国家的分离以及国家的发展问题③。真正的国家不在于国家制度的各个不同环节发展到特殊现实性——像黑格尔所愿望的那样，而在于国家制度本身发展到同现实的人民生活并行不悖的特殊现实性，在于政治国家成了国家其他一切方面的制度④。马克思当年从劳动与资本关系的角度来探索阶级对立的基本思路对我们就有借鉴作用和启示意义⑤。

马克思主义认为，贫困主要表现为绝对贫困和相对贫困。"绝对贫困"是指工人所处的除了拥有自身的劳动能力以外，其他一无所有的状况。工人的绝对贫困……无非是说，劳动能力是工人唯一能出售的商品，工人只是作为劳动能力与物质的、实际的财富相对立⑥；被剥夺了劳动资料和生活资料的劳动能力是绝对贫困本身⑦，按其概念是赤贫者。"相对贫困"则是指工人参与社会总产品分配时，所取得的份额与资本家占有的那一部分相比较是微乎其微的，

---

① 马克思.《资本论》：第1卷 [M]. 北京：人民出版社，1975：260.
② 马克思恩格斯全集·第2版：第3卷 [M]. 北京：人民出版社，1995：269-270.
③ 唐正东. 正确评价马克思《黑格尔法哲学批判》的思想史地位 [J]. 河北学刊，2012（1）：10-15.
④ 马克思恩格斯全集·第2版：第3卷 [M]. 北京：人民出版社，1995：43.
⑤ 陈学明. 论中国道路对马克思主义阶级斗争理论的继承和发展 [J]. 马克思主义研究，2015（5）：27-35，159.
⑥ 马克思恩格斯全集·第2版：第32卷 [M]. 北京：人民出版社，1995：45.
⑦ 马克思恩格斯全集：第47卷 [M]. 北京：人民出版社，1979：10.

而资本主义生产就是以剩余价值为目的即以生产者群众的相对贫困为基础的①。

马克思主义认为，反贫困的基本路径：一是消灭资本主义私有制，建立公有制。马克思认为资本主义私有制是造成贫困问题的重要原因，指出只有从制度上进行变革，建立社会主义公有制，铲除阶级剥削与压迫的基础，才能从根本上最终消除贫困的根源。他在《国际工人协会成立宣言》中指出，无产阶级要想彻底消除贫困问题，就必须通过无产阶级革命斗争夺取政权，推翻资本主义统治，消灭阶级压迫和资本主义制度，建立被人民共同占有生产资料和社会财富为公有制的社会主义制度，使生产者真正从那种资本奴役下的异化和剥削状态中解放出来，进而从消除贫困到实现人的解放、社会的共同富裕，最终实现人的自由而全面发展。其为无产阶级摆脱贫困实现解放指明了方向②。二是发展生产力。马克思认为，社会的发展离不开生产力和经济基础，每一历史时代的经济生产以及必然由此产生的社会结构，是该时代政治的和经济的历史的基础③。现代资本主义生产方式所造成的生产力和由它创立的财富分配制度已经和这种生产方式本身发生激烈的矛盾，而且矛盾达到了这种程度，以致如果要避免整个现代社会灭亡，就必须使生产方式和分配方式发生一个会消除一切阶级差别的变革④。马克思认为，无产阶级要摆脱贫困化的命运，必须抓住生产力这个推动社会变革的根本力量。消除贫困和实现所有人的共同富裕都必须以发展生产力为重要基础和现实途径。三是物质解放是获得自身精神解放的首要前提。马克思、恩格斯认为，只有基本的物质生产资料和生活资料得到保障，精神才可获得解放。获得一定劳动部门的技能和技巧又是生产力持续发展，获得精神解放和人的全面而自由的发展的基础。四是人民至上是马克思主义政党的根本立场，实现人自由而全面的发展是马克思主义追求的根本价值目标。在马克思主义人的本质思想中，人是社会的中心，人是贯穿整个历史发展的关键。在《共产党宣言》中，马克思、恩格斯指出："过去的一切运动都是少数人的，或者为少数人谋利益的运动。无产阶级的运动是绝大多数人的，为绝大多数人谋利益的独立的运动。"只有生产将以所有的人富裕为目的⑤。

---

① 马克思恩格斯全集：第 26 卷　第 3 册 [M]. 北京：人民出版社，1974：135.
② 杜利娜. 马克思的贫困理论及当代启示 [J]. 马克思主义研究，2018 (8)：31-40，159.
③ 马克思恩格斯选集·第 3 版：第 1 卷 [M]. 北京：人民出版社，1972：232.
④ 马克思恩格斯选集·第 3 版：第 3 卷 [M]. 北京：人民出版社，2012：537.
⑤ 马克思恩格斯全集·第 1 版：第 46 卷（下）[M]. 北京：人民出版社，1980：222.

2. 启示

马克思主义反贫困思想，为我国推进乡村振兴提供了唯物主义立场、方向和根本路径。对高校思政工作助推乡村振兴有重要启示。

一是引导民众毫不动摇坚持社会主义制度。马克思反贫困理论揭示了资本主义私有制和雇佣劳动制度是造成无产阶级贫困的制度根源，反贫困的根本途径在于消灭资本主义私有制，建立共产主义公有制，无产者只有通过消灭私有制和一切阶级差别，才能够获得物质和精神解放。社会主义制度在脱贫方面的优势是资本主义制度所不可比拟的。在马克思贫困理论的指导下，新中国成立后始终把建立社会主义制度作为反贫困的制度基础，开启了人类历史上最大规模的减贫脱贫壮举，到 2020 年我国脱贫攻坚取得全面胜利，完成了消除绝对贫困的艰巨任务，为全球贫困治理提供了中国智慧。

二是引导民众毫不动摇坚持社会主义公有制。纵观全球，数十亿人口在贫困中挣扎。大量事实表明，即使是欧美发达国家，依靠提高国民收入有效遏制了一些传统意义上的收入型绝对贫困，但伴随着经济周期性波动，失业和低收入群体却大幅度增加；如美国、日本等高度发达国家，也面临着福利缺失、就业机会不均等之类的"新型贫困"，这些也逐渐成为发达国家扶贫的瓶颈；菲律宾、肯尼亚等欠发达国家反贫困也收效甚微，贫困问题周期性反复加重，从未根治相对贫困。可以说，西方资本主义国家由于回避基本经济制度问题，实施再多的减贫"良方"也收效甚微，直接宣告了其扶贫观在理论上的失败。本质上说明，物质财富的绝对增长并不必然消除贫困，脱离公有制去谈消除绝对贫困与相对贫困都只是一时之计。要消除绝对贫困，要从生产资料所有制方面出发，让农民成为有产者，加强乡村公共资源的合理配置，坚守农村集体土地所有权法律底线，不能让农民丧失土地成为永久"无产者"，新型"人民公社"的主人应该是农民，而不是城市下乡的"资本家"。

三是产业振兴是乡村全面振兴的基础。邓小平同志深刻指出："社会主义的本质，是解放生产力，发展生产力，消灭剥削，消除两极分化，最终达到共同富裕。"解决中国的贫困问题，必须在坚持社会主义道路的基础上，在大力发展生产力这一关键点上发力。中国当前乡村振兴的核心是要解决广大乡村发展不平衡不充分的问题，乡村只有生产力提升了，推动了产业振兴，才可以留住人才和吸引人才，进而才可以推动本地乡村文化振兴、生态振兴、组织振兴。

四是坚持人民立场，让农民有获得感。共同富裕是社会主义本质的核心内容，当前，中国乡村振兴战略的实施，旨在坚持以人民为中心，充分发挥农民在乡村振兴中的主体作用，推进乡村共同富裕，让农民有获得感、幸福感。

（二）列宁反贫困思想及启示

列宁是社会主义国家探索贫困问题的第一人。俄国十月革命胜利后，以列宁为首的俄国领导人继承了马克思恩格斯的反贫困思想，就如何建设社会主义，如何带领历经战争苦难的广大人民群众摆脱贫穷落后面貌进行了探索，开启了社会主义国家反贫困战争的新纪元。

1. 主要观点

列宁首先承认社会主义国家也存在贫困现象，并认为在经济文化落后的社会主义国家，解决贫困的任务更加艰巨。列宁认为当时的俄国经过战争洗礼，经济、文化极为落后，无产阶级取得国家政权以后，它的最根本的需要就是增加生产量，大大提高社会生产力①，俄国的贫困问题是因为生产力水平低下造成的，并非制度性原因，主张解决社会主义国家贫困问题的根本途径是解放和发展生产力，只有大力发展生产力才能为国家的建设积累物质，奠定基础，才能解决社会主义国家的贫困问题。

其次，列宁认为，摆脱贫困必须坚持无产阶级政党的领导，脱贫事业必须依靠全体劳动群众，无产阶级以及群众对于顺利推进俄国反贫困事业具有现实重要性。社会主义建设就不仅仅是作为沧海一粟的共产党的事业，而是全体劳动群众的事业；只有相信人民的人，只有投入生机勃勃的人民创造力源泉中去的人，才能获得胜利和并保持政权；同时，所有人共同享受大家创造出来的福利。

最后，列宁指出，"消灭阶级压迫与剥削，进而消除贫困与两极分化，其基本措施是物质扶贫与精神扶贫两手抓，要使劳动力获得一定的教育训练"，这样才可保证生产力的持续发展和人的进一步解放。列宁还从人民政治权利保障、教育方面来提升群众整体素质，增强群众摆脱贫困的内生动力。

2. 启示

一是大力发展生产力，推进乡村产业振兴。乡村产业振兴是推进乡村全面振兴的根本途径。

二是坚持党的领导，依靠人民，充分发挥广大人民群众的智慧、力量。

三是物质与精神帮扶两手抓，激发群众内生动力。

---

① 列宁选集：第4卷 [M]．北京：人民出版社，1995：623.

（三）贫困恶性循环理论及启示

美籍爱沙尼亚经济学家纳克斯（Nurkse）分析了经济落后国家（地区）经济停滞不前的深层原因，在其著作《不发达国家资本的形成》中将其概括为贫困恶性循环论（vicious circle of poverty）。

1. 主要观点

纳克斯认为，"一国穷是因为它穷"（A country is poor because it is poor），他认为发展中国家长期贫困的原因，并非国内资源不足，而是因为经济中存在若干互相联系、互相作用的"恶性循环系列"。纳克斯认为，不发达国家（地区）存在着两个恶性循环。从供给方面看，资本形成了一个恶性循环，人民收入很低，意味着储蓄就少，储蓄少就容易造成资本短缺，进而导致产出少，产出少又造成低收入，周而复始，就形成"低收入—低储蓄—低资本形成—低生产率—低产出—低收入"的恶性循环。从需求方面来看，发展中国家人均收入低，意味着购买力较低、消费不足，进而导致投资乏力，投资不足又使生产率低下，进而导致低产出和低收入，又形成"低收入—低购买力—低投资引诱—低资本形成—低生产效率—低产出—低收入"恶性循环①。英国学者奥本海默也在《贫困的真相》中指出："贫困指物质上、社会上和情感上的匮乏，其开支少于平均水平。"而且，这两个恶性循环相互联系，相互强化，很难自我突破，很难由"恶性循环"转变为"良性循环"。他以穷人为例来说明这一问题：穷人之所以贫穷是因为他们收入低，他们收入低是因为工作效率低，工作效率低的原因是因为他们吃不饱而身体很差，身体差是因为他们非常贫穷。起点是贫穷，终点也是贫穷，形成了一种恶性循环。对一个人和对一个国家（地区）来说都如此，这就是所谓"越穷就越差，越差就越穷"的"马太效应"。纳克斯还认为，要从根本上打破"贫困恶性循环"，光靠国家财政扶持、加大转移支付力度的办法只是外因，是不可能解决根本问题的，内因才是事物变化和发展的根本。

2. 启示

我国贫困地区确实存在"贫困恶性循环"现象，如何从根本上打破这种"贫困恶性循环"，是高校思政工作研究的重要内容之一。乡村振兴光靠国家财政扶持、加大转移支付力度的办法，实践已经证明不可能从根本上解决问题。

---

① 纳克斯·雷格纳. 不发达国家的资本形成 [M]. 北京：商务印书馆，1986.

外因只是事物变化的条件，内因才是事物变化和发展的根本①。因此，要彻底让农民摆脱贫困，就必须依靠文化的长期深厚力量，对其进行"精神扶贫"，强化"智志双扶"，从思想根源上解除安于现状、好吃懒做、不思进取等惯性"精神制约"，彻底打破"贫穷恶性循环"。

（四）贫困文化理论及启示

美国人类学家奥斯卡·刘易斯（Oscar Lewis）通过对贫困家庭和社区的实际研究，首次于《五个家庭：墨西哥贫穷文化案例研究》中提出贫困文化理论。

1. 主要观点

贫困文化是指贫困阶层具有的一种独特生活方式，它主要是指长期生活在贫困之中的一群人的行为方式、习惯、风俗、心理定势、生活态度和价值观等非物质形式②。该理论认为，贫困阶层在居住和生活方式等方面有其独特性。穷人独特的居住方式促进了穷人间的集体互动，与其他社会生活相对隔离，产生了一种脱离社会主流文化的贫困亚文化，这种"圈内"的亚文化在一代又一代的传递中得到强化和制度化。贫穷亚文化具有残余性，其成员总是试图将不同来源的残余观念和习俗融入到实际的生活之中③，他们常带有对立性和愤世嫉俗思想，他们一般对社会、政府和身居高位者失去信赖，持批评态度。1993年诺贝尔经济学奖获得者诺思（Douglass North）认为，有些文化是消极无效的"精神制约"，要克服"精神制约"和"思维瓶颈"，就要进一步解放思想，更新观念。

2. 启示

对农民加强思想文化教育，是打破农民长期处于"贫困亚文化圈"，阻断贫困代际传递最直接最有效的方法。

（五）精神贫困理论及启示

1. 主要观点

贫困往往与贫困人口的精神、思想、观念乃至文化形态联结在一起④。精

---

① 储东涛. 打破贫困地区的"贫困恶性循环"［J］. 镇江高专学报，2001，14（2）：3.
② 李海金，等. 扶贫扶志的理论与实践［M］. 北京：研究出版社，2021：9.
③ 奥斯卡·刘易斯著，李雪顺译. 桑切斯的孩子们［M］. 上海：上海译文出版社，2014.
④ 李海金，等. 扶贫扶志的理论与实践［M］. 北京：研究出版社，2021.

神贫困属于文化贫困的一个表现方面①。从心理学角度看，精神贫困主要表现为精神空虚、懒散、消极、自卑、"无为"，缺乏战胜困难的勇气，落后的贫困价值观②，轻视教育与智力开发，存在文化愚昧、严重缺乏科技知识，大量"科盲"③。从发生学来看，精神贫困是产生贫困的深层次原因，导致欠发达地区长期落入贫困陷阱，是制约欠发达地区可持续发展的深层原因。从行为科学角度看，精神贫困主要表现为缺乏志向，非理性的行为决策等④。实际上，精神贫困既反映了人的追求、人的信念等价值理性认识的偏差，也反映了人的基本生存和发展能力等理性认识的缺失⑤。从精神文化角度看，精神贫困是贫困人口在精神文化方面的一个重要特征⑥。从文化认同角度来看，精神贫困主要是指个人或群体对积极向上的精神生活的需要和认同程度，明显低于群体中其他多数成员的需要和认同程度⑦。从综合性、系统性维度来看，精神贫困可以界定为因种种发展制约因素造成的某一社会群体或个人在思想道德素质、文化知识水平、价值观念、价值取向、风俗习惯、思维方式、行为方式上落后于社会主要物质生产方式，以致影响物质生活资料获得和精神生活需求满足的生存状态⑧。

2. 启示

后扶贫时代，乡村振兴要以精神扶贫为重点，从深层次激发脱贫群众的内生动力，激发脱贫群众自立自强、发家致富的信心和勇气。

（六）城乡融合理论及启示

恩格斯在《反杜林论》《自然辩证法》中提出了"城乡融合"理论，马克思恩格斯运用辩证唯物主义和历史唯物主义的科学方法，提出消灭城乡对立是一

---

① 程肇基. 精神扶贫：一个亟待关注的精准扶贫新领域［J］. 江西社会科学，2016（11）：210-216.

② 王宗礼. 精神扶贫：培育扶贫开发新动能［J］. 社科纵横，2017（9）：35-37.

③ 陈依元. 论贫困地区农民的精神"脱贫"［J］. 衡阳师专学报（社会科学版），1990（1）：1-5.

④ 杭承政，胡鞍钢. "精神贫困"现象的实质是个体失灵：来自行为科学的视角［J］. 国家行政学院学报，2017（4）：97-103，147.

⑤ 杨云峰. 欠发达地区的精神贫困探析［J］. 宁夏大学学报（人文社会科学版），2003（2）.

⑥ 余德华. 精神贫困对欠发达地区脱贫的影响［J］. 贵州社会科学，2003（1）：42-44.

⑦ 朱华晔. "精神贫困"的概念辨析［J］. 经济研究导刊，2011（28）；甄喜善. 分层推进精神扶贫［J］. 社科纵横，2017（9）.

⑧ 余德华，麻朝晖. 欠发达地区的精神贫困与精神脱贫思路探析［J］. 社会科学，2001（2）；黄颖. 摆脱"精神的贫困"：新时期贫困者精神脱贫的思考［J］. 法制与村会，2012（33）.

个历史过程，城乡关系最终由分离和对立演变为重新融合与统一的状态等相关理论。进入新时代，我国的主要矛盾已经转化为人民日益增长的美好生活需要和不平衡不充分的发展之间的矛盾。这种不平衡是普遍的，城乡之间的不平衡就是一种典型的表现形式[①]。

1. 主要观点

在《德意志意识形态》中，马克思指出，一个民族内部的分工，首先引起工商业劳动同农业劳动的分离，从而也引起城乡的分离和城乡利益的分离[②]。马克思在《政治经济学批判（1857—1858 年手稿）》中，从城乡关系角度对人类社会各阶段特征作了高度概括，他认为，城乡关系演变的趋势是从无差别到对立，要使生产资源向贫困地区倾斜，实现平衡发展，最后走向融合。马克思与恩格斯在吸收空想社会主义者等其他学者的思想上，在《共产主义原理》中首次提到城乡融合这一概念，即通过消除旧的分工，通过产业教育、变换工种、所有人共同享受大家创造出来的福利，通过城乡融合，使社会全体成员得到全面的发展[③]。马克思、恩格斯认为推动乡村发展、消灭城乡对立需要从两个方面着手。一方面城乡融合需要依靠生产力的进一步发展，消灭城乡之间的对立……取决于许多物质前提[④]；消灭城乡对立并不是空想……日益成为工业生产和农业生产的实际要求[⑤]。另一方面，城乡融合需要依靠生产关系的变革，城市之间的对立只有在私有制的范围内才能存在[⑥]。只有让社会占有全部生产资料，并有计划地进行利用，才能改变这种人被生产资料奴役的关系[⑦]。林钲（2015）认为城乡融合是对消灭城乡对立与差别的一种高度概括[⑧]。李红玉、梁尚鹏（2019）认为，城乡融合的归宿与落脚点在于实现人的全面发展和人与自然的和谐统一[⑨]。陈剑（2007）通过借鉴总结马克思城乡融合思想，认为实现城乡融合的目的在于满足人的需求、追求物质文明、精神文明的全面发

---

① 吴陈轩，段中林，李浩军．经典作家城乡融合理论综述［J］．经济研究导刊．2021（19）：139－142.

② 马克思恩格斯选集：第 1 卷［M］．北京：人民出版社，1972：25.

③ 马克思恩格斯选集：第 1 卷［M］．北京：人民出版社，1972：224.

④ 马克思恩格斯选集：第 1 卷［M］．北京：人民出版社，1972：57.

⑤ 马克思恩格斯选集：第 2 卷［M］．北京：人民出版社，1972：542.

⑥ 马克思恩格斯选集：第 1 卷［M］．北京：人民出版社，1972：56.

⑦ 李祎畅．探寻乡村振兴的理论逻辑［N］．中国法治．2023－08－18.

⑧ 林钲．马克思恩格斯城乡融合思想及当代中国实践［D］．广州：中共广东省委党校，2015.

⑨ 李红玉，梁尚鹏．马克思主义城乡融合发展理论探析［J］．城市与环境研究，2016（2）：46－57.

展，具体包括城乡经济融合、空间融合、基础设施融合和生态环境融合四个方面①。王文影（2017）指出，城乡融合是农村发展的现实需要，是解决"城市病"的客观需要，是城市工业发展的直接需要，是实现全人类解放的需要②。要消除城乡冲突，就要优化和合理配置城乡资源，促进城乡经济、文化等方面的融合，以"以城带乡，以乡促城"的方式推动城乡一体化③。

2. 启示

一是推动城乡融合是推进中国式现代化的必然要求。1949 年 3 月，毛泽东指出，国家建设中要兼顾城乡，"丢掉乡村"的想法是完全错误的④。1984 年邓小平同志指出，农村的稳定和发展是城镇发展的基础，我们要优先解决农村问题⑤。党的十八大以后，习近平总书记进一步指出："没有农业现代化，没有农村繁荣富强，没有农民安居乐业，国家现代化是不完整、不全面、不牢固的。"⑥《乡村振兴战略规划（2018—2022 年)》指出，推进城乡融合要根据不同乡村的资源禀赋、发展现状、区位条件等分类推进，不能搞一刀切。要通盘考虑完善城乡发展规划编制，建立城乡一体化规划和实施管理体制，切实解决规划上城乡脱节、重城市轻农村的问题。对于形成集约效应、具有开发价值的村庄，可以搞现代化观光农业模式；对于古村落则应采取文化保护和旅游资源开发。

二是打破制约要素在城乡之间合理配置的制度约束，促进乡村基本公共服务均等化。现在很多大学生毕业后宁可在大城市送外卖，也不愿回到小县城和农村就业，更多的原因就是在于乡村基本公共服务较差。要吸引更多的人才回流乡村，就要引导城乡要素配置合理化，推进城乡基本公共服务均等化⑦，赋予乡村和城市同等的发展权。西方发达国家之所以能够实现城乡融合发展的关键是建立起一整套的城乡融合政策，包括城乡一元的人口管理制度、城乡平等的社会保障制度、城乡统一的发展规划等，乡村被赋予与城市平等的发展权，

① 陈剑. 城乡融合的理论研究与实践 [D]. 保定：河北农业大学，2007.
② 王文影. 马克思恩格斯城乡融合思想研究 [D]. 呼和浩特：内蒙古大学. 2017：15 - 16.
③ 徐敏. 新时代职业教育助推乡村振兴战略的服务体系及策略研究 [M]. 北京：北京理工大学出版社，2020：39.
④ 中共中央文献研究室. 建国以前重要文献选编（1921—1949）（第 26 册）[M]. 北京：中央文献出版社，2011：160.
⑤ 中共中央文献研究室. 改革开放三十年重要文献选编（上）[M]. 北京：中央文献出版社，2008：336.
⑥ 本书编写组. 十八大以来治国理政新成就：上册 [M]. 北京：人民出版社，2017：429.
⑦ 陈媛媛. 习近平关于城乡融合发展的重要论述研究 [D]. 武汉：中南财经政法大学，2021.

要素被允许在城乡之间自由流动，进而实现城乡融合发展①。2020年11月，习近平总书记在全面推动长江经济带发展座谈会上强调："要推进以人为核心的新型城镇化，处理好中心城市和区域发展的关系，要提高人民收入水平，加大就业、教育、社保、医疗投入力度，促进便利共享，扎实推动共同富裕。"推动城乡融合发展，关键在于改变农村要素单向流出格局，打通城乡要素市场化配置体制机制障碍，推动城乡要素平等交换、双向流动②。"精准"是习近平经济思想的重要方法论要义之一，也是实现供求有效对接、提高资源配置效率的重要手段③。如：山东省寿光市推进的"寿光乡村振兴模式"，采取了以市级公共文化设施为龙头、镇街综合性文化服务中心为纽带、村（社区）综合性文化服务中心为依托的三级公共文化服务网络体系，形成以城区文化辐射带动农村，以农村文化丰富反哺城区的城乡公共文化服务，促进了寿光乡村基本公共服务均等化。

三是要实现农村土地有序流转和有效配置。中国城镇化推进是历史的必然。毛泽东同志曾指出："农民——这是中国工人的前身。将来还要有几千万农民进入城市，进入工厂。如果中国需要建设强大的民族工业，建设很多的近代的大城市，就要有一个变农村人口为城市人口的长期过程。"④ 目前，"逆城市化"人口与农民混合居住，城郊乡村占地规模扩大，农业用地连片性差，难以使用大型农机；一些乡村山村依然存在大量荒山荒地没有得到有效利用和开发，土地资源存在过度消耗和低效利用问题；一些农户即使在县城买了房，依旧在农村盖房，阻碍土地流转，这些都成为乡村经济发展的瓶颈。在城市化进程中，农民进城后留下的土地如何有效配置就成为适时思考的问题。习近平总书记强调："我国农村改革是从调整农民和土地关系开启的。新形势下深化农村改革，主线仍然是处理好农民和土地的关系"⑤。早在1990年邓小平同志就指出："中国社会主义农业的改革和发展，从长远的观点看，是适应科学种田和生产社会化的需要，发展适度规模经营，发展集体经济。"⑥ 因此，应提高"逆城市化"居民与专业农户居住集中度，提前预判和调整规划好农村居民点

① 城乡融合理论对于乡村振兴战略具有重要启示 [N]. 北京日报客户端，2022-06-22.
② 肖建华. 在城乡融合发展中振兴乡村 [N]. 经济日报，2021-09-22.
③ 彭建强. 产业振兴是乡村振兴的重中之重 [N]. 中工网，2021-09-3.
④ 毛泽东选集：第3卷 [M]. 北京：人民出版社，1991：1077.
⑤ 中共中央党史和文献研究院. 论坚持全面深化改革 [M]. 北京：中央文献出版社，2018：258.
⑥ 中共中央文献研究室. 邓小平思想年编（1975—1997）[M]. 北京：中央文献出版社，2011：689.

布局、农田连片经营规模，提高农村土地的有序流转和有效配置率。党的十九大报告指出，深化农村土地制度改革，完善承包地"三权分置"制度。通过"三权分置"改革，有效盘活农村土地资源，积极引导城市资本下乡，鼓励农民工返乡创业，促进小农户与现代农业有机融合。同时，在稳定农户承包权，放活土地经营权的同时，要严格管控土地用途，有效避免城市资本下乡中所带来的短期逐利，进而损害老百姓利益的行为。

二、中华优秀传统文化溯源

在理论层面，中国乡村振兴战略政策选择和实践都有其独特的文化基因和体制特色。中华优秀传统文化是中华民族几千年的智慧结晶，蕴含着丰富的历史文化资源、人文精神、道德规范和科学智慧，是中华民族的根和魂。乡村振兴战略总要求是产业兴旺、生态宜居、乡风文明、治理有效、生活富裕，而其中每一个目标的实现都离不开文化振兴的支持①。党的十九大报告指出，"深入挖掘中华优秀传统文化蕴含的思想观念、人文精神、道德规范，结合时代要求继承创新，让中华文化展现出永久魅力和时代风采"。传承与发展中华优秀传统文化，既是乡村振兴战略的要求与目标，也是其措施与方法。以"精神扶贫"为视角推进乡村振兴，高校思政工作要在深厚的中华优秀传统文化中汲取优秀文化基因和智慧，筑牢思想文化根基，为乡村振兴注入源源不断的精神动力②。本书从产业振兴、人才振兴、文化振兴、生态振兴、组织振兴五个维度溯源中华优秀传统文化基因及智慧。

（一）共同富裕——天下大同、均平共富

产业振兴的最终目的是增加农民的收入，让乡村人民最终实现共同富裕。共同富裕孕育于五千多年的中华优秀传统文化。我国上古文明时期，华夏始祖伏羲，道启鸿蒙，就提倡"天道"均平大义。《易经》乾卦的卦辞"四德"——元、亨、利、贞就蕴含着天道普利苍生、不遗万类、均平如一的共富思想。老子提出"有余者损之，不足者补之""损有余而补不足"。孔子提出"大同""小康"社会理念和"不患寡而患不均，不患贫而患不安"。管仲提出

---

① 曹立石，以涛．乡村文化振兴内涵及其价值探析［J］．南京农业大学学报（社会科学版），2021（6）：111-118.

② 孙甜甜，王新．弘扬中华优秀传统文化助力乡村振兴［J］．文化产业，2023（1）：137-140.

"凡治国之道，必先富民"，还提出"仓廪实而知礼节"，表达了物质基础与文明进步共同推进的深刻内涵。孟子提出"有恒产者有恒心"，认为老百姓有了固定的产业，就有坚定的信念和稳定的思想。韩非将"均贫富"上升到"帝王之政"。均贫富是封建社会农民起义的主要诉求，反映了封建社会在王朝末年周期性出现因土地兼并等导致的社会贫富悬殊，处于苦难困境的农民要求平均财富的朴素思想。纵观中国历史，"天下大同"社会理想和实践早已在中国落地生根，深刻表达了人民群众均平共富追求共同富裕的社会诉求。到新时代，以中国式现代化的模式推进共同富裕，其主线都离不开富民利民的思想渊源。

（二）民族基因——自强不息、人尽其才

推进乡村振兴的关键因素是人才，农民是乡村振兴的主体，高校思政工作助力乡村振兴，应重在激活乡村农民内在的民族基因——自强不息、勤劳致富的进取精神，营造崇尚人才、人尽其才的人文环境。

1. 自强不息、勤劳致富的进取精神

汲取中华优秀传统文化中开拓进取、自强不息、勤劳致富的人文精神和优秀文化基因，有助于乡村人才振兴。"民生在勤，勤则不匮"，说明了勤劳奋斗的重要性。中华优秀传统文化中包含着刚健有为的进取精神等。

2. 营造崇尚人才、重用人才的人文环境

我国古代就很崇尚和重用人才，强调国家的兴衰在于人才。"德才兼备、人尽其才"是我国古代的人才观。古人云：选人用人，不求兼备，但以德为先。司马光在《资治通鉴》里写道："有才无德，小人也；有德无才，君子也；然德才皆具者，圣人也。"一个缺德的"小人"，越是有"才"就越危险。知人善任，唯才是举，适才适岗，适岗适酬。要善于挖掘培育本土人才，注重将一些"德才兼备"干部、"田秀才""土专家"、非遗传承人选拔到乡村治理人才队伍中。

（三）文化根脉——农耕文明

农耕文明是中华优秀传统文化的根脉。乡村振兴不仅是推进农业农村现代化的现实选择，同时还承载着中华民族精神家园的深层精神文化价值，这是由中华文明的特性决定的。"乡村美"不仅要美在生态自然美，更要美在淳朴的乡风民风。高校思政工作要注重将农耕文明中蕴含的乡风文明、深层次的文化底蕴及文化价值阐发和挖掘出来，助力和美乡村建设。

1. 农耕文明蕴含的淳朴乡风民风

讲仁爱、重民本、守诚信、崇正义、尚和合、求大同是中华优秀传统文化的核心价值理念。在我国政治社会生活中，"和"的精神构成了中华民族成员从思维到实践行动上的普遍准则，"和"的理念发育转化为多种具体形式，其中最重要的就是中国特色的爱国、守望相助、团结奋斗的民族精神。从伦理价值上看，中华优秀传统文化注重孝悌观念、诚信观念、厚德载物、重义轻利、勤劳节俭、与人为善、睦邻友好等道德价值观。后扶贫时代，要注重收集整理乡规民约、族谱家训等道德资源，继承弘扬民族传统美德，教育引导村民向上向善、孝老爱亲、重义守信、勤俭持家①，实现对乡村道德伦理、价值文化、民俗文化的重构②，重塑淳朴乡风民风，建设和美乡村。例如，浙江省一些农村地区原有宗祠面向全体村民开放，其功能由传统祭祀向现代教育培训、文化遗产收藏和展陈、阅读、娱乐等综合功能转变，已被改造为现代农村文化礼堂③。

2. 农耕文明孕育的文化遗产

乡村振兴的本质是与时俱进地不断赋予乡村新价值④。如何借助乡村资源持续发掘其符合时代要求的价值（经济价值、文化价值、环境价值等），是乡村振兴的重要课题⑤。乡土社会沉淀的传统文化是世界上最为灿烂辉煌的农耕文化，这些文化依附于乡土生态，散落在各乡村的生产生活实践之中，是我国宝贵的文化资源⑥。比如古村落、古宅、古寺庙、装饰及雕塑手工艺品等物质文化样态，以及神话传说、二十四节气（我国独创）、节日风俗、家规家训、庙会节庆、婚丧嫁娶、音乐舞蹈、戏曲、刺绣、雕刻、传统美食等非物质文化。当前不少乡村、博物馆等深挖民间艺术资源，将传统技艺与品质时尚对接，融合创造形成新的审美情趣和购物特点⑦，但这种文化振兴不是以复制原有文化的方式来发展，而是以再创造的模式来维持和更新⑧，要开发符合当今

---

① 骆郁廷，刘彦东. 中国传统文化对乡村振兴究竟有何作用？［N］. 光明日报，2018 - 05 - 08.

② 舒坤尧. 以中华优秀传统文化促进乡村文化振兴［N］. 人民资讯，2022 - 01 - 29.

③ 肖剑忠. 弘扬传统文化赋能乡村振兴［N］. 中国社会科学报，2022 - 04 - 14.

④ 宫口侗廸. 新地域を活かす［M］. 东京：原书房，2009.

⑤ 刘云刚，陈林，宋弘扬. 基于人才支援的乡村振兴战略：日本的经验与借鉴［J］. 国际城市规划，2020（3）：100.

⑥ 曹立石，以涛. 乡村文化振兴内涵及其价值探析［J］. 南京农业大学学报（社会科学版），2021（6）：111 - 118.

⑦ 李强. 以文化振兴助推乡村全面振兴［N］. 山西日报，2021 - 10 - 26.

⑧ 李佳. 乡土社会变局与乡村文化再生产［J］. 中国农村观察，2012（4）：70 - 75，91，95.

审美要求的乡村文创产品，赋予当代独特魅力，打造消费热点，为推动乡土农耕文明的创新性发展与创造性转化带来新的动力，使之成为新时代乡村文化振兴的优质载体，产业振兴新的经济增长点。

3. 农耕文化蕴含的深层次精神寄托——"乡愁"

费孝通先生认为，中国社会的"乡土性"汇聚了传统农耕文明敬畏自然、淳朴友善的思维品性及价值追求，在此基础之上孕育的乡村文化，长远而又深刻地影响着生长于这片土地上的人民的文化品格。几千年来，农耕文明方式使得中华民族的人地关系由生存依赖演化为情感依赖，即土地同时具有生存供给与情感供给的双重属性。这种土地情感在文化表达上体现为故土之情，"露从今夜白，月是故乡明""衣锦还乡""荣归故里""落叶归根"等镌刻在中华民族的精神世界里。工业化进程下，传统乡土社会结构受到了巨大冲击，乡土社会的家园属性下降，在对现代化危机的反思中，传统乡土文化的原生态活力所具有的情感魅力逐渐呈现①，"故土情结"转换为"乡愁"意识。不管社会怎么变化，乡村仍然是国家政治、经济、文化和道德生活的根基，是我们精神的家园和灵魂的寄托②。习近平总书记深刻指出，农村要留得住青山绿水，记得住乡愁。家园是饱含历史记忆与个体情感的精神归属，中国文化的本质是乡土文化，中华文化的根脉在乡村③，对传统优秀乡土文化的保护与传承，为广大农民建设物质与精神的幸福家园④。

(四) 生态伦理——"道法自然"

"道法自然"是构建乡村生态文明的重要文化资源。中国历史表明，这种万物并生共荣的价值情怀是中华民族、中华文化不断克服艰难险阻而长期绵延且兴旺发达的精神动力⑤。中国先哲们创造了"天人合一""民胞物与"等朴素的自然哲学思想，体现了中国人独特的"人地和谐""道法自然"的生存理念，蕴含着深谙天、地、人"三才"的和谐之道。现在，我国推进"人与自然共生"的中国式现代化，这与历来倡导"天人合一""道法自然"的思维方式高度契合。习近平总书记指出，我们坚持和发展中国特色社会主义，推动物质

---

① 高小康. 非物质文化遗产与乡土文化复兴 [J]. 人文杂志，2010 (5)：96－104.
② 谢治菊. 转型期我国乡土文化的断裂与乡土教育的复兴 [J]. 福建师范大学学报（哲学社会科学版），2012 (4)：156－161.
③ 陈波. 公共文化空间弱化：乡村文化振兴的"软肋"[J]. 人民论坛，2018 (21)：125－127.
④ 张敬燕. 乡村振兴背景下优秀乡土文化传承的路径探索 [J]. 中共郑州市委党校学报，2017 (6)：75－79.
⑤ 谢阳举. 团结互助：中华民族精神的瑰宝 [N]. 北京日报，2020－02－26.

文明、政治文明、精神文明、社会文明、生态文明协调发展，创造了中国式现代化新道路，创造了人类文明新形态。

乡村振兴提出建设和美乡村。什么是和美乡村？主要体现在"和"上。与城市相比，"和"体现在乡村的自然和谐上，乡村是宁静的，少了大城市工业化的喧嚣与人的繁忙；"和"还体现在乡村居民心灵的宁静与从容不迫，乡村能治愈城市人的烦躁不安，因为人一到了乡村，就会跟随自然万物变得从容不迫。乡村里农夫没办法不从容，譬如种植五谷，节候非常重要，农民慢慢也就养成从容的心态。

（五）乡村"善"治——重民本、"礼法合治"

组织振兴是推进乡村全面振兴的纽带，组织振兴的目标是推进乡村"善"治，实现治理有效。从中华优秀传统文化中汲取善治思想，最核心的是"重民本""礼法合治"。

1. 重民本

民本，就是以民为本。孟子提出"民为贵，社稷次之，君为轻"，将民本思想上升到新的高度。荀子提出"君，舟也；庶民，水也。水则载舟，水则覆舟。"荀子的逻辑是："天之生民，非为君也；天之立君，以为民也。"自汉武帝独尊儒术开始，儒家"重民、贵民、爱民、恤民、保民"的民本思想逐渐被历代统治者奉行。唐太宗李世民是民本思想的忠实践行者，他对侍臣说："为君之道，必须先存百姓。若损百姓以奉其身，犹割股以啖腹，腹饱而身毙。"李世民常以荀子舟水之喻自警，励精图治，勤政爱民，终有"贞观之治"。乡村振兴视角下，民本思想至少在以下几个方面对我们有借鉴意义[①]。一是天下为公、执政为民。中国共产党人用实际行动诠释了"权为民所赋""权为民所用"，使"天下为公"从理想变为现实[②]。习近平总书记深刻指出："江山就是人民，人民就是江山。中国共产党领导人民打江山、守江山，守的是人民的心。"在第70届联合国大会发表的讲话中，习近平总书记专门用"天下为公"思想阐述了人类命运共同体的理念，体现了"和平、发展、公平、正义、民主、自由"等全人类的共同价值观。二是取信于民。子贡向孔子问政，孔子说要做好三件事：足食，足兵，民信之矣。子贡问：如果不得已去掉一个呢？孔子说"去兵"。子贡问：再去掉一个呢？孔

---

① 石刚. 重民本民本思想光耀古今 [N]. 人民日报海外版，2016－09－27.
② 陈甜. "天下为公"思想的历史渊源与深远意义 [J]. 旗帜，2023（1）：87－89.

子坚定地回答："去食。自古皆有死，民无信不立。"基层乡村干部、执政者切不可朝令夕改，失信于民。三是乡村基层治理，广开言路是现代乡村基层民主政治的重要特征。《尚书·泰誓》里说："天视自我民视，天听自我民听。"《左传》有言："国将兴，听于民；国将亡，听于神。"民意代表了政权的合法性。《国语·周语上》云："防民之口，甚于防川，川壅而溃，伤人必多，民亦如之。"春秋时期，郑国人经常聚会在乡校议论朝政，有人主张毁掉乡校，郑国的贤大夫子产却认为这是了解民意的好机会，留下了"子产不毁乡校"的美谈。

2. 礼法合治，德主刑辅

"礼法合治"的理念一直是儒家经典的基调。孔子主张用道德的政治、道德的感化。《荀子·成相》提到"治之经，礼与刑，君子以修百姓宁。明德慎罚，国家既治四海平"，足见"礼治"优于"法治"。熟人社会是乡村社会的重要特征，乡村人在交往的过程中形成一套独有的伦理规范和交往规则，矛盾冲突的处理也主要以村规民约为重要参考，村规民约填补了乡村自治中法律制度的不足。

三、教育扶贫相关理论

从教育角度探究社会公平、社会人力资本等相关理论，有助于构建高校思政工作助力乡村人才振兴途径；从教育角度探究高校实践育人、人才观等相关理论，有助于高校实现人才培养与服务社会"双向共赢"。

（一）教育公平理论

瑞典教育家 T. 胡森提出了著名的教育平等理论，该理论包括效率优先之起点平等论、公平优先之过程平等论和突出个性发展之实质平等论[①]。美国哈佛大学教授罗尔斯还提出教育结果公平理论，认为要想实现在教育领域的公平，需从三方面做起：一是每个人都能平等地接受教育；二是在教育资源分配中每个人占有公平的份额；三是不平等教育资源的分配要符合最少受惠者获得最大利益，对不利成员进行适当的照顾。罗尔斯认为，要想真正实现教育资源分配公平，唯一的办法就是通过资源再分配改善最不利者的劣势资

---

① 诸燕，赵晶. 胡森教育平等思想述评［J］. 徐州师范大学学报（哲学社会科学版），2007 年（4）：114－118.

源。就罗尔斯的教育结果公平理论而言，要尽力通过某种再分配使社会成员都处于一种平等地位。职业教育发展相较于普通教育需要更多的资金来维系，因此，政府要侧重于对农村职业教育的财政投入，确保农村职业教育享有与城市职业教育同等的资金支持和基础设施建设，来达到相对公平。与此同时，城市职业教育也可以支援农村职业教育，带动、促进农村职业教育发展①。

（二）人力资本理论

人力资本理论认为，教育是脱离贫困的重要手段之一，教育所传发的知识和生产技能能够内化为一种人力资本，从而改善贫困。舒尔茨（1962）提出，人力资本是指人力资源的质的方面，即技能、知识和影响个人从事生产性工作的能力的其他特征。教育对于脱贫的间接作用体现在"五大效应"之上，分别是教育的乘数效应、外部效应、工资效应、替代效应和促进迁移效应②。其中教育的"乘数效应"表现在通过教育培养更高素质的劳动者改进劳动资料，改变劳动对象，从而取得生产力的乘数效应，促进生产力发展。教育的"替代效应"表现为教育可以解放更多的劳动力，使得具备生产能力的家长可以不受到孩子的制约而创造出更多的价值，从而达到改善生活的目的。林乘东（1997）研究了发达资本主义国家的反贫困政策及其实施条件，认为社会福利政策已构成当今发达资本主义国家主要的反贫困政策，社会福利政策包括社会保险、福利补贴和公共教育三个方面③。卢品慕（1998）总结了我国的扶贫实践，强调了教育扶贫模式，指出通过教育提高劳动者的文化知识水平及接受新生事物的自觉性和能动性，增强科技意识，增加农业开发中的科技含量，依靠科技进步提高劳动生产率④。睢党臣（2000）论述了科技扶贫既能小投入大产出，又能实现贫困地区可持续的稳定发展，强调通过大力发展教育、加强科技创新、增强基础设施建设来实现贫困地区脱贫，是一种非常理想的扶贫方式⑤。谢仁寿（2006）研究了人本式扶贫模式，强调人的综合素质的提高，以实现人力资源

① 徐敏. 新时代职业教育助推乡村振兴战略的服务体系及策略研究 [M]. 北京：北京理工大学出版社，2020：30.

② 潘昆峰，吴延磊. 打赢打好脱贫攻坚的高校答卷：高校扶贫理论与实践 [M]. 北京：中国青年出版社，2020：22-23.

③ 林乘东. 反贫困模式比较研究 [J]. 中央民族大学学报，1997（1）：30-36.

④ 卢品慕. 教育扶贫：扶贫攻坚的有效途径 [J]. 桂海论丛，1998（5）：85-86.

⑤ 睢党臣. 论科技扶贫 [J]. 西安石油学院学报（社会科学版），2000（4）：44-48.

开发为核心内容①。21世纪来，各国政府致力于通过教育扶贫提升贫困地区民众的人力资本，阻断贫困代际传递。

（三）协同教育理论

20世纪80年代以来，美国、英国、加拿大、俄罗斯、日本等国学者围绕大学生社会实践进行了广泛研究并形成了较为成熟的"协同教育理论""马克思主义实践观"等一批研究成果，对我国高校开展乡村振兴社会实践具有很好的启示②。协同教育理论认为统筹优化就是将家庭、学校、社会的教育资源进行统筹和整合起来为教育目的服务，并对教育进行优化；优化教育过程是协同教育的核心。另外，号召家庭、立足学校、整合社会是培养创新人才的主要途径③。协同教育理论认为学校、家庭、社会各系统教育力量的互相结合，强调学校的组织和主导作用，强调三方面的协调同步④。根据协同教育理论，高校教育教学活动要充分将家庭、学校、社会等教育资源优势整合起来为教育服务，实践教学是学生、教师、家庭、学校各部门、社会团体组织和用人单位等多元主体的活动，要把第一课堂的内容作为第二课堂开展的主题，加大社会实践教学并纳入教学计划，推进乡村振兴也要注重整合社会各方资源，使学校、家庭、社会协同配合，一方面可以协同提高育人成效，另一方面有助于推进乡村振兴战略。

（四）社会动员理论

高校思政工作助力乡村振兴，要基于社会动员理论，加大社会各方力量的协同。"社会动员"最早由社会与政治学家卡尔·多伊奇提出。他认为，社会动员是人们所承担的绝大多数旧的社会、经济、心理义务受到侵蚀而崩溃的过程，同时也是指人们获得新的社会化模式和行为模式的过程。中国学者认为，所谓社会动员，就是广义的社会影响，也可以称之为社会发动。人们在某些经常、持久的社会因素影响下，其态度、价值观与期望值变化发展的过程⑤；社

① 谢仁寿. 论人本式扶贫模式 [J]. 当代经济研究，2006（5）：52－55.
② 罗公利，毛常明. 国外大学生社会实践研究现状及启示 [J]. 青岛科技大学学报（社会科学版），2011（3）：84－88.
③ 韩光道，等. 思政课学生主体实践性教学研究 [M]. 武汉：华中科技大学出版社，2014：23.
④ 韩光道，等. 思政课学生主体实践性教学研究 [M]. 武汉：华中科技大学出版社，2014：21－22.
⑤ 甘泉，骆郁廷. 社会动员的本质探析 [J]. 江汉论坛，2011（12）：25.

会动员主要包括传媒动员、参与动员、教育动员等三种方式①，具有广泛性、主动性、现实性。

（五）实践育人理论

1. 马克思主义人才观

马克思在《关于费尔巴哈的提纲》中指出："人的本质不是单个人所固有的抽象物，在其现实性上，他是一切社会关系的总和。"这表明，人才的产生和发展都与其存在的时代背景有着深刻渊源，不同时代会造就不同的人才，人才的素质和行为也必须符合历史发展的需求和人民的根本利益。因此，高校在育人工作中，一定要厘清"何为实践育人""为何实践育人"等"实践的"困境②。高校大学生只有增强家国情怀，对党和国家的治国理政方略高度认同，才能激发内在的奋斗激情和成长成才动力，将自己的奋斗目标与时代同向、与祖国同行，将"小我"融入"大我"，成为"社会人"。

2. 马克思主义实践观

马克思主义实践观认为，实践活动是个体存在和发展的基本方式，而历史不过是追求着自己目的的人的活动而已③。马克思主义实践观倡导"知"与"行"的科学统一，"知"是理论，"行"是实践，"知行统一"即实践主体在实践和认识过程中实现理论与实践相统一。正如马克思在《关于费尔巴哈的提纲》一文中所说，哲学家们只是用不同的方式解释世界，而问题在于改造世界④。只有坚持"实践—认识—再实践—再认识"的辩证过程，才能实现从抽象人的彼岸王国进入具体人的现实世界⑤。就目前，大多数高校思想政治教育内容缺乏时代性⑥，"满堂灌"教学模式枯燥乏味。因此，要加大实践育人教学环节，使每一个学生主体意识和主体能力得到健康发展⑦，让学生在实践中达成"知行统一"。

---

① 张晓红，等.扶贫接力：中国青年志愿者扶贫接力计划研究生支教团项目二十年思考［M］.北京：中国青年出版社，2021：9.

② 张威.实践育人理念的哲学基础［J］.中国校外教育，2014（S2）；378.

③ 马克思恩格斯全集：第2卷［M］.北京：人民出版社，1957：118－119.

④ 马克思恩格斯选集：第1卷［M］.北京：人民出版社，1972：19.

⑤ 杨业华，符俊.十八大以来习近平的青少年思想道德教育思想探析［J］.中南民族大学学报（人文社会科学版），2015（2）；161－164.

⑥ 凌石德.坚持以人为本，深入开展思政工作［J］.前沿，2012（13）；39－40.

⑦ 高向斌.主体教育：我国走向新世纪的一种教育理论［J］.中国教育学刊，2005（5）；22－25.

3. 青年社会化理论

青年社会化是指青年在与社会的互动关系中，能动的、有选择的接受社会教化，不仅是受教育的对象，也是能动的主体，对社会起改造作用①。青年在社会环境中，通过外在教化、人际交往、文化熏陶、自身经验等途径，在社会中学习基本生活技能、生产技能、文化知识、社会规范等确立生活目标，培养社会角色，逐渐成为社会成员的发展过程。青年大学生参与乡村振兴社会实践的过程就是一个自身转化为社会人的过程。

4. 建构主义学习理论

建构主义是学习者通过与外界主动建构起来的新的知识意义，强调社会性、实践性和创造性。知识的构建是一个自然的过程，突出表现在学生的学习活动中体现出较强的选择性、实践性、社会性和创造性。在这一理念的指导下，一是高校教师可结合当前国家实施乡村振兴战略，根据教学内容目标和学生实际需求创设乡村振兴问题教学情境，让学生逐步把握乡村振兴战略实质，提高发现社会问题、解决问题的能力。二是学习者之间的互动，老师与学生以及学生之间的协作学习、合作互动是意义建构的核心②。因此，高校师生组建乡村振兴“三下乡”社会实践团队，开展“三下乡”社会实践协作，有助于促成教师与学生对问题所持的观点、看法、理解相互渗透；促成高校师生“顺其自然”成长。三是建构主义学习理论提倡建立形成性评价和终结性评价并举的评价体系，因此，可将大学生参与乡村振兴的社会实践纳入多元综合评价体系。

5. 大学生社会实践“4W”理论

英国学者 Helen Bussell 提出了大学生社会实践的“4W”理论（社会实践是什么？为什么要社会实践？谁去社会实践？到哪里社会实践?），并提出要建立社会实践志愿者奖励及回报机制③。Parker 认为，大学生参与社会实践的行为动机主要为利他（帮助他人）、交换（期望得到某种回报）、信仰（传播自己的信仰）和休闲娱乐（寻找休闲的体验）四个方面④。Jones 研究表明，加拿

---

① 邓伟志．社会学词典［M］．上海：上海辞书出版社，2009：7.

② 谢建．建构主义理论视阈下的思想政治理论课教学［J］．重庆理工大学学报（社会科学），2011，25（11）：144－147.

③ HELEN BUSSELL，DEBORAH FORBES. Understanding the volunteer market：The what，where，who and why of volunteering [J]. International Journal of Nonprofit and Voluntary Sector Marketing，2002，7（3）：244－257.

④ PARKER S. Volunteering－altruism，Markets，Causes and Leisure [J]. World Leisure and Recreation，1997，39（3）：4－5.

大青年人参加社会实践主要目的是开发潜能、增加工作机会、交友等①。Richard G. Niemi 等通过调查发现，青年学生参与社区服务的比率较高，其动机与学校特色及政策等因素密切相关②。Justine B. Allen 通过调查发现，自我决定理论有助于促使志愿管理者提升志愿工作动力③。日本学者雨宫孝子、佐佐木正道指出日本大学生参与志愿活动主要源于把志愿服务作为生活重要体验。日本大学实行实践学分制，十分重视利用社会教育场所对大学生进行实践教育。加拿大学者 Steve 等人从需求评定、方案规划、训练督导、激励表扬、绩效评估等方面分析了社会实践的计划组织和管理规划④。德国学者 Balzer 认为，要保持大学生社会实践活动的持久开展，必须关注社会实践活动的设计和社会实践的法律保障机制两大因素⑤。美国学者 Huberman 带领的课题组研究发现，大学、社区、大学生、政府四个方面只有有效互补，才能保证大学生社会实践顺利进行⑥。美国通过制定相应法律法规体现对大学生社会实践的主导作用，马里兰州最高司法机构在 1997 年规定中学毕业生须有 75 小时的社区服务这一政策⑦。德国高校对学生实施"开放式管理"，学生在修好学校硬性规定的必选实践课外，还可根据选课情况安排打工时间。法国高校鼓励学生利用假期打工或承担科研项目，不仅企业应积极接收，而且政府也应积极提供 1/3 的经费支持。以色列的 Roni Kaufman 对俄罗斯圣彼得堡一服务机构模式进行研究，认为志愿服务机构的结构及管理机制是成功的重中之重⑧。基于该理论，高校思政工作开展乡村振兴志愿服务，首先要引导大学生树立参与乡村振兴的正确

① JONES F. Youth volunteering on the rise [J]. Perspectives on Labour and Income, 2000 (12): 36 - 42.

② RICHARD G NIEMI, MARY A HEPBURN, CHRIS CHAPMAN. Community service by high school students a Cure for civic ills [J]. Political Behavior, 2000, 22 (1): 45 - 69.

③ JUSTINE B. ALLEN, SALLY SHAW. Everyone rolls up their sleeves and mucks in: Exploring volunteers' motivation and experiences of the motivational climate of a sporting event [J]. Sport Management Review, 2009 (12): 79 - 90.

④ STEVE MC CURLEY, RICK LYNCH. Volunteer Management: Mobilizing all the resources [M] //Heritage Arts, Cambridge University Press, 1996: 42.

⑤ 罗公利，等. 大学生社会实践管理研究 [M]. 济南：泰山出版社，2007：18 - 22.

⑥ SAM HUBERMAN. Improving social practice through the utilization of university - based knowledge [J]. Higher Education, 1983 (12): 257 - 272.

⑦ JEFFREY A. MCLELLAN1, JAMES YOUNISS. Two Systems of Youth Service: Determinants of Voluntary and Required Youth Community Service [J]. Journal of Youth and Adolescence, 2003, 32 (1): 47 - 58.

⑧ RONI KAUFMAN, JULIA MIRSKY. A brigade model for the management of service volunteers: Lessons from theformer Soviet Union [J]. International Journal of Nonprofit and Voluntary Sector Marketing, 2004, 9 (1): 57 - 68.

动机，出发点不是功利主义。其次要构建科学的志愿服务管理机制，避免志愿服务"形式主义"，在开展乡村振兴志愿服务活动前，要系统谋划方案，做好相关管理、激励和评估工作。

6. 产教融合理论

"产"泛指产业，"教"泛指教育，特指职业教育；"产教融合"指产教一体、校企互动。乡村振兴视域下的产教融合，有助于高职院校提升人才培养的主动性与精准性，实现学习与工作"一对一"对口联系。

第二章 推进乡村振兴战略的 "四重" 逻辑

搞清推进乡村振兴的"四重逻辑"（历史逻辑、理论逻辑、内在逻辑、实践逻辑），是我们开展研究抓住出发点和落脚点的关键所在。

一、历史逻辑

将后扶贫时代乡村振兴战略的历史逻辑置于宏大的"人类社会发展史、中华民族发展史、社会主义发展史、党的百年奋斗史"四个维度中观察，乡村振兴具有其深刻的共同的价值诉求，既是世界劳动人民摆脱自然束缚的诉求，也是中华民族对"大同社会"的理想追求，中国共产党带领全国各族人民追求美好生活、实现共同富裕的诉求。

（一）从人类社会发展史看

从人类社会发展史看，追求美好生活是世界劳动人民不懈的奋斗目标。从原始社会到现在，人类社会发展史实际上是一部人类解决温饱问题的历史，是一部人民不断从统治者的压迫下争取自由、平等、公平与正义，挣脱自然界束缚、争取自由的奋斗史，也是人类为寻求人类幸福、实现美好生活的一部奋斗史。今天中国大地上，推进乡村振兴战略的实质也是带领广大劳动人民实现美好生活的愿景。

（二）从中华民族发展史看

"大同社会"是中华民族千百年来的不懈追求。千百年来，致力于治国平天下的无数仁人志士对"大同""小康"的向往和追求从未停止过，"大同"和"小康"是千百年来中国人民对美好生活的向往和追求，在中国传统社会中有着广泛的社会基础和深厚的文化底蕴①。《礼记·礼运》中记载了孔子对大同

---

① 满新英．"大同思想"与"小康社会"［N］．学习时报，2020－06－17．

社会的构想，使老有所终，壮有所用，幼有所长，鳏寡孤独废疾者皆有所养[①]。孟子提出"民为贵，社稷次之，君为轻"重民本的思想，并认为"有恒产者有恒心"，充足的物质生活是实现小康的必要条件。管子认为，"凡治国之道，必先富民"，体现了富民利民的价值导向，明确指出了人民的富裕是增强国力、维护政权稳定的必然要求。东晋著名诗人陶渊明在《桃花源记》中虚构了一个没有战乱、民风淳朴、安定幸福的世外桃源，再现了大同社会的美好生活场景。南宋文学家洪迈提出"然久困于穷，冀以小康"，表达了摆脱贫困、追求比较宽裕生活的愿望。黄宗羲提出"天下之治乱，不在一姓之兴亡，而在万民之忧乐"，试图建立"公天下"的制度体系。康有为在《大同书》中，提出建立一个没有国家、没有阶级、没有剥削、财产公有、人人平等、无比自由的大同世界。孙中山始终把"天下为公""世界大同"作为最高理想，主张"民生主义就是社会主义，又名共产主义，即是大同主义"，旨在实现"耕者有其田"等政治主张。

（三）从社会主义发展史看

实现人类共同富裕是马克思主义政党不懈的奋斗目标。在世界社会主义500多年的探索史中，始终以共同富裕作为人类不懈追求的目标。从1516年托马斯·莫尔发表的《乌托邦》开始，空想社会主义以幻想的形式描绘了底层劳动人民追求幸福生活的美好蓝图，纵使空想社会主义是一种不成熟的理论，但它对资本主义生产方式及其制度弊端进行了控诉，是科学社会主义产生的重要理论源泉，马克思、恩格斯高度赞扬空想社会主义者的成就。1848年诞生的科学社会主义，主张"生产将以所有的人富裕为目的"，共同富裕是社会主义社会区别于资本主义社会的本质特征之一，在共产主义社会里，已经积累起来的劳动只是扩大、丰富和提高工人的生活的一种手段。全体人民都能共享发展成果，实现所有人的共同富裕和自由全面发展，实现共同富裕是马克思主义为未来社会设定的一个基本目标，彰显社会主义的本质要求和价值追求[②]。后扶贫时代推进乡村振兴战略，最终目标是实现全体人民共同富裕。

（四）从党的百年奋斗史看

为人民谋幸福是中国共产党人的初心与使命。贫困问题本质上是一个政党

---

① 于右任. 于右任书法选 [M]. 广州：羊城晚报出版社，2018：2.
② 许宝健. 坚持两个毫不动摇扎实推动共同富裕 [N]. 经济日报，2022-05-05.

对人民根本态度的问题。中国共产党继承 5 000 年中华优秀文化传统，始终把"人民"二字放在最高位置，鲜明地写在党的旗帜上，落实到治国理政的实践中。中国的乡村振兴历史可以追溯至 20 世纪初民间地方士绅和知识分子自发的地方自治和乡村自救，当代的乡村振兴始于改革开放时期的乡村建设①。中国共产党自成立之初，就自然承担起了探索为人民谋幸福的历史使命，新中国成立后，历届中央领导集体都极为重视扶贫问题，结合我国具体国情，先后探索出以建立制度为基础的国家减贫模式、以农村率先进行经济制度改革解决农民温饱模式、开发式扶贫模式、科学发展观指导下的转型性扶贫模式、实施精准脱贫解决绝对贫困模式，逐渐探索出了一条中国特色的减贫道路。这条道路大致分为五个阶段。

第一阶段（1949 年之前）：致力于让农民成为恒产者。1920 年 12 月，《告中国的农民》一文依据农民当时占有土地及生活状况，将农民分为几层阶级②。1922 年《中国共产党对于时局的主张》一文提出，将军阀官僚的田地分给贫困农民③。1925 年 10 月，中共中央执行委员会扩大会议提出制定农民问题的"政纲"，其最终目的是"没收大地主、军阀官僚、庙宇的田地交给农民"④。1927 年 11 月，《中国共产党土地问题党纲草案》（第一个关于土地问题的纲领）提出，"没收一切地主土地分给农民使用的政策，实现"耕者有其田"，让农民成为拥有恒产者⑤。1939 年，毛泽东同志在《中国革命和中国共产党》中指出，"中国人民的贫困和不自由的程度，是世界所少见的"，要消灭贫困和不自由必须建立一个新的社会制度。

第二阶段（1949—1978 年）：致力于从制度建设上让劳苦大众真正成为国家的主人。新中国成立后，政府转变为农村复兴的主体⑥。面对百废待兴的新中国，毛泽东同志指出，中国贫困问题由来已久，要在短期内解决贫困问题条件尚未成熟，最佳的方法是要尽快巩固和完善社会主义制度，坚持社会主义公有制，这是我国解决广泛存在的贫困问题的最基本保障。要让广大农民群众都过上幸福生活，迅速摆脱贫穷落后面貌，实现共同富裕，必须要变革生产关

---

① 张军. 乡村价值定位与乡村振兴 [J]. 中国农村经济，2018（1）：2-10.
② 中国社会科学院现代史研究室，中国革命博物馆党史研究室. "一大"前后：中国共产党第一次代表大会前后资料选编（一）[M]. 北京：人民出版社，1985：208-209.
③ 中央档案馆. 中共中央文件选集（第1册）[M]. 北京：中共中央党校出版社，1989：3.
④ 中央档案馆. 中共中央文件选集（第1册）[M]. 北京：中共中央党校出版社，1989：462.
⑤ 中央档案馆. 中共中央文件选集（第3册）[M]. 北京：中共中央党校出版社，1989：501.
⑥ 周立. 新时代乡村振兴战略：乡村振兴战略与中国的百年乡村振兴实践 [J]. 人民论坛·学术前沿，2018（3）：6-13.

系，要靠社会主义工业化和农业现代化，要靠广大农民群众自己。资本主义道路也可以增产，但时间要长，而且是痛苦的路。我们不搞资本主义，这是定了的[1]。只有完成了由生产资料的私人所有制到社会主义所有制的过渡，才利于社会生产力的迅速向前发展……满足人民日益增长着的需要，提高人民的生活水平[2]。1950年6月，颁布了《中华人民共和国土地改革法》，废除封建地主阶级剥削的土地所有制，实行农民的土地所有制，借以解放农村生产力，发展农业生产，为新中国的工业化开辟道路[3]。1950年至1953年春，我国完成了土地改革，3亿多名农民获得了土地，农民逐步摆脱贫困状况[4]。1956年底，我国社会主义改造完成，标志着社会主义制度在中国确立，为我国消除贫困奠定了最根本的制度基础。

第三阶段（1978—2000年）：致力于以改革创新解决人民群众温饱问题。邓小平同志指出，我国改革开放必须首先从农村做起，中国80％的人在农村，农村不稳定，整个政治局势就不稳定，农民没有摆脱贫困，就是我国没有摆脱贫困[5]。因此，我国在农村率先推行家庭联产承包责任制，探索了一条以农村率先进行经济制度改革解决农民温饱的模式。邓小平同志通过对中国贫困现状的分析，并在解决贫困问题上指出，社会主义要消灭贫穷，贫穷不是社会主义，更不是共产主义[6]；社会主义的本质，是解放生产力，发展生产力，消灭剥削，消除两极分化，最终达到共同富裕[7]。"先富带动后富"的思想与资本主义社会的私有制存在着本质的不同，我国已经建立了社会主义公有制，与马克思当年所分析的资本主义私有制条件下劳动者权利被彻底剥夺不同，我国农民劳动保障缺失之类的相对贫困，可以通过社会主义制度的自我完善与发展来加以消除[8]。邓小平同志指出，农村政策放宽以后，一些适宜搞包产到户的地方搞了包产到户，效果很好，变化很快[9]。江泽民同志指出，我国的基本国

---

① 中共中央文献研究室. 毛泽东文集：第6卷，北京：人民出版社，1999：429，298.

② 中共中央文献研究室. 毛泽东文集：第6卷，北京：人民出版社，1999：316.

③ 中共中央文献研究室. 建国以来重要文献选编：第一册［M］. 北京：中央文献出版社，1992：336.

④ 中共中央文献研究室. 建国以来重要文献选编：第四册［M］. 北京：中央文献出版社，1993：662.

⑤ 邓小平. 邓小平文选：第3卷［M］. 北京：人民出版社，1993：248，117，237.

⑥ 邓小平. 邓小平文选：第3卷［M］. 北京：人民出版社，1993：63.

⑦ 邓小平. 邓小平文选：第3卷［M］. 北京：人民出版社，1993：373.

⑧ 孙咏梅. 马克思反贫困思想及其对中国减贫脱贫的启示［J］. 马克思主义研究，2020（7）：87-95.

⑨ 邓小平. 邓小平文选：第2卷［M］. 北京：人民出版社，1994：315.

情决定要抓住农村这个大头，就有了把握经济社会发展全局的主动权①。家庭联产承包责任制、发展乡镇企业等改革举措为实现农民富裕奠定了深厚基础②。1983年中央一号文件明确指出，家庭联产承包责任制是马克思主义农业合作化理论在我国实践中的新发展，是我国农民的伟大创造③。同时也指出，城乡二元结构是长期制约我国经济良性循环和社会协调发展的重要因素④。因此，国务院在1994年4月印发了《国家八七扶贫攻坚计划》，标志着我国开启了工业反哺农业、城市反哺农村的阶段，实现了从救济式扶贫向开发式扶贫的转变，使贫困地区及贫困人口能从根本上摆脱贫困，实现"越扶人越勤，越勤人越富"，这也是开发式扶贫的真谛所在⑤。江泽民同志强调，统筹城乡经济社会发展，发挥城市对农村的带动作用，特别是要加快城镇化进程，努力实现城乡经济社会一体化发展，实现全体人民的共同富裕⑥；市场经济越发展，工业化程度越高，越需要加强对农业的保护和扶持⑦。江泽民同志在庆祝中国共产党成立八十周年大会上指出，在逐步实现全国人民共同富裕的过程中，党员干部必须正确处理好先富与后富、个人富裕与共同富裕的关系，首先要支持和帮助群众富起来，而不能只考虑自己如何富，更不能利用手中的权力谋取不正当的利益。

第四阶段（2000—2020年）：致力于解决中国的绝对性贫困问题。胡锦涛同志指出，实现城乡经济社会一体化发展，既是解决"三农"问题的重大战略，又是增强城市发展后劲的有效措施⑧；建设社会主义新农村，是统筹城乡发展的重大战略决策⑨；扶贫不仅包括物质扶贫，还要从政治、文化等全面发展的角度来开展扶贫事业，要积极培育造就有文化、懂技术、会经营的新型农民，要引导农村农民崇尚科学，形成文明风貌⑩。进入新时代，我国社会主要

---

① 江泽民．江泽民文选：第2卷［M］．北京：人民出版社，2006：207.

② 蒋永穆．中国农村改革40年的基本经验："四个始终坚持"［J］．政治经济学评论，2018（6）：87－94.

③ 王兴国．惠农富农强农之策：改革开放以来涉农中央一号文件政策梳理与理论分析［M］．北京：人民出版社，2018：37.

④ 中共中央文献研究室．十五大以来重要文献选编（中）［M］．北京：人民出版社，2001：1074.

⑤ 张瑞敏．初创中国扶贫模式［N/OL］．人民网，2020－03－27.

⑥ 中共中央文献研究室．江泽民论有中国特色社会主义：专题摘编［M］．北京：中央文献出版社，2002：129.

⑦ 中共中央文献研究室．江泽民论有中国特色社会主义：专题摘编［M］．北京：中央文献出版社，2002：136.

⑧ 胡锦涛．胡锦涛文选：第2卷［M］．北京：人民出版社，2016：18.

⑨ 中共中央文献研究室．十六大以来重要文献选编（中）［M］．北京：中央文献出版社，2006.

⑩ 胡锦涛．胡锦涛文选：第2卷［M］．北京：人民出版社，2016.

矛盾已经转化为人民日益增长的美好生活需要和不平衡不充分的发展之间的矛盾，我国发展最大的不平衡仍是城乡发展不平衡，最大的不充分是农村发展不充分。以习近平同志为核心的党中央，把马克思贫困理论与新时代中国社会实际相结合，创新发展了新时代我国扶贫工作，"下决心调整工农关系、城乡关系，采取了一系列举措推动'工业反哺农业、城市支持农村'"①，开启了我国精准扶贫、脱贫攻坚的战略举措，形成了"坚持精准扶贫、精准脱贫基本方略，坚持专项扶贫、行业扶贫、社会扶贫'三位一体'大扶贫格局"②。习近平总书记强调，"六个精准"是实施精准扶贫精准脱贫的根本要求，其实质是将传统的"大水漫灌"式扶贫转变为"精准滴灌"式扶贫，努力把精准理念贯彻到脱贫攻坚全过程③。在扶贫效果上要真扶贫、扶真贫，脱贫摘帽要坚持成熟一个摘一个，既防止不思进取、等靠要，又防止揠苗助长、图虚名④。2015年10月，习近平总书记在减贫与发展高层论坛上首次提出"五个一批"的脱贫措施，即：发展生产脱贫一批、易地扶贫搬迁脱贫一批、生态补偿脱贫一批、发展教育脱贫一批、社会保障兜底一批⑤。习近平总书记强调，全面建成小康社会、实现第一个百年奋斗目标，农村贫困人口全部脱贫是一个标志性指标⑥。至2020年脱贫攻坚战取得了全面胜利，"两不愁三保障"全面实现，为实现全体人民的共同富裕奠定了深厚基础⑦，锻造形成了"上下同心、尽锐出战、精准务实、开拓创新、攻坚克难、不负人民"的脱贫攻坚精神⑧，走出了一条中国特色减贫道路。

第五阶段（2020年至今）：中国要强农业必须强，中国要美农村必须美，中国要富农民必须富⑨。习近平总书记强调，要深入理解乡村振兴重大战略，

① 中共中央党史和文献研究院，中央学习贯彻习近平新时代中国特色社会主义思想主题教育领导小组办公室．习近平新时代中国特色社会主义思想专题摘编［M］．北京：中央文献出版社，党建读物出版社，2023：164.

② 习近平．决胜全面建成小康社会夺取新时代中国特色社会主义伟大胜利：在中国共产党第十九次全国代表大会上的报告［M］．北京：人民出版社，2017：5.

③ 中共中央党史和文献研究院．习近平扶贫论述摘编［M］．北京：中央文献出版社，2018：82.

④ 中共中央党史和文献研究院．习近平扶贫论述摘编［M］．北京：中央文献出版社，2018：72.

⑤ 中共中央党史和文献研究院．习近平扶贫论述摘编［M］．北京：中央文献出版社，2018：65－69.

⑥ 中共中央党史和文献研究院．习近平扶贫论述摘编［M］．北京：中央文献出版社，2018：12.

⑦ 蒋永穆，谢强．扎实推动共同富裕：逻辑理路与实现路径［J］．经济纵横，2021（4）：2，15－24.

⑧ 中共国家乡村振兴局党组．党领导脱贫攻坚工作的历史经验与启示［J］．中国乡村振兴，2021（9）.

⑨ 本书编写组．十八大以来治国理政新成就（上册）［M］．北京：人民出版社，2017：427.

始终将解决好"三农"问题视为全党工作的重中之重[①]；要紧扣我国社会主要矛盾变化，统筹推进经济建设、政治建设、文化建设、社会建设、生态文明建设，坚定实施科教兴国战略、人才强国战略、创新驱动发展战略、乡村振兴战略、区域协调发展战略、可持续发展战略、军民融合发展战略[②]；乡村振兴战略是解决我国新时代城乡发展不平衡和农村发展不充分矛盾的必然选择[③]；没有农业农村现代化，就没有整个国家现代化[④]。2018 年 9 月 21 日，习近平总书记在主持中共中央政治局第八次集体学习时强调，乡村振兴战略是党的十九大提出的一项重大战略，是关系全面建设社会主义现代化国家的全局性、历史性任务，是新时代"三农"工作总抓手。2021 年 2 月，《中共中央　国务院关于全面推进乡村振兴加快农业农村现代化的意见》发布，文件指出："要坚持把解决好'三农'问题作为全党工作重中之重，把全面推进乡村振兴作为实现中华民族伟大复兴的一项重大任务，举全党全社会之力加快农业农村现代化，让广大农民过上更加美好的生活。"2020 年脱贫攻坚取得全面胜利后，全面推进乡村振兴，这是"三农"工作重心的历史性转移[⑤]。乡村振兴战略是过去提出的一系列农村政策的系统总结和升华，更是新农村建设的"升级版"，对乡村产业发展、生态环境、乡风文明、治理水平、收入水平等方面提出了更高的要求[⑥]。2021 年 2 月，国家乡村振兴局正式挂牌，既是我国脱贫攻坚战取得全面胜利的一个标志，也是全面实施乡村振兴，奔向新生活、新奋斗的起点。2021 年 4 月，《中华人民共和国乡村振兴促进法》表决通过，这是我国第一部直接以"乡村振兴"命名的法律，标志着我国促进乡村振兴有法可依。

二、理论逻辑

党的十九大以来，习近平总书记深刻论述乡村振兴的重大意义，系统回答

---

① 国务院研究室编写组．十三届全国人大一次会议《政府工作报告》辅导读本［M］．北京：人民出版社，2018：298.

② 习近平．决胜全面建成小康社会夺取新时代中国特色社会主义伟大胜利：在中国共产党第十九次全国代表大会上的报告［M］．北京：人民出版社，2017.

③ 黄祖辉．准确把握中国乡村振兴战略［J］．中国农村经济，2018（4）：2-12.

④ 习近平．习近平谈治国理政（第三卷）［M］．北京：外文出版社，2020：255.

⑤ 习近平．坚持把解决好"三农"问题作为全党工作重中之重，促进农业高质高效乡村宜居宜业农民富裕富足［N］．人民日报，2020-12-30.

⑥ 蒋永穆．基于社会主要矛盾变化的乡村振兴战略：内涵及路径［J］．社会科学辑刊，2018（2）：15-21.

了为什么要推进乡村建设，建设什么样的乡村，怎样建设乡村等一系列重大理论和实践问题，形成了关于乡村振兴的重要论述[①]。这一重要论述是习近平新时代中国特色社会主义思想和关于"三农"工作重要论述的重要组成部分，为走中国特色社会主义乡村振兴道路指明了方向。为理解好这一理论，要重点把握好以下四点逻辑关系。

（一）为什么要实施乡村振兴战略

为什么要实施乡村振兴，是我国现阶段发展的现实诉求。乡村振兴事关中华民族的伟大复兴。"乡村振兴"作为一个"战略"提出来，有别于以往任何一个农业农村发展政策，体现的是一个宏观、系统、综合性、全局性的发展方略，是党对"三农"发展新形势新目标的重大判断、重大决策。

1. 基于中国现实问题

乡村振兴事关我国社会主要矛盾的解决。实施乡村振兴战略，是我国解决新时代我国社会主要矛盾的现实要求，乡村振兴战略既是适应新时代我国社会主要矛盾变化的必然选择，又是解决当前社会主要矛盾的重大举措[②]。中国特色社会主义进入新时代以来，尽管"三农"问题很多方面得到了解决，但很多地区农业现代化程度较低等问题仍很突出。实现现代化，短板在农业，难点在农村，推进中国式农业农村现代化是我国实现现代化强国的必然要求。党和国家基于新时代提出的乡村振兴战略，着力从"三农"问题出发，使我国实现由农业大国向农业强国的跨越，实现乡村全面振兴，使全体人民共享现代化发展成果。

2. 农民对美好生活的追求

近年更多农民涌入大城市，一方面更多的农村人口强烈感受到农村与大城市的差距，另一方面更多的农民工在大城市打工后不愿意返乡，一些村庄已经变成了"空心村"。与此同时，更多的人渴望享受到像大城市一样良好的教育、医疗、交通等资源。之所以这样，是因为农民对追求美好生活具有强烈的现实诉求，这就要求我国必须加快城乡融合、思想文化融合等步伐。

3. 乡村振兴事关民族复兴

中华民族伟大复兴，是包括乡村振兴在内的多方面复兴。习近平总书记指

---

① 黄承伟. 推进乡村振兴的理论前沿问题 [J]. 行政管理改革，2021（8）：22-31.
② 蒋永穆. 基于社会主要矛盾变化的乡村振兴战略：内涵及路径 [J]. 社会科学辑刊，2018（2）：15-22.

· 31 ·

出："从中华民族伟大复兴战略全局看，民族要复兴，乡村必振兴。"党的十九大报告指出，农业农村农民问题是关系国计民生的根本性问题，必须始终把解决好"三农"问题作为全党工作的重中之重，实施乡村振兴战略。2021年1月，《中共中央关于制定国民经济和社会发展第十四个五年规划和二〇三五年远景目标的建议》指出：民族要复兴，乡村必振兴。要坚持把解决好"三农"问题作为全党工作的重中之重，把全面推进乡村振兴作为实现中华民族伟大复兴的一项重大任务，举全党全社会之力加快农业农村现代化，让广大农民过上更加美好的生活。

4. 世界减贫事业的现实诉求

习近平总书记关于扶贫工作的重要论述从携手消除贫困、共建人类命运共同体的高度指明了全球减贫合作的方向，丰富发展了马克思主义世界历史理论。从国际范围来看，益贫增长、共享发展都是世界性难题，解决这些问题，需要付出更多的智慧和更大的努力。同时，乡村振兴也是推进共同富裕、提升中国式现代化水平最具潜力的领域。乡村振兴战略制定的政策依据就外部环境来说，是世界处于"百年未有之大变局"。当前我国粮食需求刚性增长，保障粮食供应链稳定难度加大，全面推进乡村振兴，稳住农业基本盘，保障粮食生产安全，将饭碗牢牢端在自己手里，这是事关全局的"国之大者"。

（二）乡村振兴的战略目标

建设什么样的乡村、怎样建设乡村，是一个历史性课题①。乡村振兴战略的总目标是农业农村现代化。

2017年中央农村工作会议指出，实施乡村振兴战略的目标任务是：到2020年，乡村振兴取得重要进展，制度框架和政策体系基本形成；到2035年，乡村振兴取得决定性进展，农业农村现代化基本实现；到2050年，乡村全面振兴，农业强、农村美、农民富全面实现。实施乡村振兴战略要坚持农业农村整体思维，推进农业农村现代化，要协调推进产业振兴、人才振兴、文化振兴、生态振兴、组织振兴。

实现共同富裕是推动世界社会主义发展的现实需要，也是坚持人民立场，体现社会主义的本质要求。习近平总书记指出："我们追求的发展是造福人民的发展，我们追求的富裕是全体人民共同富裕。"促进全体人民共同富裕是一

---

① 中共中央宣传部. 习近平新时代中国特色社会主义思想学习问答［M］. 北京：学习出版社，人民出版社，2021：261.

项长期任务，也是一项现实任务，我们党只有始终把人民对美好生活的向往作为奋斗目标，不断推进共同富裕，才能赢得人民的信任和拥护，不断夯实执政基础。

（三）乡村振兴为谁振兴

坚持人民至上原则，是马克思主义执政党区别于其他一切政党最本质、最鲜明的特征。中国共产党自成立以来，始终秉承着以人民为中心的根本立场，努力使最广大人民群众实现共同富裕。乡村振兴是为了实现共同富裕的必经之路，乡村振兴的主体是广大农民，要从人民的需求出发，确立工作目标。新中国成立后，党和政府按照"公私兼顾、劳资两利、城乡互助、内外交流"的基本方针，全力恢复国民经济①。"在我国拥有 14 亿人口的国情下，不论工业化、城镇化进展到哪一步，农业都要发展，乡村都不会消亡，城乡将长期共生并存，这也是客观规律。即便我国城镇化率达到 70%，农村仍将有 4 亿多人口。如果在现代化进程中把农村 4 亿多人落下，到头来'一边是繁荣的城市、一边是凋敝的农村'，这不符合我们党的执政宗旨，也不符合社会主义的本质要求②。"以人民群众的根本利益作为实施乡村振兴战略的价值归宿和以人民群众的满意度作为衡量乡村振兴效果的价值尺度，体现出了中国共产党鲜明的人民性③。

（四）谁领导乡村振兴

乡村振兴需要组织保障，也就是谁来领导乡村振兴。中国共产党的领导是中国特色社会主义最本质的特征。实现中华民族伟大复兴，实现共同富裕，关键在党，这个伟大的征程必须坚持中国共产党的领导，只有坚持中国共产党的领导，才能确保乡村振兴不走样不变质，才能确保最广大的农民成为乡村振兴成果的受益者。只有坚定不移地坚持党对农村工作的全面领导，充分发挥党的政治优势，把党的领导贯彻到乡村振兴的政策制定、工作部署、具体落实的全过程，才能确保乡村振兴事业有效推进。

---

① 中央党史和文献研究院. 中国共产党简史［M］. 北京：人民出版社，中共党史出版社，2021：162.

② 中共中央宣传部. 习近平新时代中国特色社会主义思想学习问答［M］. 北京：学习出版社，人民出版社，2021：263.

③ 程明. 乡村振兴战略的四重逻辑［J］. 党政干部论坛，2018（10）：16-18.

（五）依靠谁振兴

乡村振兴战略的依靠主体是人民。在社会主义改造时期，我们党从群众本身的经验出发，大量地帮助农民从组织季节性的互助组起，进而组织常年互助组，进而组织初级合作社，又进而组织高级合作社，使农民从实践中确信了合作化的优越性的结果①。现如今，乡村合作化、人民供销社再度火热，也再次验证了以人民为主体，发动群众，依靠群众振兴经济的优越性。广大的农民是乡村振兴的主体，必须坚持群众主体，充分发挥农民的主体作用，激发内生动力，释放农民共同富裕需求，尊重农民的首创精神、奋斗精神、勤劳勇敢精神，充分调动广大农民参与乡村振兴的积极性创造性，让其成为乡村振兴的建设者、贡献者、享受者、见证者。脱贫攻坚实践证明，某些扶贫干部扶贫行为失败的主要原因就在于忽视做好农民的思想工作，没有尊重农民的主体性，造成"出力不讨好"的局面。

三、内在逻辑

农业农村现代化是实施乡村振兴战略的总目标，坚持农业农村优先发展是总方针，产业兴旺、生态宜居、乡风文明、治理有效、生活富裕是总要求，建立健全城乡融合发展体制机制和政策体系是制度保障②。首要任务是确保重要农产品特别是粮食供给。坚持总目标，就是要坚持农业现代化和农村现代化一体设计、一并推进，实现农业大国向农业强国跨越，推动农业全面升级，带动农村全面发展，促进农民全面进步。坚持总方针，就是要在资金投入、要素配置、公共服务、干部配备等方面采取有力措施，加快补齐农业农村发展短板，不断缩小城乡差距。坚持总要求，就是要以产业兴旺为解决农村一切问题的前提，以生态宜居为内在要求，以乡风文明为紧迫任务，以治理有效为重要保障，以生活富裕为主要目的，走中国特色社会主义乡村振兴道路③。总目标、总方针、总要求、制度保障，体现了严密的逻辑性、系统性，它们之间相互联系构成整体，其基本内涵密切呼应了"五位一体"总体布局的五大建设，这五个

---

① 中共中央党史和文献研究院. 毛泽东　邓小平　江泽民　胡锦涛关于中国共产党历史论述摘编 [M]. 北京：中央文献出版社，2021：77.

② 习近平. 习近平谈治国理政：第 3 卷 [M]. 北京：外文出版社，2020：257.

③ 中共中央宣传部. 习近平新时代中国特色社会主义思想学习问答 [M]. 北京：学习出版社，人民出版社，2021：263.

方面统一于乡村振兴战略总体要求之中。

（一）产业兴旺是根基——经济建设目标

产业振兴是第一位的，是乡村振兴的根本，是解决农村一切问题的前提，是农村各项事业可持续发展的基础。要改变中国农业的面貌，必须充分发挥产业引领作用，促进农业增效、农民增收和农村繁荣。如果没有产业或者产业整体规模较小，很难吸引一些外地资金、人才、新经济、新业态等资源要素进入农村。没有产业的农村往往比较落后，落后的乡村，又往往导致农村留不住人才，吸引不了人才，农村"空心化""老年化"问题严重。乡村产业振兴了，乡村居民收入提高了，才能有更多的资金用于基础设施设备和美丽乡村建设。只有让农民群众吃上"产业饭"，才能让农民稳定就业，实现"家门口"就业的可能，保持长期稳定增收，实现安居乐业。

（二）生态宜居是内在要求——生态建设目标

中国要美，农村必须美。我国农村居住着 5 亿多人，如果农村的生态环境搞不好，建设美丽中国便无从谈起。农村是城市的后花园，是望得见山、看得见水、留得住乡愁的重要载体和依托①。建设和谐共生、生态宜居的和美乡村是实施乡村振兴的基础，生态宜居的乡村是农村最大的优势与宝贵财富，是最公平的公共产品，是提高广大农村居民最普惠生态福祉的重要基础和保障。

（三）乡风文明是紧迫任务——文化建设目标

农业农村现代化是物质文明和精神文明相协调的现代化。随着社会发展滋生的一些不良因素，乡风、乡俗逐渐异化，直接影响乡村治理发展，推进乡风文明建设成为历史的紧迫任务。乡风文明是软实力，是产业兴旺、生态宜居、治理有效以及生活富裕的重要促进要素，是乡村振兴的灵魂②。乡风文明在乡村振兴与治理过程中，始终发挥着积极的方向性引领作用。

（四）治理有效是重要保障——政治建设目标

乡村振兴战略提出"治理有效"的新目标，是对乡村治理在新时代提出的

---

① 张新华. 建设生态宜居美丽乡村是乡村振兴的关键 [N]. 中国经济时报，2019-05-14.
② 丁立江. 乡风文明是乡村振兴重要的动力源 [N]. 学习时报，2019-04-24.

更高要求。治理有效是实现乡村振兴的重要保障，是"五位一体"总布局中的社会建设对农村的具体要求①。乡村治理是国家实现治理体系和治理能力现代化的基础和重要内容，也是实施乡村振兴战略、实现乡村善治的基石②。农村现代化既包括"物"的现代化，也包括"人"的现代化，乡村治理现代化是国家治理体系和治理能力现代化进程中不可或缺的一环，必须进一步对相应的治理体系、治理理念、治理方式、治理保障、治理绩效目标等完成现代化转向，推进乡村治理制度化、民主化、德教化、法治化等，提升乡村治理成效。

（五）生活富裕是主要目的——社会建设目标

共同富裕是乡村生活富裕的目标导向和价值追求，是我国在新时代解决现实主要矛盾的需要。生活富裕目标是乡村振兴的根本出发点和落脚点，让全体人民在共同富裕进程中共建共享发展成果，最终让全民实现物质与精神共同富裕。乡村振兴战略实施的效果如何，关键还是要通过农民的腰包鼓不鼓、是否实现了生活富裕来进行检验③。乡村振兴成功与否的最终判断标准是能否从根本上确保农民生活富裕。

四、实践逻辑

2017 年中央农村工作会议指出，我国推进乡村振兴要坚持新发展理念，按照"三步走"战略，做到"八个坚持"，走中国特色乡村振兴的"七条之路"等，这为我国如何推进乡村振兴明确了方向。在以后每年的中央一号文件中，都一再强化推进乡村振兴的重要举措。

（一）乡村振兴的现实基础

我国推进乡村振兴的现实基础是我国已全面建成了小康社会。自新中国成立以来，我国经历了"救济式"扶贫、"开发式"扶贫、"精准式"扶贫等阶段，绝对贫困人口从 1978 年底的 7.7 亿人到 2012 年底的 9 899 万人，再到 2020 年全面消除绝对贫困，我国综合国力和经济实力得到极大增强，脱贫攻坚取得全面胜利，我国已具备了加快农业农村现代化的基本条件和能力，为全

---

① 谢尚果.治理有效是乡村振兴的重要保障［N/OL］.光明网-光明日报，2020-05-12.
② 孙冰.以治理有效夯实乡村振兴基础［N］.潍坊日报，2018-8-19.
③ 丁立江.乡村振兴须实现生活富裕根本目标［N/OL］.搜狐，2020-07-02.

面推进乡村振兴奠定了坚实基础。2020年，全国第二、第三产业增加值占国内生产总值（GDP）的比重上升至92.3%，非农业劳动就业人数份额约为80%，新型城镇化率63.9%，我国不仅到了可以不主要依赖农业实现经济增长的阶段，还可以用以工补农、以城带乡的方式，支持农业实现生产方式转型，从而推动农业农村现代化。

（二）坚持走"七条之路"

2017年中央农村工作会议首次提出走中国特色社会主义乡村振兴的"七条之路"：走城乡融合发展之路、走共同富裕之路、走质量兴农之路、走乡村绿色发展之路、走乡村文化兴盛之路、走乡村善治之路、走中国特色减贫之路。"七条之路"明确了中国特色社会主义乡村振兴道路的具体内涵和目标路径。

1. 走城乡融合发展之路

城乡融合发展之路强调的是融合，城乡一体化共同发展。城乡一体化不等于加速城镇化，而是要重塑城乡关系，让乡村和城市互利发展。走城乡融合发展之路，要坚持以工补农、以城带乡，使工农互促、城乡互补、全面融合、共同繁荣，工农关系是双向的"工农互促、城乡互补"，不是单向的"以工补农、以城带乡"，是我国新型工业化、信息化、城镇化、农业现代化同步发展的必然要求。

2. 走共同富裕之路

在市场经济环境下，如何顺应时代要求进行改革创新，推进乡村共同富裕是实施乡村振兴的核心问题，也是重点难点问题。乡村富，不等于农民共同富裕。推进乡村共同富裕，要加大改革创新力度，要坚持农村土地集体所有，坚持家庭经营基础性地位，处理好农民与土地的关系是深化农村改革的主线，要构建产权清晰、治理有效的集体经济运行机制，确保集体经济所有制和集体资产保值增值，确保实现小农户和现代农业发展有机衔接，增加农民收入，确保农民受益。推动共同富裕不仅要缩小城乡差距和收入差距，推动城乡基础设施、教育、医疗卫生服务等公共服务、民生事业社会福利和福祉均等化，而且要在精神文化层面、生态层面实现多维度城乡融合。

3. 走质量兴农之路

乡村振兴是实现共同富裕的必然要求。中国特色乡村振兴之路必须深化农业供给侧结构性改革，靠质量兴农，靠通过不断提高农业竞争力来实现。全面实施农业供给侧结构性改革，要通过构建农村一二三产业融合发展体系，积极培育新型农业经营主体，促进小农户和现代农业发展有机衔接等，加快构建一个综合性的、有竞争力的现代农业产业体系、生产体系、经营体系，促进农村经济多元化发展，不断提高农业创新力、竞争力和全要素生产率，加快实现由农业大国向农业强国转变。

4. 走乡村绿色发展之路

相比城市，乡村最美的就是自然生态，也是核心竞争力之一，乡村自然景观是乡村最大的资产。因此，乡村要实现可持续发展，一定要协调好产业发展和生态建设之间、当前利益和长远利益之间的关系，坚定走绿色发展之路，实现百姓富、生态美相统一。走绿色发展之路要做到"三个绿色"：构建绿色农业产业结构，增加优质绿色农产品供给；强化绿色科技支撑，依靠科技引领推进农业转型升级；健全绿色发展政策支持体系，促进农业绿色发展的补贴政策体系。

5. 走乡村文化兴盛之路

农村美，不仅仅只是建设一个环境优美的乡村，更要注重乡村的精神文明建设。和美乡村需要呈现出自然生态和谐美、优秀中华文明底蕴体现出来的淳朴民风、淳朴乡风、良好家风。

6. 走乡村善治之路

创新乡村治理体系，将乡村治理上升到关系国家治理能力现代化的高度，是实现农业农村现代化的新要求。和美乡村治理不能仅靠法治，更要依靠自治和德治，推动乡村"三治融合"。推进城乡融合，乡村自治与德治是乡村治理的优势和特色所在，要善于发挥乡村差异化的自主发展、德治的优势功能。只有实现乡村自治、法治、德治"三治融合"，才能充分发挥农民在乡村振兴战略中的主体作用，调动他们的积极性主动性创造性，实现乡村善治，建设和美乡村。

7. 走中国特色减贫之路

改革开放以来，中国人民始终秉承和衷共济、团结互助的优秀文化精神，积极探索，顽强奋斗，走出了中国特色减贫道路，为全球贫困治理提供了中国方案，为推进世界社会主义向前发展提供了强大的精神动力。在后扶贫时代，要着重巩固拓展脱贫攻坚成果同乡村振兴有效衔接理论体系和路径研究，坚持中国共产党的领导，坚持以人民为中心，坚持公有制为主体，坚持农村集体所有制，坚持注重"志智双扶"精神扶贫，坚持农民的主体地位，激发广大农民的积极性创造性，走中国特色的乡村振兴道路。

第三章　高校思政工作助推乡村振兴是现实诉求

实现共同富裕是实现中华民族伟大复兴的必由之路，乡村振兴是推进共同富裕的必由之路，是"国之大者"。脱贫攻坚战取得全面胜利后，党中央把"三农"工作重心历史性地转移到全面推进乡村振兴上来，把巩固脱贫攻坚成果作为国之大局、国之大要、国之大计同步推进①。高校思想政治教育是为"国之大者"服务的，在当前高校人才培养工作中具有不可替代的作用。2020年年底，我国脱贫攻坚已取得决定性胜利，消除了绝对贫困，全面建成了小康社会，我国扶贫工作相应进入了以相对贫困、精神贫困为主要特征的后扶贫时代。后扶贫时代国家对贫困地区的扶贫重点已从"物质扶贫"为主转型为"精神扶贫"为主，高校在推进"精神扶贫"工作中具有人才、科研、社会服务等方面优势，是开展"扶智扶志"教育扶贫、党建扶贫、文化扶贫、科技扶贫等"精神扶贫"的主力军，这为高校思政工作助推乡村振兴提供了契机，在后扶贫时代推进乡村振兴战略中具有不可替代的作用，同时，这也是高校思政教育的使命与担当。

一、"精神扶贫"是后扶贫时代推进乡村振兴战略的现实需求

后扶贫时代，国家的扶贫重点已从"物质扶贫"为主转型为"精神扶贫"为主。在全面推进乡村振兴战略阶段，厘清此阶段的重点工作任务，开展有针对性的帮扶工作就显得尤为重要。

（一）推进乡村振兴战略是"国之大者"

国之大者关乎发展全局、事业根本②。习近平总书记多次强调，各级领导

---

① 持续筑牢返贫防线　云南全面推进乡村振兴［N］. 掌上春城，2021 - 10 - 01.
② 陈凌. 什么是"国之大者"？［N］. 澎湃，2021 - 05 - 10.

干部要心怀"国之大者"他在广西考察时深情地说，让人民生活幸福是"国之大者"。我国有5亿多名农民生活在乡村，要让广大农民过上幸福的生活必须要推进农业农村现代化，"只有农业农村发展实现现代化，才能真正激发乡村振兴的内生动力"①。乡村振兴战略是否顺利推进事关农业农村现代化，事关国家富强，事关民族复兴，事关人民幸福。

党的十八大以来，习近平总书记站在中华民族伟大复兴战略全局高度，系统谋划和推进"三农"工作，提出了一系列新理念、新思想、新战略，开创了乡村振兴和农业农村现代化的新局面。党的二十大报告提出，全面推进乡村振兴。2023年中央一号文件强调，必须坚持不懈把解决好"三农"问题作为全党工作重中之重，举全党全社会之力全面推进乡村振兴，加快农业农村现代化。

（二）后扶贫时代乡村"精神贫困"依然突出

"越到实现中华民族伟大复兴的后期，我们追求建成的全面小康社会的精神层面和精神境界越高。它强调更高水平的'全面'小康，不仅意味着要实现覆盖全区域的乡村经济振兴，还要让我们的乡村全面实现'产业兴旺、生态宜居、乡风文明、治理有效、生活富裕'。这就要求我们必须大力推进'物质扶贫'向'精神扶贫'的转变。"② 2019年4月，习近平总书记在重庆考察时强调，要把防止返贫摆在重要位置，适时组织对脱贫人口开展"回头看"。2020年3月，习近平总书记在决战决胜脱贫攻坚座谈会上强调："建立长短结合、标本兼治的体制机制。总的要有利于激发欠发达地区和农村低收入人口发展的内生动力，有利于实施精准帮扶，促进逐步实现共同富裕。"后扶贫时代，要坚持问题导向，针对中国广大农村依然存在一些"精神贫乏"的现实问题，要开展针对性的扶贫措施，激发脱贫群众内生力量，最大限度减少可能发生的返贫现象，促进逐步实现共同富裕。

1. 脱贫户"等靠要"思想依然突出

为了想方设法让每一个贫困户如期脱贫，切实解决贫困户的"两不愁三保障"问题，国家在精准扶贫阶段设置了非常多的政策优惠，无论是政府，还是扶贫工作人员，都付出了艰辛的努力。但是，事实上也出现了一些"后遗症"。

---

① 劳国纯．理论征文｜论乡村振兴与农业农村现代化的有效融合［N］．广州日报，2021-11-11.
② 林丽芳，韩继文，韩怡．民族地区整体脱贫后全面推进乡村振兴探析［J］．经济研究导刊，2022（2）：18.

在很多深度贫困地区，在脱贫攻坚时间紧任务重的情况下，一些地方政府来不及做长远规划，加之一些扶贫项目本身就有"短平快"的特点，少数贫困户在密集资源的投入下，误把帮扶措施视作政府慈善，久而久之养成了"等靠要"的思想，将暂时性的帮扶当成了常规性的特权待遇，甚至把党的扶贫好政策错误地当成了养懒人的政策，争着当贫困户、低保户[①]。有些贫困地区的贫困户每人每月能拿到 500 元左右的生活保障金，若一家人有 6 口人，每月就能拿到 3 000 元左右，有些家庭什么事情都不愿做，专等每个月按时去领取这笔补助。国家为了让贫困户能享受到更好的医疗条件，有的地方为贫困户实施了治病医疗费用兜底保障，政策范围内住院费用报销比例提高到 90% ～ 95%，有的还在住院期间给予每天 100 元的生活补贴，因此出现了建档立卡贫困户争着去住院，连普通的感冒等小毛病都去住院，这个医院住满一星期又换另一家医院去住，目的是去拿生活补贴，这比他从农业生产中获得的收入还要高，因此到医院看病住院的贫困户一天比一天多。脱贫攻坚阶段"养出来"的这些懒汉依赖性很强，很多事情完全自己可以去做，但他们却想继续穷下去，希望保住"贫困户铁饭碗"，能继续享受国家的福利。有的贫困户今年发放了帮扶资源就说满意，明年没有了，就产生很大的不满。甚至还有的贫困户家里，扶贫捐助的米面油吃完了，就打电话让帮扶单位再送去一些，丝毫意识不到脱贫是自己的责任，一味觉得国家给的不够，将国家给予的"两不愁三保障"视为理应享受的权利，不以贫困为耻，反把贫困当光荣。这些贫困户长期形成的惰性思维和习惯已成为他们致富的绊脚石。

扶贫是一项综合性的经济社会政策，不是简单的福利政策，乡村振兴过程中同样不能导致"政策异化"，若因"过度扶贫"而造成社会不公感、"等靠要"、形式主义等后遗症，则会对推进乡村振兴后患无穷。现实中，在那些建档立卡贫困户开心的同时，对于那些非贫困户的普通农民，则对"力度过大"的扶贫措施产生不满情绪，认为国家政策不公平，认为彼此家庭条件相差并不是太大，凭什么建档立卡户就能享受"不劳而获"的生活，认为他们拼命干农活，还不如那些享受政策优待的贫困户过得"滋润"，认为国家是在养懒汉，鼓励不劳而获。在有些地区，认定的"贫困户"和"非贫困户"之间，其实差距并没有想象得那么大。在 2019 年 10 月，云南省一位扶贫女干部"狠怼"贫

---

① 胡光辉. 扶贫先扶志　扶贫必扶智：谈谈如何深入推进脱贫攻坚工作 [N/OL]. 人民网—人民日报，2017 - 01 - 23.

困户的视频火了，获得一片点赞。视频里，这位干部对贫困户说："幸福不是张嘴要来的，不是伸手要来的，不是在家中跷着脚等来的！你看看那些开车、住大房子的人家，哪个是靠低保富起来的？不都是靠自己的双手奋斗出来的吗？"言辞虽然有些犀利，但认可度非常高。究其原因：一是现在很多贫困户"等靠要"思想严重，应该有人出来对其进行教育批评，勤劳致富是中华民族优秀传统，这个传统不能丢。二是扶贫模式必须进行转型，不能一味给予物质扶贫，还应该"精神扶贫"。凡此种种，暴露了我们在扶贫工作中，有些干部忽视了对贫困户的"思想扶贫"，没有从思想根源上教育引导群众。通过反思这几年评估检查中存在的被贫困户"投诉"以及"工作满意度"分数低的问题，大多数是因为与贫困户沟通不够，思想工作没有做到位，贫困户对扶贫政策不理解而导致的。古话说"救急不救穷"，若贫困家庭是因意外或不幸陷入生活困境，帮扶是应该的；若贫困是由于家庭发展周期自然形成，那么无限制地帮下去，大概率也只能养出"等靠要"的懒汉。

典型案例

扶贫先扶志，扶贫路上让人哭笑不得的故事①

长期的贫穷和恶劣的自然条件，磨灭了很多人的奋斗精神。有一个单位组织员工集资购买了两头牛，一公一母，一是解决帮扶村耕地的问题，二是大牛生小牛，也是致富路。该单位的人费了九牛二虎之力，把牛送到了村里安顿好。回到县城以后，带队的领导就接到村长的电话，目的是邀请他们吃饭。他们万般推脱无奈，最后买了一些肉和蔬菜又回到了村里。结果发现，村里把两头牛杀了，因为村民们都想吃牛肉。

政府一般都会把贫困户的补助金按时发放到他们的账户里，刚发钱的那几天，县城唯一的农村信用社前排满了取钱的贫困户。那几天，也是卖白酒、啤酒的商户生意最好的几天。成群结队的人，拉着一箱箱白酒、啤酒，回到了寨子，整个寨子载歌载舞。还有人在路上就嘴馋，路上就喝醉了，醉倒在路边呼呼大睡。有些人会问："钱都用来买酒了，以后吃什么？"他们说："有一顿吃一顿，没有就不吃了。"有的人家里的耕地本身就很少，明明有劳动力，却不愿意外出打工干活。

---

① 扶贫先扶志，扶贫路上让人哭笑不得的故事［N］. 喵眼社会说，2019－07－11. https：//baiji-ahao. baidu. com/s？ id＝1638739723616659310＆wfr＝spider＆for＝pc.

2. 乡村中的"隐性辍学"

一些村民存在"金钱至上""干得好不如嫁得好""读书无用论"等错误思想观念。据财经素养中心调研结果表明，广西靖西市魁圩乡康河村贫困群众对教育重视程度不足，投入不够，辍学现象较为严重。截至 2018 年，该村所在的乡 939 户当中有 139 户 204 名孩子辍学，当面临学费困难时，8.1% 的受访者选择让孩子放弃读书①。在目前我国实施的免费义务教育制度下，基本上所有的适龄孩子都能保证在教室上课。但现在坐在教室不学习的学生却越来越多，网络上大家把这些学生称之为"隐性辍学"。尤其是贫困乡村的学校，一些孩子虽然每天能按时上下学，但这些孩子看似没有辍学，而实际和辍学差不多，他们虽然身在学校，但基本上不学习、不做作业，也学不会任何知识，每次考试分数都在 30 分以下。最近有位乡村教师公开了一张乡镇中学的成绩单，是七年级期末考试的成绩单。这个班级有近 50 人，基本上 7 个科目总分都在 200 分以下，还有一名学生考了不到 100 分。这些孩子虽然都接受了义务教育，都没有辍学，但他们实际上与辍学没有区别。造成这种现象的原因主要是这些孩子大多数从小就是留守儿童，学习上基本没人管。还有一个原因是孩子家长对教育不够重视，很多家长的教育思想还停留在过去，认为孩子的学习都是老师的事，与家长关系不大。

3. 留守儿童缺少成长引领

截至"十三五"末，全国共有农村留守儿童 643.6 万名。在有些城市，外来务工人员的子女上学是非常困难的，因此很多儿童不得不留在乡村，在家中，这些孩子大多是由留守老人负责照顾，有的是自己照顾自己，要么由大的照顾小的，爷爷奶奶只能在生活上简单照顾一下，学习上、思想成长上是没有能力管的，这些留守儿童的学业辅导基本就处于没人管的状态，再加上现在家里都有手机，孩子们的业余时间大多是在玩手机，如果不重视这些留守儿童的思想引领及教育，他们非常容易误入歧途，未来很难成为担当民族复兴大任的人才。高校大学生如果对这些留守儿童进行思想引领、精神陪伴，有助于引导这些孩子成才。

4. "读书无用论"遗毒

2018 年有一条热议的新闻：网红"杀鱼弟"喝农药自杀！这条新闻报道了一个 11 岁帮家里照顾鱼摊的小孩，他手法娴熟、眼神犀利。"杀鱼弟"火了

---

① 刘红宇，周琼，等．农村精准扶贫扶志扶智案例评析 ［M］．北京：中国财政经济出版社，2021：40-41.

后，这家鱼摊的生意瞬间变得好了起来，很多人跑去那里支持他们的生意。大家惊叹他的同时，也让越来越多的人为他感到同情，广大热心肠的网友自发资助"杀鱼弟"，给他换了新学校，学校还为他免去学费。然而事后他还是经常出现在鱼摊上卖鱼。是"杀鱼弟"不想上学么？其实真相是他的父亲一直保持着"读书无用论"的逻辑。他在私下说着"上学不如杀鱼赚钱"，有时还殴打"杀鱼弟"，打到眼球差点需要被摘除。"杀鱼弟"在与父亲的一次争执后，他喝下了农药，所幸最后抢救了回来。现实生活中，有些家长由于自身的认知水平有限，认为读书无用，特别是现在就业形势更加严峻的状况下，"读书无用论"更为泛滥。

5. 缺乏感恩之心

"吃水不忘挖井人"，这是中华民族的传统美德。然而这个社会上总有那么一种人，认为自己的贫穷是老天不公，把弱势当成自己的依仗，把"我穷我光荣、我穷我有理"变成自己的信条，无时无刻在挑战着援助者的底线。电影《我不是药神》里，假药贩子张长林一语中的，"这世上只有一种病，穷病，这病你治不过来的"。网上还有个郑州小吃店的女老板，她看到很多流浪汉、环卫工人有时吃不上饭，于是自发做起了"免费送爱心馒头"的活动。没想到一段时间后，竟然有人来找女店主，"我不吃馒头，你把馒头折成现金给我"，在被拒绝后竟然还反驳："你这人死心眼，我不吃你的馒头给你把馒头省下了，你给我钱，也能少做几个馒头，不就轻松多了？""成天都是这种狗都不吃的东西，还不如给我钱。"无奈，最终店主停掉了这样的爱心活动……现在国家对农民的支持政策越来越好，普及了养老保险、医疗保险，低保户有低保，退耕还林给补贴，困难户盖房子还给补助。脱贫攻坚完成后，很多县政府还规定，已经脱贫的贫困户仍可继续享受大病医疗补助等政策。但是仍有部分脱贫户不满足。西北一驻村干部感慨：扶贫干部不好当，扶贫资源不好发，扶贫工作不好做！他说帮扶单位在向贫困户家中送去米、面、冬季用煤的时候，群众就站在一旁看着干部忙里忙外，丝毫不知道搭把手、帮下忙。这让参与扶贫工作的干部感到非常寒心，部分贫困户不仅不对国家感恩，还对扶贫政策不满意，甚至对扶贫干部恶语相向，当起了"贫困户大爷"。

6. 乡村"精神瘸腿"

长期以来，我国乡村建设中存在着重经济发展、轻文化建设的倾向，在一定程度上导致了乡村在经济发展取得成效的同时，乡村社会的"空心化"问题逐渐凸显。当下的乡村社会，既面临着各种思潮和文化的强烈冲击，又遭遇内部大范围的社会流动，乡土社会边界大开，其文化根基在内外双重裹挟之下被动摇、变异甚至面临解体，乡村社会很可能成为"无根"的社会。在当下农村，精神富裕还没有跟上物质富裕的节奏。人们发现，一些乡村物质条件都不差，但精神文化生活却比较匮乏：有的农民业余生活仍以抹纸牌、打麻将为主，做生日祝寿、炫富攀比、搞封建迷信等问题依然突出。这个问题也引起了社会的广泛关注。当前部分农村普遍存在的一个问题，并非农民收入太低，而是大多数农民闲暇无聊、价值失准、文化失调等，并已成为普遍的乡风、社风问题。精神缺失必然滋生社会问题，纵观我国近几十年的发展历程，为什么在个别时段、个别地方出现了一定的道德滑坡，治安混乱现象呢？其主要原因就是在强调经济发展的同时，忽略了提升人们的精神和道德层次。

（三）"精神扶贫"的重点任务

脱贫不返贫才是真脱贫，贫困户脱贫后如何实现持续发展，实现巩固拓展脱贫攻坚成果同乡村振兴有效衔接，是后扶贫时代乡村振兴的工作重点。坚持调动广大贫困群众积极性、主动性、创造性，激发脱贫内生动力，是打赢脱贫攻坚战的重要经验。习近平总书记强调："要加强扶贫同扶志、扶智相结合，激发贫困群众的积极性和主动性，激励引导他们靠自己的努力改变命运，使脱贫具有可持续的内生动力。"后扶贫时代，乡村振兴不仅需要持续投入大量的资金、物资等，为巩固农村农业的基础设施，为乡村振兴创造物质基础，还应注重"软环境"的建设，除了政府政策性支持，激活市场机制外，更需要注重唤醒村民的内生动力，有针对性地"志智双扶"，激发贫困群众自我发展的内生动力，把外部"输血"式扶贫与内部"造血"式脱贫相结合，彻底拔除穷根、消除贫困。

1. 扶贫先扶志

贫穷和愚昧往往具有共生关系，尤其是现阶段的大多数贫困问题，表面看是物质性贫困，但究其根源在于缺乏"人穷志不穷"的精神和改变贫困现状的认知、能力和手段。在脱贫攻坚阶段，出现了一些争当贫困户，拒绝"脱贫摘帽""坐在门口晒太阳，等着政府送小康"等不良现象，甚至出现了"小学生当贫困户"的作文，极具讽刺性并发人深省。究其原因，很多贫困户的贫穷不是客观因素造成的，而是源于他们及时享乐的惰性思维，缺乏生活奋斗目标和脱贫致富的勇气和志气。另一方面，也源于一些干部对贫困户没有在思想上引导他们勤劳致富，而是一味地用资金满足他们的胃口，给后续推进乡村振兴造成了很大麻烦。农民是乡村振兴的主体力量，要充分发挥5亿多名农民在乡村振兴中的积极性、主动性和创造性，帮助他们树立靠自身努力改变贫困落后的意识，坚定勤劳致富的信心，自力更生、艰苦奋斗，真正激发出持久的脱贫致富动力。如果扶贫不扶志，再多的扶贫资金也只能管一时，不能管长久，扶贫的目的也难以达到，即使一度脱贫，他们没有致富志向，也可能会再度返贫。乡村振兴阶段，要着力提高脱贫不稳定户及边缘易致贫户的脱贫致富能力，增强"自我造血"功能，只有脱贫群众有了内生动力并有造血功能后，扶贫才真正算得上成功。

2. 扶贫必扶智

贫困群众大多文化素质偏低，有的读书看报、填表算账都困难，脱贫能力普遍欠缺，此类问题已成为推动乡村振兴的突出矛盾。阿比吉特·班纳吉（Abhijit V. Banerjee）与埃斯特·迪弗洛（Esther Duflo）在其著作《贫穷的本质》中认为："导致贫穷主要有两个原因：短视与认知有限。强调单靠机械地扶持，并不能帮助他们摆脱贫穷，能改变的只是一时的贫困，而要彻底根治，需要的是让他们掌握一定的技能。"归根结底，整个社会要为他们创造发展的必要条件。要改变从贫穷到富裕的状态，就是赋予他们发展的权利。教育是保障持续发展的重要途径。习近平总书记强调："贫穷并不可怕，怕的是智力不足、头脑空空，怕的是知识匮乏、精神委顿。"扶贫必扶智，扶"钱"不如扶"智"，扶"今天"更要扶"明天"。扶智就是扶知识、扶技术、扶思路，帮助和指导贫困群众着力提升脱贫致富的综合素质。如果扶贫不扶智，就会知识匮乏、智力不足、身无长物，甚至造成贫困的代际传递。扶智要紧紧抓住教育扶贫这个根本，必须智随志走、志以智强，实施"志智双扶"，让贫困地区的孩子们接受良好教育，阻断贫困代际传递，才能从根本上铲除滋生贫穷的土壤。2021年11月，中央网络安全和信息化委员会办公室发布的《提升全民数字素养与技能行动纲要》指出：提升农民"数字技能"，提高农民对数字化"新农具"的使用能力。引导企业、公益组织等参与农民数字技能提升工作，推动数字服务和培训向农村地区延伸。2021年12月，教育部、国家乡村振兴局、国家语言文字工作委员会联合印发的《国家通用语言文字普及提升工程和推普助力乡村振兴计划实施方案》指出：要按照"聚焦重点、全面普及、巩固提高"的新时代推广普通话工作方针，全面推行国家通用语言文字教育教学，特别要在基础较薄弱的民族地区将普通话普及率提高6～10个百分点，接近或达到80%的基本普及目标。高校师生通过"三下乡"可对民族地区开展数字化提升培训、普通话培训等工作。

3. 听党话、感党恩

我国脱贫攻坚让近1亿名农民脱离了绝对贫困，但极少数脱贫群众对国家的脱贫攻坚事业不理解，片面地认为自己脱贫是党和政府的事，是帮扶干部的事，他们内心不知恩、不感恩。后扶贫时代，推进乡村振兴战略要强化感恩教育，不仅要帮助脱贫人口改善生存条件，让他们经济上翻身，更要在精神上翻身。只有当"口袋"与"脑袋"同时富起来，才是真脱贫。

4. 促进乡风文明

"仓廪实而知礼节"，精神文明与物质文明的共同进步才能推动乡村的全面振兴，乡村振兴如果脱离乡村精神文化建设，就会造成"跛足走路"的情况，这显然与乡村振兴战略相背离。习近平总书记强调："实施乡村振兴战略不能光看农民口袋里票子有多少，更要看农民精神风貌怎么样。"实施乡村振兴战略要坚持物质文明和精神文明两手抓，注重提升农民的精神风貌，提防"精神瘸腿"①。全面推进乡村振兴，必须在发展农村经济的同时，更加重视精神文化建设，让精神富裕迅速跟上物质富裕的节奏。

二、高校思政队伍是"精神扶贫"的主力军

在脱贫攻坚的伟大实践中，高校作为人才的集结地、智慧的传承与创造的智力高地、科学技术与创新的先行军，发挥了主力军的作用，在教育扶贫和精准脱贫中发挥了基础性、关键性和先导性作用。大学生在农村脱贫攻坚中发挥了重要的作用，成为农村精准扶贫、精准脱贫的美丽"风景线"、重要"生力军"、有力"助推器"②，为脱贫攻坚做出了不可替代的历史性贡献。在后扶贫时代，要实现巩固拓展脱贫攻坚成果与推动乡村振兴的有效衔接，建设更高水平的全面小康和加快共同富裕进程，高校拥有人才、文化、科研等优质智力资源，要继续发扬"撸起袖子加油干"的拼搏精神，顺应时代发展和国家需要，积极主动担当，充分发挥"智志双扶"优势，为脱贫地区致富提供智力支撑和人才支持，在建设农业农村现代化进程中继续发挥主力军作用。

（一）培养高素质农民的主力军

后扶贫时代，扶贫工作的重心、方式和途径都已发生很大变化，培养高素

---

① 乡村振兴要提防"精神瘸腿"[N/OL]. 红网，2021-09-30.
② 李茂平. 大学生扶贫志愿服务研究 [M]. 北京：中国社会出版社，2021：54.

质农民成为解决脱贫群众致富奔小康的关键。高校要成为"志智双扶"的主力军，以"造血式"扶贫作为核心支撑，立足当地自然条件，充分利用自身科研和人才优势与教育资源，把输出人才和培育人才相结合，积极开展教育培训、专题讲座，组织科研人员深入欠发达地区为村民提供教育资源、技术服务，成为培养高素质农民的主力军。

1. "志智双扶"培养高素质农民

高校要发挥文化育人的优势，通过教育提升人的素质和能力来实现脱贫致富，"扶智"意义更加重大、致富成效更加长久，这是脱贫致富的根本，也体现着高校办学的社会功能[①]。要通过宣讲帮扶政策，营造积极向上的文化氛围，教育引导贫困地区农民正确看待贫困，从思想层面消除精神贫困的根源，解决"人穷志短"弊病，摒弃"等、靠、要"消极思想，引导他们逐步由"要我脱贫"向"我要致富"转变，引导他们立志成为高素质农民，以新思想新志气开拓新生活。

2. 引导大学生争当高素质农民

实施乡村振兴战略，推动农村发展，最主要的因素是人，而大学生是未来乡村人才振兴的生力军。高校党委要深刻认识高校在助力乡村振兴中的重要作用，立足为乡村振兴服务，根据新时代乡村振兴发展需求，通过理想信念教育、感恩教育、实践教育、创新创业教育，推动与鼓励大学生积极返乡就业创业，为大学生参与乡村振兴事业树立正确的价值观，引导他们扎根中国乡村大地，以"强国有我"的志向积极投身乡村振兴事业。

典型案例

"金色人才"助力乡村振兴[②]

2003 年，从湖北财经高等专科学校毕业后，蒋明兰在家乡天门市销售植保机具，赶上了行业高速发展期，每月纯利润接近 3 万元。然而，到了 2007 年，市场销量肉眼可见的下降，红利越来越少。蒋明兰开始思考出路。她敏锐地发现，未来专业化的农业服务是一片蓝海。2015 年 3 月，在广东珠海举办的一场全国小麦病虫害防治现场会上，蒋明兰被一款植保无人机震住了。它的

---

① 田世宏. 后脱贫时代高校要发挥主力军作用 [N/OL]. 人民论坛网，2020 - 10 - 16.
② 顾磊. "金色人才"助力乡村振兴 [J]. 中国乡村振兴，2021 (11).

载重能力强，输入参数后能自主飞行，每小时作业面积能达到 60 亩 * 以上。直觉告诉她，这就是自己寻找多年的事业突破点。蒋明兰回乡迅速组建大黄蜂植保服务合作社，建起了本地的飞防服务平台，为拥有植保无人机的飞防队提供订单，为需要打药的农户提供服务。她还通过培训指导学员学习无人机喷洒农药，让小农户找到新的收入来源。

2018 年，蒋明兰受邀参加乡村金色人才计划培训活动。培训中，她还成为了该项目资助的 35 位乡村致富带头人之一，从"老师"变为"学员"。拿到项目支持的 3 万元后，蒋明兰办了念念不忘的一件"大事"：通过培训让 38 名乡村女性拿到植保机操作许可证，组建成湖北省首支女子飞防队。其中一位女飞手 15 个月服务了 4.5 万亩耕地，收入超 40 万元。

3. 激励贫困大学生返家乡就业创业

高校资助育人工作要把经济资助与精神励志相结合，注重"扶贫更扶志"，通过加强贫困大学生的励志教育，宣讲脱贫攻坚精神、乡村振兴鲜活的典型案例，让贫困大学生能正确对待贫困并战胜贫困，认识到拼搏奋斗才能成长，磨砺坚定意志，增强敢于啃"硬骨头"的毅力，使他们从思想上敢于阻断贫困代际传递，立志返回家乡就业创业。同时，通过对大学生尤其是原贫困大学生的感恩教育是一种以德报德的传统美德教育[1]，引导贫困大学生听党话、感党恩、跟党走，积极返回家乡助推乡村振兴。

典型案例

30 岁牺牲在扶贫路上后，大家发现她的家也才刚脱贫 3 年[2]

"自己的家乡，面对如此情况怎么还有理由不回来？"电视剧《大山的女儿》热播，大家再次被黄文秀的事迹深深感动。

2018 年，黄文秀从北京师范大学硕士毕业后，毅然选择回到家乡广西百色，主动申请来到乐业县新化镇百坭村担任第一书记，希望改变家乡贫困落后的面貌。驻村期间，黄文秀在最短时间内掌握全村贫困户的详细情况，她逐一走访全村贫困户，绘制了"贫困户分布图"，每户的家庭情况、致贫原因等，

---

　*　亩为非法定计量单位，1 亩等于 1/15 公顷。

　①　颜丽娜. 赓续脱贫攻坚精神，助力乡村振兴：脱贫攻坚精神融入高校资助育人工作的思考 [N]. 企媒创氪，2022 - 08 - 31.

　②　30 岁牺牲在扶贫路上后，大家发现她的家也才刚脱贫 3 年 [N]. 人民日报，2022 - 07 - 11.

她都一一标注在笔记本里。

黄文秀和村"两委"干部一起，带领百坭村村民种植砂糖橘、八角、杉木等特色经济作物。组织大家学习电商知识，建立了百坭村电商服务站，实现了贫困家庭户户有致富门路，村集体经济项目收入翻倍的目标。2019 年 6 月 16 日晚，百色市遭遇强降雨，黄文秀冒着山洪连夜赶往村里，不幸遇难，生命定格在 30 岁。后续，当地干部到她家慰问，才发现她家刚刚脱贫 3 年。

黄文秀是大山的女儿，她走出了大山，看过了世界，又带着知识和希望回到大山，她用自己的努力，让村子脱胎换骨走上了脱贫致富的道路。她曾说过："做人要有价值，不能光为自己活，还要为民族活、为国家活。"黄文秀被追授"时代楷模""全国优秀共产党员""七一勋章"。

（二）科技助农主力军

致富奔小康离不开产业支撑，在一些深度贫困地区，产业支撑能力较弱，资源优势难以转化为经济优势。教育部印发《高等学校乡村振兴科技创新行动计划（2018—2022 年)》（以下简称《行动计划》），对高校科技创新服务乡村振兴作出了总体设计和系统部署。计划通过五年左右的时间，逐步完善高校科技创新体系布局，强化高校科技和人才支撑能力，使高校成为服务乡村振兴战略的高层次人才培养高地、政策咨询研究高端智库、科技创新供给端和试验田，培养懂农业、爱农村、爱农民的人才队伍，显著提升高校服务乡村振兴的水平，为乡村振兴战略的实施提供坚实的支撑和保障。《行动计划》出台后，各高校积极响应，至 2019 年 6 月已经有 30 余家高校制定了服务乡村振兴工作方案，13 所高校成立了乡村振兴学院。高校围绕乡村振兴持续创新，通过"专家大院""科技小院""科技大篷车""百名教授兴百村"等多种农业科技推广的新做法，将高校科技成果和人才优势转化为推动农业农村发展的产业新动能。据统计，39 所高校新农村发展研究院共建设了各类实验站 300 余个，院士、专家工作站 500 余个，各类农业推广示范基地和特色产业基地近 1 400 个，服务涉农企业 1 700 余家，示范推广新成果 1 万余项，新增产值近 6 000 亿元[①]。后扶贫时代，作为汇聚众多人才与科技资源的智力高地，高校在科技致富中是当之无愧的主力军，高校要把发展产业作为带动群众实现致富奔小康

---

① 教育部．汇聚高校创新资源　13 所高校成立乡村振兴学院［N/OL］．新华网，2019 - 06 - 12.

的基础工程，为产业项目提供智力及技术支持，要组织好、引导好高校师生通过"三下乡""三支一扶"计划、研究生"扎根实践"等活动，将论文写在乡村大地上，把科技创新、成果转化、技术培训相结合。在科技帮扶过程中，高校要更加重视示范基地建设和新技术、新品种的推广应用，发挥科技致富的示范效应，协助当地推动传统农业产业升级和扶持特色优势产业发展，让群众在产业发展中尝到甜头，激发贫困地区脱贫致富的内生动力，帮助和指导脱贫群众提升致富能力，实现由"输血"向"造血"的转变，以科技力量推进农业农村现代化。

（三）乡风文明建设主力军

乡村振兴，不仅仅是经济振兴，还包含村民的文化自觉与精神富足。村民对美好生活的向往，不仅渴望大路畅通、村容村貌整洁，也渴望对一些固存的乡风顽疾进行"移风易俗"。高校思政队伍深入乡村开展志愿服务，如捐资助学、扶贫助老等送温暖活动，无疑都具有时代价值。高校思政工作要充分发挥大学生传播先进文化的能力，以推进社会主义核心价值观进村入户为主题，通过"三下乡"等大学生志愿服务活动，引领村民开展"乡风文明创建活动"，引导村民听党话、感党恩、跟党走，树立良好的乡风家风，推动乡风建设创新性发展与创造性转化。

（四）乡村生态文明建设主力军

农村最富足的是土地资源和生态资源。高校思政队伍通过"三下乡"等社会实践活动，深入乡村开展生态文明宣传，引导村民深入贯彻习近平生态文明思想，增强生态价值观，自觉参与到生态文明建设伟大工程中来，使乡村经济发展与保护生态环境协同推进，做乡村生态文明建设的参与者、贡献者，共同创建宜居宜业的和美乡村。同时，高校在品种改良、栽培技术、自然资源开发利用和生态环境保护等方面拥有科研优势，高校应紧密结合学科专业优势，立足本地土地资源和生态资源，将科研成果直接推广应用到农业生产中。高校还可设立科研专项，重点支持科研团队深入乡村帮扶第一线，以科技兴农推进乡村振兴，为贫困地区群众推进绿色生态产业发展插上科技的翅膀。

（五）乡村有效治理主力军

志愿组织具有公益性、服务性、志愿性优势，可以提供政府和市场无法覆盖的农村公共服务，在促进农村教育、医疗卫生、环境保护以及乡风文明等方面发挥不可忽视的作用，是对接社会服务的"最后一公里"的重要依托和着力点①。高校思政工作要以马克思主义国家治理理论为科学指导，充分运用国家治理理论解决好"谁来治理乡村、如何治理乡村"这一根本问题②，加强乡村治理体系和治理能力现代化的研究。探索高校协同推进乡村物质文明、精神文明、生态文明协调发展、和谐共生的中国式现代化的新道路、新模式、新形态。另外，高校思政工作要挑选党性强、科研能力强的优秀大学生党员，在教师的指导下组建"乡村基层治理智囊团"，为美丽乡村规划、智慧农业、绿色生态产业、乡村文明建设等建言献策。

三、高校思政工作助推乡村振兴的现实意义

高校思政工作助推乡村振兴，既是时代召唤和历史机遇，也是高校的"大情怀""大格局"，这一"立德树人"工作，既坚持了政治高度又兼顾了育人的广度和深度，在自觉提高"政治三力"的同时，对高校思想政治教育进行统筹考虑，整体布局，形成思想政治教育"大思政"新格局，这是新时代高校的历史使命与责任担当，有助于高校提升育人水平与助推乡村振兴"共赢"。

（一）凝聚高校力量是我国扶贫的成功经验

我国国家制度和国家治理体系具有多方面显著优势，很重要的一条就是"坚持全国一盘棋，调动各方面积极性，集中力量办大事"。在长期的反贫困实践中，坚持充分发挥政府和社会两方面力量作用，构建专项扶贫、行业扶贫、社会扶贫互为补充的大扶贫格局，调动各方面积极性，引领市场、社会协同发力，形成全社会广泛参与脱贫攻坚格局。2021年习近平总书记在全国脱贫攻坚总结表彰大会上指出："我们广泛动员全党全国各族人民以及社会各方面力量共同向贫困宣战，举国同心，合力攻坚，党政军民学劲往一处使，东西南北中拧成一股绳。"林乘东在《教育扶贫论》中指出，"教育具有反贫困作用，可纳入扶贫资源中"；联合国教育、科学及文化组织指出，"教育及培训可以帮助人们摆脱贫困"；严万跃在《论现代教育的扶贫功能》中指出，"现代社会的贫困问题，是知识与能力贫困的表征及结果，教育扶贫可增加贫困人口的脱贫能

① 张书琬. 志愿服务推动乡村振兴［N/OL］. 中国社会科学网，2022－01－05.
② 孙柏瑶. 高等教育服务乡村治理的推进路径［J］. 中国高等教育，2022（18）：10－12.

力"。在脱贫攻坚战中，教育扶贫创造了备受瞩目的"中国奇迹"，为国家脱贫攻坚事业交出了满意的答卷，历年全国脱贫攻坚考核第三方评估、工作普查、资源调查等，高校师生成为绝对主力。2018 年，中共中央、国务院印发了《乡村振兴战略规划（2018—2022 年）》，文件指出，应大力培育服务性、公益性、互助性农村社会组织，积极发展农村社会工作和志愿服务；推动各地通过政府购买服务、设置基层公共管理和社会服务岗位、引入社会工作专业人才和志愿者等方式，为农村留守儿童和妇女、老年人以及困境儿童提供关爱服务。由此可见，社会工作与乡村振兴战略存在天然的契合点，发展农村社会事业有着充分的政策和现实依据。在后扶贫时代，乡村振兴是国家重大发展战略，必然要凝聚社会各方力量，构建乡村振兴大格局，要在巩固脱贫攻坚成果的基础上，建设更高水平的全面小康和加快共同富裕进程，高校拥有人才、文化、科研等优质智力资源，是助推乡村振兴"精神扶贫"的主力军，必然需要凝聚高校力量助推乡村振兴。

（二）高校思政工作助力乡村振兴是使命担当

高校"立德树人"的核心任务是为"国之大者"服务。我国高等教育发展方向要同我国发展的现实目标和未来方向紧密联系在一起，要扎根中国大地做好"四为服务"（为人民服务、为党治国理政服务、为巩固和发展中国特色社会主义制度服务、为改革开放和社会主义现代化建设服务），脱离了这个最大实际，高等教育就丢失了办学的根本，就很难办好。后扶贫时代，推进乡村振兴战略是推进中华民族复兴的重要一环，是推进社会主义农业农村现代化的关键一环，是"国之大者"，高校理所当然应承担起为"国之大者"服务的历史使命，要肩负起助力乡村振兴的使命与担当。高校作为农业农村领域人才培养、科技创新、社会服务、文化传承、国际合作交流的重要力量，在服务新农村建设、精准扶贫等行动中发挥了重要作用。2012 年教育部组织高校积极响应和落实党中央、国务院关于社会主义新农村建设的重要决策部署，在中央领导同志的关心支持下，联合科学技术部先后在高等学校批准建设了 39 所新农村发展研究院，积极探索农科教相结合的综合服务模式，推动高校成为我国新型农村科技服务体系的重要组成部分，并为新时代乡村振兴战略的实施积累了宝贵的实践经验和人才基础。相比西方国家，当前我国城乡教育资源配置不均衡，乡村振兴人才缺乏。要实现农业农村现代化，人才是关键。后扶贫时代，高校要结合时代发展需求，在人才培养目标、培养模式、学科专业结构等方面加快结构调整及优化，积极建立学校教育与社会实践相衔接的育人机制，教育引导大学生立足国情，立足中国乡村大地，并将其培养为民族复兴、国家富强、乡村振兴的时代新人。

（三）有助于高校提升"立德树人"水平

高校思想政治教育实践育人是提升大学生政治素养、人格完善和价值观塑造的重要途径，是高校"立德树人"的核心任务，不仅强化对大学生"德"的塑造，更强调高校思想政治教育践行"为党育人、为国育才"的初心使命。后扶贫时代，高校思政工作如何坚持问题导向，寻求推进乡村振兴战略与提升学校的办学水平的"共建共赢"，是考量高校"立德树人"育人水平的重要指标。

1. 是高校贯彻落实"立德树人"的必然要求

新时代高校"立德树人"的核心任务是贯彻党的教育方针，坚持马克思主义指导地位，以社会发展方向及其所需要的人才培养为导向，扎根中国大地做好"四个服务"，办好中国教育，使教育者、受教育者、宏观环境等要素相互配合、良性互动，发挥整体育人优势，培养中国特色社会主义事业合格建设者和可靠接班人。高校立足乡村发展需求，培养乡村振兴的服务人才，是高校贯彻落实"立德树人"，为"国之大者"服务的最好体现。

2. 有助于高校提升社会贡献率

在国家大力推进乡村振兴战略及职业教育大发展的双重时代背景下，高校（特别是地方职业院校）需要植根地方，结合自身行业及职业特色，因地制宜对接地方乡村"五个振兴"。《国家职业教育改革实施方案》指出，高等职业学校要培养服务区域发展的高素质技术技能人才。职业院校要围绕现代农业等领域开展职业培训，服务乡村振兴战略。

后扶贫时代，高校要结合时代发展需求，在人才培养目标、培养模式、学科专业结构等方面加快结构调整及优化，探索乡村振兴的新路径，增强创新能力、科研转化能力及服务社会能力。

3. 有助于高校整合社会资源，提升育人水平

目前，各高校实践育人资源严重不足，各高校思政工作与推动乡村振兴有效融合，有助于高校充分利用乡村的丰富实践资源开展研究型实践教学，将论文写在大地上，实现教科研转化，有利于培养"用得上"的社会实践型人才。另外，思政课是高校"立德树人"的关键课程，是高校思想政治教育工作的关键一环。但目前高校思政课实践教学仍是思政教育工作的一个突出短板，《普通高校思想政治理论课建设体系创新计划》指出："高校要强化实践教学，建设与课堂教学相互促进的第二课堂教学体系；要整合资源，推动思政课实践教学与大学生社会实践活动有机结合。"当下，乡村振兴为高校提供了广阔的"大思政课"思想政治教育实践育人平台，如把"五位一体""四个全面"等方面的教学内容与乡村振兴战略有机融合，引导大学生融入乡村振兴服务中，有助于贯彻落实思政课"八个相统一"的基本要求，全面提升高校思想政治教育实践育人的实效性。

（四）有助于高校师生"教学相长"

1. "教育者必先受教育"

马克思指出："环境正是由人来改变的，而教育者本人一定是受教育的。"做好思想政治教育工作的关键在教师，思政工作者的实践能力影响着思想政治教育的实效。当前高校思想政治教育实践育人效果不佳应多从教育者自身查找原因。显然，思政工作者的实践经验和实践能力是不会从脑子里自发产生的。目前，大多思政工作者普遍只在"象牙塔"里教书育人，明显与社会实践相脱节。高校思想政治教育实践育人与乡村振兴有机衔接，为思政工作者搭建了社会实践平台，有助于思政工作者提高社会实践能力，有助于充分挖掘现实生活中生动的"乡村振兴"思政素材，使得思政小课堂与社会大课堂相融合，让教师真信真懂真教，让思政工作"活"起来，把中国伟大的生动实践扎实装进学生的头脑。

2. 有助于教师实现教科研转化

在实施乡村振兴战略进程中，人才与科技是深层次的支撑和驱动力。《高等学校乡村振兴科技创新行动计划（2018—2022 年）》指出："要发挥高校作为基础研究主力军和技术创新策源地的重要作用，加强农业农村领域的原始创新和前沿研究；支持高校加强服务乡村振兴技术创新，强化联合攻关、推广转化与集成应用；加强高校新农村发展研究院建设，统筹现有综合示范基地、特色产业基地、分布式服务站以及教授工作站、实验站等平台，把高校新农村发展研究院建设成为服务乡村振兴的重要平台。"高校助推乡村振兴，为教师搭建了最好的"教学相长"的实践资源和实践平台，为新时代教师实现教科研转化找到了"肥沃"的土壤。

3. 有助于大学生与祖国同行成长成才

马克思主义人才观表明，人才的产生和发展都与其存在的时代背景有深刻的渊源，不同时代会造就不同的人才，人才的素质和行为也必须符合历史发展的需求和人民的根本利益。青年大学生只有增强家国情怀，对党和国家的治国理政方略高度认同，领悟中国共产党为什么"能"、社会主义制度为什么

"好",从而激发其内在的奋斗激情和成才动力,将自己的奋斗目标与时代同向、与祖国同行,最大限度实现自己的人生价值。高校教师要教育引导青年学生树立远大志向,勇于到艰苦环境中历练担当,自觉将自己置身于乡村振兴的时代大潮之中,把握时代脉搏,与人民群众同呼吸共命运,在社会实践中进一步感悟自我价值和社会价值的关系,将实现自我价值同推进农业农村现代化强国的社会价值有机统一起来,为乡村振兴注入青春力量,做乡村振兴的见证者、参与者、引领者。

4. 有助于大学生在乡村振兴中增强劳动精神

马克思主义实践观表明,人的本质是具有社会属性,人的社会属性最主要体现为目的意识性与劳动创造性。人通过社会实践体现了明显的目的意识性和劳动创造性,在社会实践中获得社会认知、体验情感、合作意识、劳动能力、修正能力。2020年3月,中共中央、国务院出台《关于全面加强新时代大中小学劳动教育的意见》,旨在通过日常生活劳动、生产劳动和服务性劳动,充分发挥劳动育人功能,对学生进行劳动观念、劳动能力、劳动精神与劳动习惯教育。青年大学生很少有机会参与社会实践,大多缺乏吃苦耐劳精神、奉献精神、合作精神等。高校思政工作融入乡村振兴战略,为大学生参与社会实践提供了广阔的实践舞台,让大学生在实践中实现主客观统一和"知情意行"相统一,在志愿服务过程中,志愿者付出的是他的工作技能、经济财富、个人精力,志愿者获得的不是物质报酬,而是精神回报[1]。在乡村振兴中,大学生接受了思想洗礼,锤炼了思想道德品质,增强了劳动精神、创新精神和实践能力。

典型案例

90后"新农人"为乡村振兴注入新动能[2]

2015年,吕正行从云南农业大学毕业后,做了农资销售,出差时接触到了蚂蚱养殖,经过了解觉得市场前景好,便辞职开启创业之路。经过多地考察,吕正行最后选择在昆明市东川区小江干热河谷区建基地,这里气候干热,适合养殖蚂蚱。

"创业本就很艰难,加上2017年7月东川发大水把蚂蚱基地的草地全部淹

① 王洪松. 当代中国的志愿服务与公民社会建设 [D]. 北京:中国政法大学,2011.
② 昆明东川:90后"新农人"为乡村振兴注入新动能 [N]. 人民资讯,2022-01-07.

了，就更加困难了。"吕正行说。后来，吕正行从外地批发蚂蚱到东川销售，2018 年在网上销售，销量有明显提升，逐渐开始盈利，从开始一年卖 1 吨到现在一年卖 300 多吨，也从自产自销转变成带动养殖户养殖模式。2018 年，吕正行申请了自己的商标——小江蚂蚱行，同年申请了蚂蚱培育箱实用新型专利；2019 年，吕正行创建的昆明行林养殖有限公司被评为云南省科技型中小企业。2021 年，为美化基地景观，吕正行在基地种了 6 万棵向日葵供群众观赏。如今，吕正行做着自己喜欢的事，还成了现代农业发展的致富带头人，解决了当地一部分群众的生计，为东川区乡村振兴注入了新动能。

（五）有助于缓解大学生就业压力

近年来我国高校毕业生数量节节攀升，据人力资源和社会保障部消息，2023 年高校毕业生达到 1 158 万人，这是在 2022 年高校毕业生数量首破千万人后的又一新高，就业形势更加严峻。如何稳就业和扩大就业也是"国之大者"。2023 年 2 月，共青团广东省委在广东青年助力高质量发展动员会上发布了《广东青年下乡返乡兴乡助力"百县千镇万村高质量发展工程"三年行动》的文件，文件明确，到 2025 年底，广东省将累计组织 10 万名青年下乡帮扶、联系服务 10 万名青年返乡实践、培训服务 10 万名青年提升兴乡技能。以服务青年入县下乡就业创业为主要抓手，促进人才回归、资源回乡、项目回流，促进城乡区域协调发展。近年来，青年在农村的工作角色还拓展至扶贫干部、兼职团干部等。资本下乡、乡村就业创业就业行动鼓励了一些驻村公司及电商、旅游等小微企业的成长，吸纳了部分大学生就业。当然，如何让农村就业市场对大学生形成吸引力，如何优化乡村创业和营商环境，也是任重道远。高校思政教育助力乡村振兴人才建设，高校可以通过思政教育引导学生形成正确的就业理念和择业观念，让学生能够真正了解乡村振兴的含义，进而选择到基层单位、农村就业，这样既能提高学生的就业率，也能丰富就业渠道①。

---

①　张文胜，林丽芳. 高校思政教育助力乡村振兴人才建设的思考 [J]. 科学咨询（科技·管理），2024（1）：228 - 231.

第四章 高校助力乡村发展的实践经验

国外高校与乡村发展进行有效融合具有较长的历史，取得了一些较为成熟的理论及宝贵的实践经验。我国高校自开展定点扶贫工作以来，积累了丰富的实践经验，为国家脱贫攻坚事业交出了满意的社会答卷。在后扶贫时代，高校仍然是助推乡村振兴"精神扶贫"的主力军。高校思想政治教育工作与乡村振兴有效融合，这不仅是高校教育职能助推国家发展战略的现实需要，也是高校融入时代，同步发展自身的现实需求，对助推乡村振兴战略及高校自身发展都具有"双重"的时代价值。总结国内外高校思政工作助推乡村建设的实践经验，有助于为后扶贫时代探索高校思政工作助推乡村振兴的路径打下坚实的实践基础。

一、国外高校助力乡村发展的实践经验

国外高校与乡村发展进行有效融合具有较长的历史，在融合发展中形成了人才支援制度、乡村支援员制度、科技服务体系、高等教育改革体系、农村金融体系、新型职业农民培育体系等保障体系；探索了"校企联合'双元式'实践"[①]、校外打工和志愿服务等协同发展的多种乡村改进模式，如日本的"造村运动"、美国的"乡村改进"模式、英国的"农业＋、新农村、新农人"新循环模式、韩国的"新村运动"、荷兰的"农业教育、科研、推广系统"三者协同发展的"OVO三位一体"模式等，为我国高校助力乡村振兴提供了借鉴。

（一）日本高校助力"造村运动"

第二次世界大战后，日本大量农业人口涌向城市，乡村产业人才流失严重，农村"空心化"等问题突出，乡村日趋衰落。面对困境，日本实施"一村

---

① 马奇柯. 国外大学生社会实践的经验和启示 [J]. 中国青年研究，2003 (3)：72-75.

一品"战略①，政府协同社会组织、企业及乡村新老居民，改革创新农业人才培养、人才吸引、人才支援、人才管理等模式，推进"造村运动"。该"造村运动"关键是"造人"，物质性的"造物"是一个方面，但更为重要的是大力在精神性"造人"上下功夫②。该模式的主要做法及启示如下：

1. 建立县乡农学院，农民免费入校自主选择培训

最具特色的是设立了对社区开放的县立农业大学，设置了培养、研究、进修三类部门，开设现代农业技术、农业经营、农业管理等课程。同时大力丰富课程内容并均实行免费，农民可以按兴趣及需要自主选择。同时注重向乡村农场（所）、试验所推广和普及先进农业技术。

2. 高校调整农业科技人才培养目标

20 世纪 80 年代后，日本对高等农学学校的人才培养目标定位、课程设置、课程内容、实践教学等方面进行了大幅度调整，面向生产实际，注重培养与一二三产业相融合的新农业技术人员及领导人员，以及开发有关农产品加工、贮藏、运输和农业生产资料新技术的研究人员③。日本还加强研究生教育，国立大学设置了农学研究生院及研究所，开设农学专业的硕士、博士课程，其比重逐年增长，为日本培养了大量的高素质应用型农学人才。

3. 统筹科研院校、企业、政府力量推动官产学合作，联合无偿培养农业科技人才

在"造村运动"中，在日本政府主导下，明确各级政府职责（如基层乡镇级，负责各类人才的现场综合服务④），完善管理协同工作机制⑤，统筹科研院校、企业、政府力量推动官产学合作，推动成立了一大批无偿培训农民技能的农业高级学校、农协培训中心、农业科技培训中心等培训机构，分类分层无偿

---

① 案例分享．值得借鉴的日本"一村一品"［N/OL］．搜狐，2021 - 12 - 07. https：//www. sohu. com/a/506016678_120171463.

② 中国国际扶贫中心．从国际经验看乡村振兴与脱贫攻坚的融合［M］．北京：中国农业出版社，2021：75.

③ 田玉敏，杜丽华．国外高等农业教育支撑农村发展的路径探究［J］．世界农业，2008（3）：69 - 71.

④ 侯宏伟，温铁军．日本农协理性：合作属性与垄断属性的相辅相成［J］．世界农业，2019（7）：15 - 24.

⑤ 卢先明，刘清泉，邓正华．韩国、日本乡村振兴人才队伍建设的经验及对我国的启示［J］．湖南行政学院学报（双月刊），2021（2）：112 - 114.

培养培训农民技能和素质①。乡村居民是带动地方发展活力的行为主体，造村运动的目标不仅是物质性的"造物"还应是精神性的"造人"。如：积极引导农民挖掘本土标志性特色文化产品、农产品、旅游产品，以产业、以"品"、卖文化为"一村一品"的核心及特色，"推动农业产业化发展、拓宽农业发展空间、促进农业产业融合等实现农村产业兴旺，最终为乡村振兴提供持续的内生发展动力"②。

4. 探索适合年轻人的"远程办公"模式留住乡村建设人才

乡村如何主动将日益重要的外部力量与内部力量结合以促进乡村振兴是亟须关注的课题③，新价值无法在封闭的内部环境中产生，只有通过与外部异质系统的不断交流，才会发现新的乡村发展模式，获得新的发展机会④。因此，由于人才的价值观念和个人优势不同，需考虑怎样实现人才效用的最大化以及如何在乡村合理配置人才资源⑤。为满足年轻人对网络的需求，神山町所在的德岛县加强完善大规模的光纤网络建设，2010年创新性与Sansan公司开办了第一家远程办公室，吸引了大批IT企业及青年人入驻。日本的"神山町"利用周边郊区低廉的地价通过"远程办公"实现乡村振兴⑥。日本的神山町还与东京艺术大学开展合作，翻新村里废弃民宅，吸引企业及青年人、艺术家到此居住。2010年日本绿谷还推出了"神山塾"人才培养项目，培养模式以"培训＋体验"为出发点，吸引东京附近的大学生等年轻人参加管理培训，参加"神山塾"培训后，大多年轻人一般都会选择留在当地自行创业或进入卫星办公室工作。通过采取以上措施，神山町才有底气吸引IT等产业公司的到来，2011年该地的迁入人口首次超过了迁出人口，回流人才大多都是20~30岁的年轻人，乡村也由"安度晚年的地方"转向"实现人生价值的地方"⑦。日本探索的"远程办公"助乡村振兴的发展模式，很适合当下很多年轻人不愿意长期呆在农村生活的现实需求，大学生毕业后可一边在城市生活，通过"远程办公"经营管理乡村产业，可自由选择间断性深入乡村

① 中国国际扶贫中心.从国际经验看乡村振兴与脱贫攻坚的融合［M］.北京：中国农业出版社，2021.
② 韩克勇，孟维福，汪小愉.日本乡村振兴发展模式创新的经验与启示［J］.江西师范大学学报（哲学社会科学版），2022（7）：75.
③ 小田切德美.地域づくりと地域サポート人材［J］.農村計画学会誌，2013，32（3）：384－387.
④ 宮口侗廸.新地域を活かす［M］.東京：原書房，2009.
⑤ 田口太郎.地域おこし協力隊の成果と課題、今後の方向性［J］.森林環境，2018：158－167.
⑥ 乡村振兴案例解析："远程办公"带动的"神山町"山町［N/OL］.动漫对对撞，2021－12－24.
⑦ 小田切德美，尾原浩子.農山村からの地方創生［M］.東京：筑波書房，2018.

工作的时间。与此同时，西方国家已普遍运用信息手段开展社会实践活动。随着互联网的进一步普及，我国大学生社会实践网络信息化管理已相对成熟，高校可充分发挥在校大学生的高素质人力资源优势，推动大学生社会实践管理信息化，积极构建大学生社会实践的管理体制和机制。但我国国内学者对此研究相对较少①，可探索在社会各参与方提供的管理数据库的基础上，开发具有可靠性、可移植性、可扩展性的大学生社会实践管理 OA系统。

5. 建立健全乡村教育振兴制度

日本明确了各级政府在偏远地区教育中的责任，从 1958 年起，便相继制定了《偏远地区教育振兴法》《偏远地区教育振兴法实施令》和《偏远地区教育振兴法实施规则》等，以此扶持偏远山区教育发展。自 2009 年起，日本政府又相继制定了地方振兴协力队制度、外部专家制度、乡村支援员制度等。人才支援乡村策略最早由非营利组织"NPO 法人地球绿化中心"开始实施，主要支援城市年轻人进入乡村从事活动。人才支援乡村策略中具有代表性的是总务省的乡村支援员和乡村振兴支援队，以及农林水产省的"乡村工作队"②。地方振兴协力队制度是指高素质技能城市人才协助支援乡村特色产品开发和营销，任期一般 1～3 年。外部专家制度（区域力量创造顾问制度）指地方政府招揽外部专家支援乡村发展。

6. 发挥农协作用，推动乡村"善治"

农民是乡村振兴的主体，必须引导农民组建一些类似日本"农协"的组织，充分调动农民的积极性创造性，推动乡村"善治"。农协专门聘用从农业专业学校毕业并取得国家认可资质的协营农指导员，协营农指导员主要负责辖区内的农业基本生产建设、技术培训、适度规模规划等。农协（农业协同组合）在乡村振兴中发挥了重要作用，农协具有极高的组织参加率，业务范围涵盖了农业生产、农民生活等诸多方面，发挥了代表农民利益、代理政府职能以及农户经营代理人等多重功能，维持了农村的高度组织化。农协通过多业务形成横向范围经济、总量聚集形成纵向规模经济，强化了农协系统在农村各领域的竞争力，建立了维护农民平等权利、免受外部资本剥削的保障体系③。我国

---

① 王少逸，于兴业．"电子村官"：大学生社会实践模式初探 [J]．高等农业教育，2010（9）：84－86．

② 农林水产省．平成 26 年度食料・農業・農村白書 [R]．2015．

③ 侯宏伟，温铁军．日本农协理性：合作属性与垄断属性的相辅相成 [J]．世界农业，2019（7）：15－24．

可借鉴日本农协模式，大量的农业大学生经培训合格后，可担任中国广大农村的营农指导员。

7. 统筹科研院校、企业、政府等部门技术创新，推动官产学合作推动生态振兴

日本统筹科研院校、企业、政府等多部门的力量推动官产学合作，加大乡村绿色数字技术、环境治理技术、能源材料技术等新技术的研发、推广应用，有效提高自然资源利用率、绿色农业生产率、生态环境承载力等。

（二）美国高校助力"乡村改进"模式

1. 以立法形式确保公立私立大学助力乡村建设

美国著名学者 L·芒福德指出，自然地理要素、文化要素、经济要素是一个综合体。实践上，美国政府也主张"科教兴农"，注重以立法制约将乡村规划等国家政策固定下来，保持相对稳定性，以此保障高等农业教育与"三农"互动。1862 年 7 月，美国颁布的《莫里尔法案》，为公私立大学定下了此后百年发展的基调，因而它成了具有种子性质的立法[①]。该法规定：拨给各州一定面积的联邦公有土地，资助每州至少成立一所农工学院。法案实施后，联邦政府共拨地 1 743 万英亩*，高等农业院校数量得到成倍增长，如著名的麻省理工学院、加利福尼亚大学、康奈尔大学等都是在这个赠地学院的基础上发展起来的。教育部门以"知农爱农、学农为农"为价值导向，聚焦乡土人才和农业接班人培养，引导学生以农村为发展空间、以农业为求职取向，立志农村、服务农业、献身现代农业[②]，为美国经济与社会发展输送了大批科技人才与智力成果。随后美国政府还颁布了一系列农业法令，明确农学院校的培养目标、课程设置、经费投入等重大问题，以立法政策驱动高等农业教育对乡村建设的支撑。

2. 建立了覆盖全国县一级的科技服务体系

美国之所以能够成为农业强国，更为关键的是因为其拥有一套系统完备的现代农业发展体系[③]。美国家庭农场与农业合作社是现代化农业发展体系中

---

① 克拉克·科尔. 大学的功能［M］. 剑桥：哈佛大学出版社，1982：4.

* 英亩为非法定计量单位，1 英亩等于 4 046.86 平方米。

② 秦莹. 高等农业教育服务社会主义新农村建设的实施途径探讨［J］. 高等农业教育，2009（9）：26 - 29.

③ 吴彬. 从美国经验看如何促进家庭农场与合作社融合发展［J］. 中国农民合作社，2022（8）：14 - 15.

最关键的经营主体，截至 2019 年，农业合作社总数约为 190 万个，约 97％ 的家庭农场主都至少加入了一家合作社。这么多的家庭农场亟须得到专业的服务，因此，美国高等农业院校在所在州的每一县设立基层分支机构，与当地政府官员和志愿者共同开展工作，由此建立了一个庞大的覆盖全国的科技服务体系。1914 年，美国政府颁布了《史密斯-利弗法案》，联邦政府与各农工学院建立农技推广机构，负责推广所辖州的农业技术。目前，我国家庭农场和农业合作化已成为乡村振兴的关键经营主体以及重要模式，一方面我们要加强探索研究，一方面要加快构建覆盖这些经营主体的科技服务体系。

3. 加大农业科技研发投资

1887 年，美国政府颁布了《哈奇法案》，规定国家提供年度财政拨款以资助各州建立农工学院试验站。如在农业区设立的艾奥瓦大学，以研究农业课题为主；密歇根州的大学以研究林业为主要方向，大力推动了美国农林科技发展。1935 年，美国政府又通过《班克黑德-琼斯法》，规定每年增拨农业科研经费。我国推动乡村振兴，要加大农业科技研发投资，在国家各类重大研究项目评审中，加大农业科研类课题比重，或增设农业类乡村振兴专项。

4. 在乡村设立青年团体，使乡村学校成为乡村社会的中心

1909 年，美国成立乡村生活改进委员会，负责乡村生活的各项工作。美国政府发起把乡村学校建设成为乡村社会中心的号召，通过组织青年团体、设立乡村图书馆、改良乡村礼堂、设立发展农业等专门机构，将"使成人与儿童留在农村""使农民成为公民"作为乡村教育的目标，让乡村充满人气及活力。

（三）英国"农业＋、新农村、新农人"新循环模式

英国的乡村是景美业兴，英国农业成就了规模化高效生产的强国典范，农业生产效率居全球第二位。这些突出成绩的背后是英国构建了针对农民开展教育、培训、科普的全面教育体系，着力将农民培育成现代化的"知识型新农民"和"农业工人"，构建了从"农业、农村、农民"的自循环到"农业＋、新农村、新农人"的新循环，这些经验很值得我们借鉴。

1. 分层成立三级农业职业教育学校

英国为提升农民职业素养和技能，分三级成立农业大学、农学院和农业专科学校。农业大学注重培养农业顾问和教学科研人员；农学院注重培养农业企

业管理者和农业技术工人，农业专科学校注重培养具备现代化农业素养及实践的"农业工人"，从三个教育层次将"农业、农村、农民"的自循环提升到"农业＋、新农村、新农人"的新循环。

英国三级农业教育体系如图 4-1 所示。

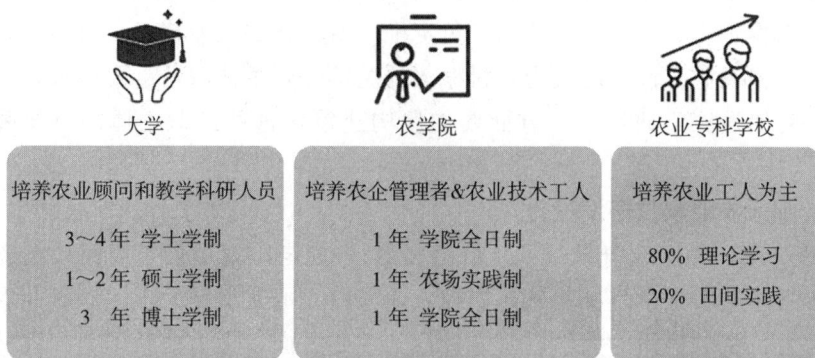

大学	农学院	农业专科学校
培养农业顾问和教学科研人员	培养农企管理者&农业技术工人	培养农业工人为主
3～4 年 学士学制 1～2 年 硕士学制 3 年 博士学制	1 年 学院全日制 1 年 农场实践制 1 年 学院全日制	80% 理论学习 20% 田间实践

图 4-1 英国三级教育体系

2. 提供多类型"不脱产的职业培训中心"

英国政府为农民提供多类型"不脱产的职业培训中心"，建设 PC 端和移动端的知识管理平台，通过远程教育平台传授农业技术[1]，满足乡村振兴人才对政策和实践经验的学习需求，让培训服务更广泛地覆盖到乡村振兴的各类人群。每年能吸引 30% 左右的一线农民参加时间自由选择的专业技能、职业资格认证培训，培训合格后由政府颁发职业资格证书，并帮助拓宽就业渠道。

3. 以"国家农村企业创新中心"促进农业科技成果转化

为推进乡村"农业技术创新"与"转化应用"双轮并进，英国政府制定了《英国农业科技战略》，成立了"国家农村企业创新中心"，整合全国研究机构、社会企业组织、乡村创新社区共同资源，政府投资 7 000 万英镑，共同打造"农业科技孵化器"，推动农业科研成果转化，着力发展与现代农业技术相结合的生物技术、大数据、信息科技，推进"农业＋、新农村、新农人"的新循环。

4. 建设乡村振兴案例库

建设乡村振兴案例库，人人都可以分享乡村振兴的成功案例，由专家和大

---

① 吴业苗. 乡村振兴中基层政府角色转换与再确定 [J]. 湖湘论坛，2020 (4)：121-130.

众进行点评，对优秀案例进行物质和精神激励。以案例库为载体，通过线上、线下场景的案例复盘、研讨，促进知识和经验的有效传播。

5. 增强农民的职业认同感

英国设有"农民周刊奖""英国农业大奖"、年度创新承包商、年度农业科技创新者、牛肉农民、年度耕作农民等奖项，通过举办多类别多渠道农业节庆、论坛等农业类大赛，让农业从业者获得更广泛职业舞台和社会认同。如英国南部的汉普郡，每年举办秋收南瓜游行节，评选最大南瓜奖，激发农民获得感。

（四）韩国高校助力"新村运动"

20 世纪 70 年代初，韩国城乡矛盾比较突出，为避免工业化发展带来的城乡两极分化，韩国政府在全国 3 万多个村庄发起一场以"勤劳、自助和合作"为基本精神的轰轰烈烈的"新村运动"。值得借鉴的经验是：

1. 实施志愿指导员制度

政府号召指导老师带领大学生，利用寒暑假到社区担任志愿指导员，大学生在指导老师带领下深入偏远农村，利用所学知识为农村地区的发展贡献力量。

2. 培育现代农民精神

以"勤劳、自助和合作"为理念，"新村运动"的旗帜悬挂在各个村庄，时任总统朴正熙亲自编写《新村之歌》，村民每天 5∶45 在沉睡中被《新村之歌》唤醒，激励村民"为过更好的生活而努力"。

3. 提升管理服务效率

韩国政府强化各个层面的合作，由内务部牵头，协调经济建设、电子、信息、科教文卫等部门密切配合，突破条块分割、形成条块结合的部门交叉管理模式。加大"新村运动"领导人培训，提升地方官员的服务理念，革新地方官员的政治理念[①]。

（五）荷兰乡村人才培养模式

荷兰农业的发展离不开现代化的农业知识创新体系，其高等农业教育已形成一个门类齐全、体系完整的覆盖初级到大学的体系[②]。其可以借鉴的经验有：

---

① 刘义强. 再识"新村运动"：跨越农村现代化关键阶段的韩国案例 [J]. 南京社会科学，2017 (2)：83-90.

② 孙周平，李天来，朱素贤. 荷兰瓦赫宁根科教中心园艺学科发展与启示 [J]. 高等农业教育，2010 (10)：85-86.

1. 紧跟社会形势适时调整专业和课程

荷兰各高校根据社会需求适时调整专业和课程，专业和课程设置比较合理，学生掌握的技术比较实用。

2. 注重培养学生的实践能力

荷兰高等农业教育更重视实践教学，基本上所有专业课程的实践性教学占比达 40％。还要求学生在完成一年的国内外农村或公司生产实践要求基础上，才可以获得专业证书和毕业文凭。

3. 形成了著名的"OVO 三位一体"体系

荷兰高等农业教育注重教学与科研功能的发挥，在"农业教育、科研、推广"三者协同发展的基础上形成了著名的"OVO 三位一体"体系，这三者已经成为荷兰现代农业发展的 3 个支柱[①]。"OVO 三位一体"体系注重交流合作，讲求资源共享，以农民为核心，以适应农业生产的需要，通过推广将所得知识转变成实际应用的技术，促进农业科技成果的高效转化。因此，荷兰拥有世界一流的农民，普遍学历都在本科以上，部分还是研究生学历，掌握高新技术能力非常强[②]。我国高等农业教育教学、科研、推广之间协同与合作机制尚有缺陷，成果转化难，我国应以高等农业院校为依托，使教育、科研、推广三者统一[③]。

4. 强调国际交流与合作

荷兰成立了国际农业教育交流协会，与其他国家设置联合培养项目，互派专家、学者进行交流，相互借鉴先进科技成果。

（六）德国大学生社会实践全员参与制度

大多西方发达国家均将学生的社会实践贯穿于各种教育活动之中[④]，表现出鲜明的"全员参与"特征，并以此促进了学校教学质量和教师教学水平的提高，其中以德国尤为突出。德国大学生社会实践已经形成了政府、学校、学生和社会（实践单位）多方共赢的格局。德国 2/3 的学生经济来源主要是打工，打工人数比 20 年前翻了一番。我国应适应"三农"发展新要求，深刻理解现

---

① 王丹丹，李国杰，薛金锋，等．荷兰现代农业与高等农业教育的发展 [J]．世界农业，2014 (7)．

② 金臣．荷兰现代农业产业化经营及对中国的启示 [J]．世界农业，2013 (5)：117-118．

③ 郭晓丽，付国伟．国外高等农业教育支撑农村建设的经验及启示 [J]．山西农业大学学报（社会科学版），2011 (7)：734-737．

④ 马奇柯．国外大学生社会实践的经验和启示 [J]．中国青年研究，2003 (3)：72-75．

代化农业的内涵①，加大实践教学比重（在50%以上），科学增设具有特色的新农学专业，以具有区域特色的农业教育服务新农村建设②。

二、国内高校助推乡村发展模式及实践经验

一些高校勇于实践并形成了助推乡村振兴的典型案例，总结这些成功案例及宝贵经验，将为如何构建后扶贫时代高校思政工作助推乡村振兴路径打下坚实的实践基础。

（一）国内高校助力乡村发展模式

探索高校助推乡村振兴的理论模式，将其转化为切实可行的公共政策，统筹推进乡村振兴工作。中国乡村区域差异巨大，乡村振兴战略推进过程中如何避免政策简单粗暴的"一刀切"式，需要我们加大实地调研力度，做到因人因地对症下药、精准施策。自实施乡村振兴战略以来，全国各高校加强调研与探索，形成了多种助力乡村振兴的新模式，这些经验模式都非常值得我们借鉴学习。

1. 福建阳光学院阳光 SRC‒T 教育教改创新模式

福建阳光学院成功探索了阳光 SRC‒T 教育教改创新模式，即以服务乡村振兴实践为平台，以社会服务（S：service）、科学研究（R：research）和文化传承（C：culture）为三个着力方向（抓手），推进专业教学、毕业环节、创业教学和实践育人四个教学内容创新（T1），师承学习法、项目学习法、跨域学习法三个教学方法创新（T2），达到陶冶学生心智、优化学生素质、磨炼学生能力、增强学生文化自信四个方面的应用型人才培养目标③（图4‒2）。

2. 华东理工大学："扶贫＝扶志＋扶智＋扶心"模式⑤

华东理工大学针对昆明市寻甸县贫困农村地区留守儿童及青少年的心理健康问题，探索了"扶贫＝扶志＋扶智＋扶心"青少年心理健康教育服务模式，

---

① 杨静，花亚纯. 美国高等农业教育的特点及启示 [J]. 高等农业教育，2007 (11)：86‒88.

② 刘福军，秦莹. 高等农业教育服务社会主义新农村建设的原则、工作重点及实施途径探析 [J]. 中国农业教育，2009 (6)：16‒18.

③ 王秉安. 乡村振兴与高校人才培养模式创新 [M]. 厦门：厦门大学出版社，2019：37.

④ 王秉安. 乡村振兴与高校人才培养模式创新 [M]. 厦门：厦门大学出版社，2019：58.

⑤ 潘昆峰，吴延磊. 打赢打好脱贫攻坚战的高校答卷：高校扶贫理论与实践 [M]. 北京：中国青年出版社，2020：48‒51.

乡村振兴目标和阶段重点					
乡村需求	SWOT分析		乡村资源	高校能力	
思路策划 项目	产品升级 项目	文化旅游 项目	公共服务 项目	特色文化 项目	内生动力 项目
总体思路 策划	特色文创 产业开发	村落导游词 手册	村落视频 创作	村落特色 文化手册	村民导游员 学习班
专题项目 思路策划	现产业 文化加值	文旅体验 场馆	村落文化 公众号	特色文化 博物馆	助推学前 教育项目
其他思路 策划	产业链 延伸	文化 美食馆	村落导览牌 体系	特色文化 漫画墙	艺术支教 夏令营
……	伴手礼 开发	文化民宿	村落 CIS体系	……	村民创业 一对一

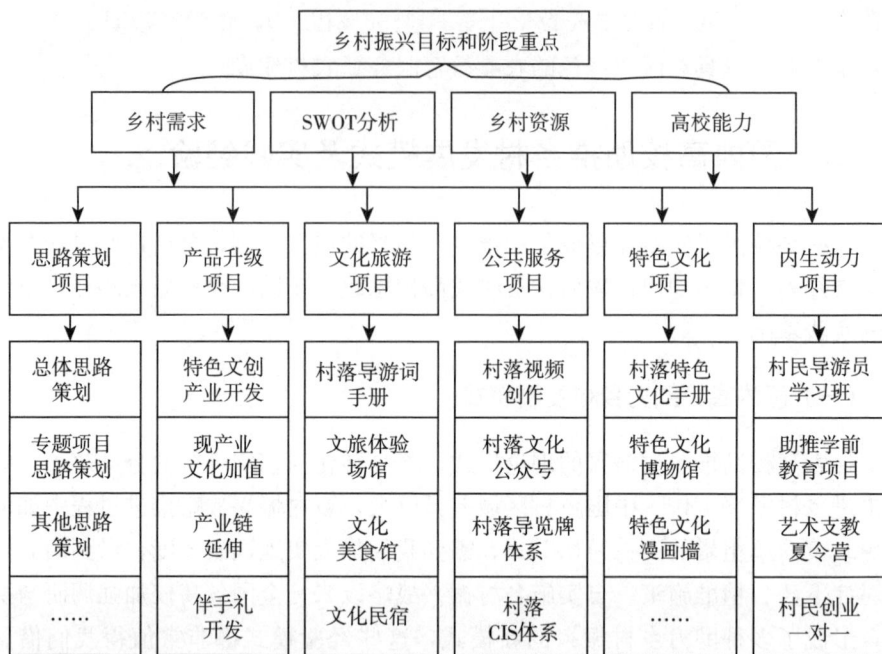

图 4-2　阳光 SRC-T 模式社会服务子体系及助推方式①

结合青少年心理健康现状，通过心理健康知识的普及为青少年身心健康全面发展保驾护航。项目总体思路是：扶贫先扶志，激发战胜贫困的动力；扶贫要扶智，掌握战胜贫困的本领；扶贫要扶心，为青少年持续提供阳光心理健康服务。截至 2018 年底，形成了"扶贫＝扶志＋扶智＋扶心"的帮扶模式，形成了健全的青少年心理健康网络教育服务体系，建成了华东理工大学青少年心理健康教育服务寻甸县教育服务中心及工作站。以"四个模式"形成从个体到群体、从政府到社会、从家庭到学校的整体青少年心理健康教育体系。该工作体系以"统筹—科普—志愿"的合力协作模式推进社会认知提升；以"活动—教育—督导"的技能提升模式，形成从学生到教师的游戏活动、知识教育和技能督导的心理健康知识技能、问题解决的培训链条；以"朋辈＋家校＋校社"的互动支持模式，形成社会全员关注服务青少年心理健康的氛围。

3. 中国农业大学助力乡村振兴模式

中国农业大学在脱贫攻坚阶段，通过成立教授服务团、建立科技小院、派出博士服务团、积极帮扶引进产业项目等多种方式，充分发挥了自身优势学科与智力资源的作用，探索了独具特色的助力乡村振兴模式。

（1）中国农业大学"科技小院"精准扶贫新模式[①]

2009 年，中国农业大学张福锁教授及其团队在河北省曲周县建立起第一个科技小院。张福锁团队与当地农民同吃同住同劳动，在田间课堂教书育人，创建了科学家与农民深度融合、扶贫与扶智、科研推广与社会服务紧密结合的精准帮扶的"科技小院"新模式，实现了"输血"与"造血"相融合。2022 年，教育部等三部门联合发布《关于支持建设一批科技小院的通知》，支持全国 31 个省份的 68 个培养单位建设 780 个科技小院。截至 2023 年 4 月，全国已建立 1 048 个科技小院，覆盖 31 个省、自治区、直辖市，涉及 222 种农产品，覆盖国民经济农业行业中农林牧渔业的 59 个产业体系，占比 83.1%。同时，科技小院模式也得到联合国粮食及农业组织推介，并已推广到老挝和非洲 8 国[②]。

（2）"小云助贫中心"模式

中国农业大学人文与发展学院李小云教授在长达 25 年对国家贫困县、乡的社会考察与调研中，认为在开展扶贫工作中，资金、思路、政府的领导和规划都是不缺少的，唯一的问题是如何顺利打通直到贫困村的"最后一公里"。在查找了云南省勐腊县勐伴镇河边村的致贫原因后，李教授在勐腊县注册了社会公益组织——小云助贫中心，积极与地方政府对接，在村里注册成立了"雨林瑶家专业合作社"，征集扶贫志愿者帮扶发展"瑶族妈妈的客房"主产业，发展电子商务辅助产业，发展种植水稻、甘蔗等经济作物基础性产业，摸索出一条以复合型产业为核心的深度贫困综合治理模式[③]。

4. 河北农业大学"李保国太行山区精准扶贫模式"

1981 年，为改变河北省山区"旱、薄、蚀、穷、低"状况，实现山地生态、经济与社会的协调发展，河北农业大学李保国与团队成员选择了前南峪村作为实践研究对象。经过 30 多年的实践研究，李保国团队探索独具特色的"李保国太行山区精准扶贫模式"，该模式实现了农民富裕、生态改善、产业发展的一条乡村振兴之路。在"李保国精神"的影响下，一些"80 后""90 后"也加入了团队，聚合起农业技术研究推广的更大力量。2018 年河北农大立足乡村振兴，探索科技兴农举措，与政府合作建设了 30 个"太行山农业创新驿

---

① 教育部新闻办公室 . 建立 121 个"科技小院"! 中国农大教授张福锁创建精准扶贫新模式 [N]. 微言教育，2018 - 10 - 26.

② 张福锁院士讲述：科技小院为什么行？[N]. 中国教育报，2023 - 04 - 19.

③ 伍卫，普丽花，何立群，等 . 孟力腊县小云助贫中心的"政府＋公益"扶贫模式 [J]. 云南农业，2019（6）：54 - 56.

站"，进一步强化大学生创新创业工作与科技成果转化相结合，打造 30 个具有人才培养、科学研究、社会服务、成果转化等多功能的创新示范基地，创新驱动区域经济发展。

5. 安徽农业大学"大别山综合试验站"模式

安徽农业大学依据与金寨县的校县合作协议，以"一站一盟一中心"（一个综合试验站，一个产学研联盟，一个校县合作中心）模式共建"大别山综合试验站"新型农业推广服务平台。该平台集人才培养、创新创业、科学研究、社会服务四大功能于一体。该平台推行首席专家负责制的"四体融合"模式（即一个安徽农业大学专家团队创新主体、一个县领导牵头的政府行政主体、一个地方推广主体和 N 个新型经营服务对象主体），先后组建了安徽农业大学金寨茶业、高山有机米、生态养殖、桑蚕丝绸等 8 个产业联盟、2 个公共服务联盟（农村环境整治、山区农机化）、2 个专项（农业环保、灵芝），以大别山综合试验站、校县合作中心为载体，以校县专家团队为依托，以经营主体为服务对象，提供科技支撑和技术服务。

6. 复旦大学"科技教育＋光伏农业"模式

复旦大学新农村发展研究院成立于 2013 年，现已在农村人才培养、现代光伏农业、农村特色经济等多个领域成为国家示范机构。2023 年 5 月，复旦大学中国乡村发展研究中心和云南大学民族学和社会学院共同发起成立的乡村振兴小院正式揭牌，将通过高校的资源优势打造产学研融合的"实验室"，助力打造乡村振兴的"江村样板"。

（二）实践经验

1. 中国特色对口帮扶机制

教育部直属高校成立了近 200 个新农村发展研究院、乡村振兴研究院等政策研究机构，为国家推进乡村振兴战略及政策制定提供理论支撑。

2011 年，教育部精心挑选 44 所综合类和理工科为主的直属高校，对口定点帮扶 44 个国家扶贫开发重点县。2014 年以来，高校精准扶贫力度不断加大，75 所教育部直属高校全部积极参与到扶贫工作中，为我国脱贫攻坚事业发挥了不可替代的历史作用，也为后扶贫时代推进乡村振兴战略积累了宝贵的经验。如：2019 年，中国传媒大学作为教育部新增的定点扶贫高校，对内蒙古自治区兴安盟科尔沁右翼前旗进行帮扶，同时把察尔森嘎查作为定点帮扶嘎查。结合中国传媒大学自身的相关专业优势，在察尔森嘎查乡村文化治理中提出了"一党史，二育人，三赋能"的新举措①。探索出一条传媒赋能、文创赋能、人才赋能"三赋能"的文化帮扶之路。"一党史"：学校与地方乡村共同开展红色电影"学思践悟"活动。"二育人"：针对察尔森嘎查一些村民不赡养老人、"等靠要"的社会问题，大多子女外出打工，家中没有一张全家的合影，因此实施了"全家福"计划。教学中强化劳动教育，与专业课结合开展采风实践调研。"三赋能"：建立了传媒赋能、人才赋能、文创赋能的长效帮扶机制。传媒赋能，通过传媒、导演、摄影、戏美等专业优势，以及相关校友的名人效应，创作嘎查高品质宣传片，讲好乡村振兴故事，进行大范围旅游宣传，帮扶打造一批"网红景点"。人才赋能，注重激发帮扶地区民众的内生动力长效机制。文创赋能，充分发挥文化产业管理、广告等专业优势，系统挖掘和保护草原传统文化，引入社会企业捐建"星空坊"文化书屋，发动专家学者、优质企业为当地文旅发展建言献策。

2. 上下联动的组织实施

（1）将定点帮扶工作纳入党委重要议事日程

在推进脱贫攻坚的探索实践中，我国形成了上下联动、一抓到底的责任体系。一是教育部注重顶层设计，先后成立了脱贫攻坚和乡村振兴工作领导小组，建立起决策部署、推动落实、监督问效的组织领导体系，切实发挥了考核评价激励先进、鞭策后进、带动中间的较真碰硬考核落实责任。二是各高校强化组织领导，成立由主要负责同志抓精准扶贫的领导小组，建立年初制定扶贫总任务，并纳入年终目标责任制考核的运行机制。三是高校领导率先垂范，到乡村现场办公，狠抓落地落实，为贫困乡村解决难题。

（2）选派驻村帮扶干部

2019 年 4 月，教育部制定了《关于做好新时期直属高校定点扶贫工作的意见》，各高校及县级以上政府部门共向贫困村派驻了 200 多万名驻村帮扶工作队员和第一书记②。高校广大驻村干部与村干部抓项目、办实事、解难题、走企业、访农户，为脱贫攻坚事业作出了巨大贡献。

3. "规定动作"与"自选动作"相结合

教育部三次印发专门指导意见，推动直属高校把"规定动作"做实，把"自选动作"做优。在特色上，各高校各尽所能充分发挥学科、科技、智力和

---

① 中国传媒大学：发挥传媒优势将文化振兴与三全育人有机结合［N］. 金台资讯，2021 - 10 - 28.

② 王晓毅. 2020 精准扶贫的三大任务与三个转变［J］. 人民论坛，2020（1）：19 - 21.

人才优势，探索形成应帮扶县所需的特色帮扶路径。

（1）规定动作有成效

教育部与直属高校签订责任书，立下"军令状"，切实发挥考核评价激励机制作用，2016 年以来，共有 32 个直属高校集体和个人获得全国脱贫攻坚奖和脱贫攻坚先进表彰①。

（2）自选动作有特色

各高校充分发挥各自的行业优势、专业优势，切实发挥学科、科技、人才、统筹社会多方资源优势，探索出了诸多教育扶贫、人才扶贫、党建扶贫、科技扶贫、文化扶贫等各具特色的帮扶路径。如：同济大学高质量地做好了云龙县县城总体规划、"多规合一"规划、县城控制性详细规划等 13 项规划编制、建筑设计等帮扶工作，精心设计了县域高等级公路网。中国农业大学对口临沧市镇康县，组建了镇康教授工作站，将集农业科技创新、示范推广和人才培养为一体的"科技小院"模式推广到镇康县，仅仅一年，镇康县农村居民人均可支配收入增长 15%。西北农林科技大学探索了"三团一队"（专家教授助力团，书记帮镇助力团、研究生助力团、优秀人才先锋服务队）智力扶贫新模式，形成了"政府＋大学＋产业园（合作社）＋贫困户"的产业扶贫新路径，这一模式被原国务院扶贫开发领导小组办公室列为有积极示范带动作用的好经验好典型。四川大学对口帮扶四川省甘洛县，培训基层教师、医务、干部、农技等各类专业技术人员 3 200 余人，贫困发生率从 2014 年的 31.88% 降至 2018 年的 3.72%②。河北农业大学在"太行山模式"基础上，打造了太行山农业创新创业驿站战略品牌，带动了 7 万户农户兴业增收，该模式已在河北全省、山西、甘肃、新疆等地推广。南开大学大力援助庄浪县乡镇一级学校教育事业，不仅投入"硬货"让"公能"教室有着不亚于东部地区学校的硬件条件，更重视"软实力"的塑造，以南开元素为主基调融入南开精神，将百年南开"公能日新"的历史内涵与爱国奋斗的时代精神相结合，让西部学子也受到南开"公能"文化的熏陶，培养学生的爱国奋斗精神、报国志向③。

---

① 教育部发展规划司. 从脱贫攻坚到乡村振兴：教育部直属高校十年帮扶路［N/OL］. 中国教育新闻网，2022－07－26.

② 高靓. 44 个直属高校定点扶贫县已有 20 个实现脱贫摘帽高校成脱贫攻坚"生力军"［N］. 中国教育报，2019－10－16.

③ 国务院扶贫办政策法规司，国务院扶贫办全国扶贫宣传教育中心. 中国减贫奇迹怎样炼成：扶贫扶志故事选［M］. 北京：研究出版社，2020：17.

4. 物质与精神帮扶相结合

（1）资金帮扶

各高校除本校投入资金帮扶乡村脱贫之外，还协调各方社会资源，包括动员校友共同助力脱贫攻坚工程，10 年来，教育部各直属高校累计投入引进帮扶资金 40 多亿元，引入企业投资 150 多亿元。

（2）消费帮扶

脱贫攻坚 10 年来，教育部直属高校动员校内外力量，通过工会购买、后勤采购、农产品直供、直播带货等方式，累计购买及销售贫困地区农产品 40 多亿元，购买额度在"832"国家消费帮扶平台处于中央单位前列。

（3）教育扶贫

在教育帮扶方面，各高校坚持软硬件建设同步推进，通过结对关爱、师生支教、师资培训、援建捐赠等方式，定点帮扶对口县的教育扶贫、智力扶贫、技能扶贫等。仅 2018 年，教育部 44 所直属高校就培训基层干部和技术人员 6 万余人，为贫困县打造"永久牌"致富带头人和基层干部队伍[①]。各高校还通过创新学科专业设置、派出"博士服务团""研究生支教团""科技特派员"，深入乡村开展讲座及咨询等，帮扶贫困地区农民提升综合素质。"西部计划"开展 15 年来，"已先后招募派遣了 27 万多名优秀高校毕业生，到全国 22 个省份的 2 100 多个县（市、区、旗）开展志愿服务。其中近 10％的志愿者服务期满后扎根西部。研究生支教团项目既为西部贫困地区引进了大量优秀的宝贵人才资源，也为高校青年学生提供了直接参与扶贫开发的综合发展平台。"[②] 如四川省在 2015—2020 年，选派了 1 万名"四大片区"（高原藏区、大小凉山彝区、秦巴山区和乌蒙山区）贫困县干部人才到省直部门和省内发达县（市、区）挂职锻炼[③]，加强"造血"功能，为贫困县破解贫困地区发展的干部人才整体素质不高这一根本性难题[④]。另外，高校还举办了"乡村振兴，教育先行"农村教育国际学术研讨会，以此提升教育支撑乡村振兴行动[⑤]。

---

① 高靓.44 个直属高校定点扶贫县已有 20 个实现脱贫摘帽　高校成脱贫攻坚"生力军"［N］.中国教育报，2019 - 10 - 16.

② 张晓红，等.扶贫接力：中国青年志愿者扶贫接力计划研究生支教团项目二十年思考［M］.北京：中国青年出版社，2021：47.

③ 林凌.876 名贫困县干部挂职"取经"他们在发达地区干什么学什么［N］.四川日报，2016 - 09 - 14.

④ 齐永朝.后精准扶贫时代高校扶贫策略探究［J］.内江师范学院学报，2020，35（9）：106 - 110.

⑤ 赵徐州.教育支撑乡村振兴［N/OL］.中国社会科学网，2021 - 10 - 25.

（4）科技帮扶

一是加大对基层干部、技术人员培训、科技成果转化等科技帮扶力度，帮助落地实施科研项目 1 949 项①。2018 年底，教育部推出《高等学校乡村振兴科技创新行动计划（2018—2022 年）》后，高校围绕乡村振兴持续创新，通过"专家大院""科技小院""科技大篷车""百名教授兴百村"等新做法，将高校科技成果和人才优势转化为推动"三农"发展的新动能。据不完全统计，39 所高校新农村发展研究院共建设了各类实验站 300 余个，院士、专家工作站 500 余个，特色产业基地近 1 400 个，服务涉农企业 1 700 余家，示范推广新成果 1 万余项，新增产值近 6 000 亿元②。二是近年高校持续加大破解农业"卡脖子"关键技术、成套装备研发等难题的攻关力度，在循环农业、智慧农业等领域科技支撑成效显著。如天津大学科研团队实现了生物农药品种在微生物底盘中的高效合成，从根本上解决农药原材料来源受限及资源过度消耗的问题；中国农业大学自主开发的基因编辑器 CAS12ij，为我国种业振兴提供了核心关键技术支撑。在学科交叉与融合方面，南京农业大学在 2019 年 11 月研发出中国第一块肌肉干细胞培养肉，助力农业生产方式变革发展与乡村振兴科技供给。三是与地方政府开展科技合作。如直属高校与云南省科技厅、云南省农业科学院共建"云南高原特色农业与乡村振兴研究院"，与云南省科技厅、楚雄彝族自治州人民政府共建"中国农业大学云南现代种业研究院"等。四是教育部直属高校加大国际合作，积极培育国际农业科技交流与治理新机制新体系，建立了国际合作联合实验室、国际技术转移中心、"一带一路"国际农业科技产业创新院、"一带一路"绿色科技扶贫创新联盟等国际科研合作平台 100 余个。如西北农林科技大学，联合 18 个国家的 95 个科教单位成立"丝绸之路农业科技创新联盟"，分别在哈萨克斯坦、吉尔吉斯斯坦等"丝绸之路"沿线国家建立了 8 个农业示范园。

5. "思政小课堂"与"社会大课堂"相结合

习近平总书记强调："'大思政课'我们要善用之，一定要跟现实结合起来。"各高校深入贯彻落实习近平总书记的重要指示精神，形成了"思政小课堂"与"社会大课堂"相结合的育人模式。如西北农林科技大学派出 2 000 余

---

① 教育部发展规划司. 从脱贫攻坚到乡村振兴：教育部直属高校十年帮扶路 ［N/OL］. 中国教育新闻网，2022－07－26.

② 教育部：引导高校服务乡村振兴 ［N］. 新华社，2019－06－13.

名师生深入西部乡村开展调查研究，并出版了学生撰写的《乡村振兴的青年实践》研究报告。各高校成立了乡村振兴研究机构 42 个，注重将乡村振兴工作中涌现出的特色案例、先进典型和感人事迹融入思政课教学，为思政课提供了真实、宝贵的教学资源。

6. 高校联盟合力推进乡村振兴

在教育部的推动下，分领域共有 131 所省部属高校参与，成立了高校帮扶联盟，形成了北京大学"乡村振兴千万带头人培养计划"、清华大学"乡村振兴工作站"等一批具有示范带动作用的工作模式。

（1）共同探讨乡村振兴新路径

教育部及各高校注重总结脱贫攻坚及乡村振兴实践经验，在强化项目协同上，坚持典型引领。教育部遴选出 172 个帮扶典型项目特色案例，并将这些典型经验入选案例库，成为各校互学互鉴的工作抓手。2021 年 10 月，由中国扶贫发展中心主办的高质量乡村振兴前沿问题理论与实践研讨活动在北京河南大厦举办。来自中国农业大学、北京师范大学、复旦大学等 18 家高校和科研机构的专家学者围绕"如何高质量推动乡村振兴"这一主题展开研讨。北京师范大学张琦教授讲述了高质量乡村振兴的科学内涵、关键原则和战略重点；复旦大学王小林教授围绕现代经济的数字化发展趋势，阐明了数字经济对乡村振兴的重要作用。本次研讨为各高校聚焦高质量推进乡村振兴前沿问题，借助智库研究平台，为各地乡村建设建言、决策提供了参考。

（2）发挥直属高校的辐射带动作用

教育部 37 所直属高校还承担了支援 14 所部省合建高校学科建设的任务，有效提升了合建高校的办学水平和助力乡村发展的辐射带动作用。

7. 发挥职业教育的重要作用

为更好地发挥职业教育服务地方经济与社会建设方面的作用，2021 年 10月，由云南能源职业技术学院组建的新时代文明实践社科普及志愿服务分队，到富源县大河镇恩乐村、黄泥村开展了职业教育助力乡村振兴志愿服务活动。该志愿服务活动在村委会开展了理论政策宣讲，由该校马克思主义学院思政课教师为村党员干部宣讲了习近平总书记"七一"重要讲话精神和乡村振兴战略政策；对留守妇女、老人开展了技能培训；在村完小开展了教育助学智力帮扶活动，发挥了职业院校在实施乡村振兴战略、服务地方经济与社会建设方面的作用。

第五章　高校思政工作助推乡村振兴的问题导向

　　坚持问题导向是马克思主义的理论品格和根本要求，是习近平新时代中国特色社会主义思想显著的特征，也是我们做好高校思政工作助力乡村振兴的出发点和落脚点。聚焦后扶贫时代高校思政工作助推乡村振兴中存在的问题，有助于我们"对症下药"，探求后扶贫时代高校思政工作如何助推贫困地区产业振兴、人才振兴、文化振兴、生态振兴、组织振兴的可行路径。

　　当前，高校思政工作在助推乡村振兴工作中存在着融入时代主题不突出、整体协同性较差、师生参与积极性不够、保障机制不到位、覆盖率较低、社会贡献率不高等突出问题。这既有政府层面的问题，也有高校层面的问题。"因事而化、因时而进、因势而新"是新时代高校开展教育教学工作的基本规律和基本要求，当前高校如何发挥自身优势，结合乡村振兴战略拓展社会实践育人平台，推动乡村振兴与高校实践育人"共建共赢"，是新时代高校思政工作面临的时代课题。

一、政府层面

（一）政策制度性供给缺失

　　从行为主体来看，地方政府是乡村建设的主导者，应该成为高校与乡村基层之间的重点项目牵引者、内外资源协调者、激励机制制订者[①]。如当前乡村教师社会地位不高、工资待遇不理想、职称晋升困难等问题未完全解决，很多优秀人才难以长期坚守[②]。

　　作为地方政府，要制定切实可行的政策措施，鼓励有志青年到农村、到边远地区，为国家教育事业建功立业[③]。"老师的工作生活条件要有基本保障。

---

　　① 大学生融入乡村振兴的实施路径 [N/OL]. 人民论坛网，2021－07－14.

　　② 山东财经大学乡村振兴研究院课题组. 乡村人才振兴如何推进、面临哪些难点？看看来自6省20个县的调研报告 [J]. 老区建设，2022（14）：4－8.

　　③ 本书编写组. 习近平总书记教育重要论述讲义 [M]. 北京：高等教育出版社，2020：222.

对扎根边疆、扎根乡村的教师要给予更多关爱和培养。国家教育经费要注重向民族地区、边疆地区倾斜，这是个大账、长远账，要想明白、算清楚。"① 高校思政工作助推乡村振兴是时代召唤，是历史机遇，是历史担当。但目前国家还没有出台相应的高校师生服务乡村振兴方面的法律法规，大学生在参与乡村振兴服务过程中发生的财产损失、意外伤残等，缺乏专门的法律规范及评判依据或标准，尤其是组织一些突发性的、危险性的服务项目都缺乏相应政策性保障和待遇，让高校教师助推乡村振兴望而却步，师生参与率普遍较低。国家层面、政府、高校都应该加强顶层设计，将系统化推进乡村振兴工作纳入高校重点工作、教学体系、社会实践、专题研究、考核机制等。

（二）协同性较差

乡村振兴涉及农林渔牧、地方政府等多个部门，乡村振兴不仅仅是欠发达地区的事，也是全社会的事，需凝聚各方力量，形成全社会参与的乡村振兴大格局。尽管各级政府在推动乡村振兴方面已有一些好的政策制度，但总体而言，仍然缺乏系统完整的推动高校助推乡村振兴的政策制度，或者说制定的政策体系缺乏规划，难以发挥合力②。从高校与上级政府部门协同层面看，目前国家还未出台大学生助推乡村振兴的实施指导意见。"政府、高校、乡村"三方之间交流协作少、合力不够，往往上级政策"政出多门"，团委、马克思主义学院、学生处收到的上级文件中的实践活动方案不一致，在同一时期开展的实践活动存在实践主题不统一、活动形式五花八门、工作简单重复、部门协同性差、人力物力浪费严重等突出问题。从高校与乡村协同层面上看，一般缺乏上级政府的政策支持与指导，与基层政府沟通对接不足，帮扶精准度不高。很多教师在带领学生到乡村开展志愿服务过程中，需要教师与学生多次费力费时去协调各种关系，有的得不到支持，难度很大。高校与乡村间多是唱独角戏，高校师生开展乡村振兴志愿活动往往舍近求远、"各显神通"，靠"自身关系"寻找社会实践目的地，导致志愿服务效率降低，同时也挫伤了教师的积极性。如果地方政府及高校精准对接，精心谋划，更好发挥政策指挥棒作用，搭建好高校服务乡村振兴的长效机制，建立常态化的校地协作平台，那将会激励更多的高校教师及学生参与到乡村振兴志愿活动中。政府应加大力度，进一步推动

---

① 中共中央文献研究室. 习近平关于社会主义社会建设论述摘编 [M]. 北京：中央文献出版社，2017：52.

② 吕慈仙. 助推乡村振兴，高校如何持续发力 [N]. 中国教育报，2021-06-28.

东西部高校之间的人才交流、资金协助、技术协作等，推进双方共赢。

典型案例

"政府＋企业＋科研院校＋基地＋农民"模式，推进乡村振兴

江苏省宿迁市洋河新区以农业产业结构调整为基础，突出特色生态，通过"政府＋企业＋科研院校＋基地＋农民"的模式，与中国农业大学等科研院所深度合作，采用离岸人才孵化和在基地设立博士后工作站等方式，以生态经济示范区建设为抓手，聚力"旅游＋农业"，打造"一个中心、两个窗口、四大平台"，即现代农业科技创新中心，农业科技展示窗口、创意农业展示窗口，信息交流平台、品牌培育平台、职业农民培训平台和乡村旅游服务平台，打造观光休闲农业，实现"农业＋旅游"的有效结合，推动农业产业高质量发展[①]。

分析该项目的成功原因主要有三个方面：首先是以神农时代＋洋河农业嘉年华为引爆项目，以神农氏故事为线索，以华夏五千年的农耕文明背景来建设8个主题场馆。二是该项目得到了市、区两级政府的高度重视，将该项目列为宿迁市中小学科普教育基地，并引导项目和各学校积极对接，平日及寒暑假均开展自然课程教育和劳动实践。三是具有相对稳定的、专业的、年轻的管理运营团队。

典型案例

呈贡区推进"1＋2＋3＋4"工程，走出乡村振兴特色路（摘录）[②]

昆明市呈贡区委、区政府充分聚合政校企优势，依托驻呈10所高校、科研、人才优势，积极搭建"校地企"促乡村振兴发展平台，建立乡村振兴党建联盟，以党建引领乡村振兴。

社区"开菜单"，平台"来配菜"，校企"来掌厨"。万溪冲实验社区分别与5所驻呈高校48个学院签订了教育实践基地和劳动实践基地协议，从而成

---

① 江苏宿迁洋河新区首个国家农业公园，不一样的农旅综合体［N/OL］．搜狐网，2022－05－23．https://travel.sohu.com/a/549786534_457412．

② 呈贡区融媒体中心．呈贡区推进"1＋2＋3＋4"工程，走出乡村振兴特色路［N］．中国国情，2021－10－20．

为高校师生创新创业的教学实践基地。目前云南艺术学院、云南大学、云南师范大学、云南中医药大学等高校部分项目已在社区落地。

打好"文化牌",文化赋魂,促进产业融合。通过举办"中国·呈贡万溪梨花节""中国农民丰收节"系列活动,讲好宝珠梨故事,逐步提升呈贡梨文化旅游品牌影响力。

打好"人才牌",人才赋能,激发发展活力。建立集致富带头人、返乡创业人才、传统手工业人才等为主体的乡村振兴人才库。建立李小云教授专家工作站、唐丽霞教授省级专家基层科研工作站,中国农业大学3名博士生驻村开展乡村振兴课题研究,承担起前沿理论与村民思想之间的桥梁纽带。与驻区高校、医院、企业合作,扶持"呈贡区花卉行业电商人才队伍建设""果实蝇防控专业人才培养"等人才项目13个,通过提供信息技术、指导产业发展、引导社会治理、培训基层技术人才等方式,集中力量破解一批制约社区产业发展的突出问题。

夯实创业就业保障,营造创业就业氛围。在全省率先出台《呈贡区鼓励高校毕业生就业创业实施办法》,在全区范围开展农民技术职称评定申报工作,鼓励本地长期从事农业农村生产经营和社会管理的居民参评,加强农村实用性人才培训,加大扶持非遗传承人、涉农花卉产业人才培养力度,推动高素质农民发展。创建"农业创业示范乡村""农业创业孵化基地",完善创业孵化器功能配套,强化农业科技成果转化应用,不断提升农业科技贡献率。

夯实集体经济保障,深化村集体经济强村工程。以实施"领头雁"培养工程、青年人才回引计划、社区"青年人才培养计划"等为切入点,加强社区致富带头人培养建设。

呈贡区依托产业园区资源优势、驻呈高校产学研一体化落实见效,推进农业与旅游、文化、教育、互联网等产业深度融合,促进高原特色现代农业精深发展。

📚 **典型案例**

昆明安宁:职教园区为乡村振兴注入新力量[①]

风光秀丽、生态良好的雁塔村是安宁一个历史形态保留较为完好的小村落,于2019年8月被列为6个昆明都市驱动型乡村振兴创新实验村之一。

2021年8月,雁塔村聘任中国农业大学教授李小云为"荣誉村长",聘任

---

① 昆明安宁:职教园区为乡村振兴注入新力量〔N〕.中国青年报,2021-09-19.

昆明市委副秘书长、中国农业大学教授唐丽霞为"荣誉副村长",聘任中国农业大学7名博士研究生为"新村民"。在李小云教授团队的指导下,雁塔村开展了系列探索,回收老四合院、老宅用于专家工作站建设及发展文创、电商、餐饮、商业和民宿等休闲服务产业,盘活了村庄闲置宅基地和集体土地资源,打造6条特色花巷,组建餐饮经营服务社、花巷雁塔工匠队、乡土文艺宣传队、物业管理服务站、外出务工服务站、产业发展服务站,组织实施村级项目16个。

安宁市县街街道办事处还在雁塔村成立了安宁市大学生创业园(青年创业园)职教分园和安宁市青年之家;与云南经济管理学院开展"文化 IP 引领乡村振兴"合作;与云南交通运输职业学院合作开展"乡土人才培育"项目,内容涉及农村养老、乡村旅游、交通运输等方面。如今,雁塔村已成为昆明网红打卡村。通过一系列探索,高职院校的青年人才留在安宁,为乡村振兴注入新力量。

(三)志愿服务平台供给不足

2022年8月教育部等十部门印发的《全面推进"大思政课"建设的工作方案》指出,要充分调动全社会力量和资源,建设"大课堂"、搭建"大平台"、建好"大师资",设立一批实践教学基地,推动"思政小课堂"与"社会大课堂"相结合。但目前,地方政府同高校之间协同性不足的症结在于,没有在正式的政策引导下形成稳定的协作平台,高校助推地方发展的功能缺乏协调与引导①。其实,高校每个假期都有非常多的大学生想参与"三下乡"等志愿服务活动,但投入经费有限,如果政府能够搭建一些线上志愿服务平台,将会为更多学生提供服务机会。如:大学生线上辅导留守儿童学业等。

二、高校层面

查找高校思政工作中存在的主要问题,有助于我们"对症下药",制定行之有效的对策。

(一)顶层设计不到位

1."大思政"协同育人推进
教育部等十部门印发的《全面推进"大思政课"建设的工作方案》指出,

---

① 大学生融入乡村振兴的实施路径 [N/OL]. 人民论坛网,2021-07-14.

一些地方和学校对"大思政课"建设的重视程度不够，开门办思政课、调动各种社会资源的意识和能力还不够强，对实践教学重视不够，有的课堂教学与现实结合不紧密……从高校内部协同层面看，高校助推乡村振兴工作还没有被纳入"重要工作"，整体规划设计不强，保障运行机制不健全，各部门整体协同性较差，信息沟通及资源集聚不够，很多高校还将思想政治教育实践载体局限在传统观念中的思想政治理论课程中的实践教学环节和暑期社会实践上，或是进行其他单一的、分立的实践教育，未建立"三全育人"视觉下的"大实践"概念①。总体而言，严重影响了高校思政工作整合社会各方资源，以"大思政"格局推动实践育人的成效。

2. 高校聚焦"三农"人才培养不够

随着一二三产业加速融合，新产业、新业态不断涌现，高校培养乡村振兴人才的教育教学体系已跟不上农村发展需求。2022 年 5 月，山东财经大学乡村振兴研究院课题组对山东、广东、浙江、河北、湖南、江西 6 省 20 个县（市、区）乡村人才振兴现状开展调研发现，农业农村科技人才总量不足、分布不均衡，高层次人才比较匮乏。高校很多专业培养的大学生已经过剩，但社会亟须的一些专业人才却比较紧缺，问题出在高校人才培养与社会需求之间的供需不匹配。一是在乡村振兴的产业融合、生态文明、乡村治理、乡风文明等方面建设人才缺口较大，最为紧缺的人才为农艺师、乡村小学美术教师、急诊医学科医师、主播、制冷工程师等②。一些乡村民间文化艺人、能工巧匠陷入后继无人的尴尬境地。二是基层管理人才缺乏，在政策宣讲、执行与反馈过程中存在"最后一公里"断层现象。三是高校在培训乡村人才队伍过程中存在培训内容和形式"不接地气"的现象，培训实效性有待提升。

（二）聚焦"精神扶贫"不够

高校目前在助推乡村振兴工作中，聚焦"精神扶贫"不足。如很多高校在选派驻村干部时，不是从帮扶乡村需求的专业人才角度选派，而是选派一些愿意去的干部，造成选派出的干部只能做一些基层事务性工作，对乡村产业发展、文化振兴等帮助意义不大。后扶贫时代，以物质匮乏为主要特点的绝对贫困，转型为以"个体失灵""行为失灵""志向失灵"为主要特点的"精神贫

---

① 赵蓓苗. 高校思想政治教育实践育人工作对策研究 [J]. 黑龙江高教研究，2013，31（6）：130－132.

② 乡村振兴需要这些专业的人才，你是其中之一吗？[N]. 潇湘晨报，2022－11－21.

困"；以经济贫困为主要内容的一维贫困，转型为政治经济文化等为主要内容的多维贫困①。因此，高校选派驻村干部应该也进行专业调整，倾向于政治、文化、思想政治教育专业方面的教师。

（三）实践教育教学体系不健全

1. 乡村振兴教学内容融入教学不足

后扶贫时代，高校助推乡村振兴已成为重要政治任务之一，各高校应充分发挥地区和自身优势，凸显专业特色，但大多高校没有开设乡村振兴专业，很多课程也很少涉及乡村振兴教学内容。无论是思政课还是专业课，都应同向同行，在教学中融入更多乡村振兴内容，增强学生助力乡村振兴的情怀与责任意识。

2. 重理论轻实践，实践育人覆盖率低

高校只有持之以恒地贯彻落实国家关于实践育人的文件精神，系统性开展好大学生的"大思政"实践育人工作，让大学生在实践中读懂中国，塑造立志为民族复兴的人格，增强担当历史大任。《教育部等部门关于进一步加强高校实践育人工作的若干意见》指出："高校要系统开展社会实践活动，每个本科生在学期间参加社会实践活动的时间累计应不少于 4 周，研究生、高职高专学生不少于 2 周，要抓住重大活动、重大事件、重要节庆日等契机和暑假、寒假时期，紧密围绕一个主题、集中一个时段，广泛开展特色鲜明的主题实践活动。"然而，目前较少有高校能够完全落实以上文件规定的社会实践教学时数，由于上级督导不到位、交通保障难、经费投入不够、激励机制缺失等原因，普遍重理论轻实践，基本采取优选团队的方式组织学生参与乡村振兴社会实践，普遍存在项目少、实践时间短（大多数为一周左右）、覆盖率低的问题，使乡村振兴社会实践成效大打折扣。大多高校的思政课教学体系中，实践教学占比很小。

3. 评价机制不健全

《深化新时代教育评价改革总体方案》指出："教育评价事关教育发展方向，有什么样的评价指挥棒，就有什么样的办学导向。"科学的考评机制有利于促进实践育人成效。目前大多高校执行的乡村振兴考评机制主要存在以下问题：一是高校助推乡村振兴实践育人过程中，大多缺乏成熟的评价监督体系，

---

① 唐任伍，肖彦博，唐常. 后精准扶贫时代的贫困治理：制度安排和路径选择［J］. 北京师范大学学报（社会科学版），2020（1）：133－139.

缺乏完整的"部署—落实—推进—督查"体系、考核评价机制、反馈机制、问责机制等，志愿服务工作一般浮在表面上。大多高校一般把思政实践教学安排在期末，组织少量同学参观红色实践基地，让同学们自由选择实践活动，在实践活动结束后一般只需要提交一份社会实践调查报告就算合格了。显然，实践育人覆盖面较低，考核较松。二是评价主体单一，大多思政实践教学的考评者为思政课教师，仅考评思政课的课堂理论教学情况，与辅导员、二级学院、学生工作部（处）、团委等多部门协同考核不足。三是考核范围狭窄，大多没有将学生寒暑假参与乡村振兴等志愿服务活动等表现纳入考评。

4. 与劳动教育协同较差

中共中央、国务院出台了《关于全面加强新时代大中小学劳动教育的意见》，教育部出台了《大中小学劳动教育指导纲要（试行）》，旨在通过日常生活劳动、生产劳动和服务性劳动，充分发挥劳动育人功能，对学生进行劳动观念、劳动能力、劳动精神与劳动习惯教育。因此高校需进一步落实上述部署，进一步突出强调劳动教育的价值功能，合理设置社会实践与劳动教育学分，使高校劳动教育与助推乡村振兴有效融合。据调查，70%以上的大学生都有服务乡村振兴的愿望，但实际上高校提供的服务机会还达不到1%，覆盖面太低，城里的学生参与乡村劳动实践的机会更少。据此，高校需要合理调整人才培养方案，提高大学生参与乡村振兴实践活动的积极性，把乡村场景纳入实践活动基地，使大学生在寒暑假期间可以充分接受劳动教育[①]。同时，高校应健全劳动教育的考核模式，并将学生假期参与乡村振兴的劳动时长转换为志愿者服务时长。

（四）社会贡献率有待提升

在高校助推乡村振兴实践育人过程中，大多数志愿服务浮在表面上，重形式轻成果。其原因主要表现为：一是大多数高校经常变换地方或变换对象开展社会实践，有一些赴农村开展的支教活动，缺乏持久性服务项目，持续性连贯性较差。如能持续围绕同一批留守儿童年复一年地进行接力帮扶，则更能有效促成"扶智扶志"实效。二是形式主义、运动化倾向较为突出。一些部门只管下发文件，没有为师生参与乡村振兴提供有效的对接服务和有效指导，很多社会实践活动只是热衷于"抓眼球""摆拍走秀""走过场"，到了乡村后忙着拉横幅、拍照、发新闻稿宣传，真正切实解决群众的具体问题却很少。三是"服

---

① 时伟. 大学生融入乡村振兴的实施路径［N/OL］. 人民论坛网，2021－07－14.

务成果"未纳入量化考核。目前助推乡村振兴在高校工作中的地位还不够突出，大多数高校还将教师服务乡村振兴成果推广的社会经济效益纳入年终绩效量化考核，普遍存在大多教师重课题申报及理论研究，轻成果推广应用的现象。四是缺乏针对性和创造性。在高校助推乡村振兴工作中，大多数"千校一律"，发挥高校职能优势不足，切实可行的帮扶举措和模式较少。五是上级政府部门督导不力。从上级主管层面看，基本还未将高校助推乡村振兴的业绩纳入年终考核，或比重太小，不利于激励引导高校将学科建设、人才培养、教学科研融入乡村振兴战略中，在很大程度上降低了对社会的服务贡献率。六是能有效帮到农民的教学科研成果较少，很多社会实践的科研成果转化率不高。

（五）激励机制不健全

目前，大多高校缺乏推动乡村振兴顶层设计的激励机制，大部分师生缺乏开展乡村振兴志愿活动应有的重视和激情。大学生参与乡村振兴及服务贡献率情况，与大学生的就业创业、考公考编、考研、专升本考试等方面都缺少一些相应的挂钩优惠激励政策。虽然有的地方制定了一些政策，但大多还未得到相应落实。另外，事实上大多乡村机关事业编制就业岗位少，职业晋升难，医疗、教育、交通等基本公共服务体系不完善，容错试错文化氛围较差，对顶岗实习的大学生返乡就业的吸引力较弱。

（六）彰显特色不明显

一些高校精准扶贫工作与高校职能优势结合不紧密，内生动力和持续力不足[1]，在推动乡村振兴战略中，这个问题依然突出。一些高校主要领导认识有偏差，重视看得见摸得着的人财物投入，轻视定点帮扶贫困村和贫困户的可持续发展能力建设[2]，重视物质投入，忽略了"思想转化"。同时，顶层设计不科学，帮扶对策与帮扶对象需求不契合，没有形成特色做法和亮点。另外，大多高校乡村振兴志愿服务活动不能与创新创业、各类竞赛活动有效结合。职教大发展背景下，社会实践教育与学生的职业发展规划、产教融合不够，彰显职教特色、专业特色不明显。

---

① 齐永朝.后精准扶贫时代高校扶贫策略探究［J］.内江师范学院学报，35（9）：106-110.
② 郑小梅，杜鹏.高校在精准扶贫中的误区及对策研究［J］.学校党建与思想教育，2018（12）：71-73.

（七）保障机制不到位

高校在助推乡村振兴实践育人过程中，在组织管理、经费投入、交通安全等方面缺乏有力的保障措施，致使高校助推乡村振兴实践育人工作不够通畅。主要表现在：一是经费不足已成为高校开展社会实践活动普遍遇到的一个"瓶颈"，大多高校思想政治教育实践育人经费开支难，只是一个拨付的"数字"而已，实践育人全覆盖难以保证。由于活动经费有限，很多"三下乡"活动时间短，且大多时间都花在了路途上，很难深入边远山村开展深入研究，获得的一手资料不扎实，想拍的一些视频不能够在当地完成。二是人身安全、合法权益保障机制不健全或没有得到有效落实。尽管《学生志愿服务管理暂行办法》明确规定，"学校在组织开展志愿服务时，须为志愿者购买相关保险"。从调查情况看，大多高校基本上没有按照教育部的规定执行，高校服务社会缺乏激励和督促机制，由高校自设项目、自主实施与自我评价，其基于便利、安全等因素，往往公益性活动提供不足[①]。三是大多高校"三全育人"协同性较差，几乎没能把财务部门、后勤管理部门等关键部门整合到乡村振兴志愿服务中来，在组织、经费、考评、制度等方面明显缺乏全方位的顶层设计，在构建"全员参与、全程渗透、全方位"推进乡村振兴这一关键问题上研究不足。

三、教师层面

（一）激励机制不健全

高校在职称评定、年终绩效考核等方面，都十分重视高级别的获奖、科研项目、发表核心期刊论文等传统硬性指标，却很少将高校教师服务乡村振兴的天数及业绩作为考核评价指标，难以调动广大教师助推乡村振兴的激情。对高校师生如何融入乡村振兴工作的指导不够，不能提出一些更好的建设性意见和指导。

（二）教师助力乡村振兴的责任感不强

高校教师总体参与"三下乡"的热情是有的，但由于顶层设计和激励机制不到位等原因，高校教师助力乡村振兴战略的责任感不强。一是大多参与乡村振兴"三下乡"志愿服务的指导教师多为辅导员或思政教师，专业课教师参与度不高，

---

① 大学生融入乡村振兴的实施路径［N/OL］. 人民论坛网，2021-07-14.

有的专业课教师虽然担任指导教师，往往只是挂名，没有实际发挥指导作用。二是在组织过程中，教师用心不够，没有从帮扶乡村农民实际需求角度选取相应专业的志愿服务团队成员，学生专业知识背景利用不足，服务效果较差。三是校外乡村振兴社会实践工作难度大，学生安全压力大，教师担当意识、挑战意识不强，存在畏难情绪，参与度不高。四是某些教师参与乡村振兴存在政治投机心理，党性观念和宗旨意识淡薄，热衷于做表面文章，乡村振兴帮扶工作不落地。

（三）帮扶举措与乡村需求契合度不高

一部分教师在开展乡村振兴志愿活动过程中，提前谋划不足，与帮扶对象提前沟通不够，往往是按照学校的部署安排而动，帮扶内容与村民的实际需求契合度不高，村民获得感较弱。另外，组织的志愿帮扶活动与教师自身专业契合度不高，无法发挥自身专业优势，指导学生做相关调查研究、科技支农、产业扶持、法律服务等工作时，常常显得力不从心。整合自身身边资源优势不够，服务乡村实效性较差，村民满意度较低。

四、学生层面

（一）大学生理论基础比较薄弱

据本课题组调研，大部分大学生对国家乡村振兴战略了解粗浅，完全了解的只占9.57％。很多大学生设计的调研方案与乡村实际情况脱节，志愿帮扶经验总结水平更加缺乏，用理论指导乡村振兴社会实践的水平有待提升，高职大专生在这一方面的问题更加突出。

（二）大学生返乡就业创业愿望不足

乡村二元经济差异较大，乡村交通、教育、医疗、文化等基础设施薄弱，乡村就业创业环境不够理想，乡村对大学生回乡返乡就业创业的吸引力较弱。2018年东北师范大学发布的《中国大学生就业创业发展报告·2016—2017》显示，毕业生选择在沿海地区就业的人数最多，占比为65.04％。某高校就业数据分析结果显示，2020届毕业生选择返乡入乡就业创业的比率仅为17.5％[①]。

---

① 推动高校"党建＋创新创业"服务乡村振兴战略的思考［N］. 中国报道，2020－11－13. ht-tp：//fxzl. chinareports. org. cn/fxms/2020/1113/7980. html.

（三）价值导向偏差

部分大学生对参与乡村振兴志愿服务持有功利化的价值导向，部分大学生志愿服务的最终目的是"有利于就业"，带有功利色彩，削弱了大学生真心参与乡村振兴的价值诉求。有的大学生将支教当成镀金，而不是传授知识。不少大学生将此当成自己镀金的工具，无论是初衷，还是实际行动都不会真正为农村教学做贡献；有的大学生为了增加自己的保研概率，选择到山区支教，可是在支教过程中表现得极其恶劣。在针对未参加过社会实践活动的学生的访谈中，60％的学生表示愿意主动参加社会实践，主要目的是想为将来找工作奠定一些工作基础、认识社会和增强综合能力，而不想主动参与社会实践的学生，主要是觉得社会实践意义不大①。部分学生往往遇到赴边远贫困地区就打"退堂鼓"，大多参与实践活动有头无尾、浅尝辄止，缺乏持续性激情，往往大一热、大二大三冷，大四不参与，前期社会实践基础成果往往付之东流。高校在组织大学生开展乡村志愿服务前，应严格选拔制度和加强培训，武汉理工大学研究生支教团志愿者只有"过五关"才能获得研究生支教团推免研究生的入学资格，同时加强了岗前培训②。清华大学通过自愿报名、初选、面试、公示等程序，面向全校、跨专业、跨年级选拔真正优秀、有责任感的学生去支教。

（四）成果转化率不高

大学生在助推乡村振兴过程中，存在的一个突出问题是重形式轻成果。有些社会实践活动热衷于"抓眼球""摆拍走过场"，到了乡村后忙着拉横幅、拍照、发新闻稿宣传，真正切实帮扶贫困群众的具体举措很少。

（五）服务意识较差

近年，高校选派出的"第一书记""三支一扶"等乡村基层服务人才，确实为推进农业农村现代化贡献了力量。如河南2021年招募帮扶乡村振兴岗位630人，有效改善了基层人才队伍结构，为推进乡村振兴奠定了坚实人才基

---

① 卢圣旭．大学生助力农村小微企业成长的扶贫路径研究［M］．北京：经济管理出版社，2019：114．

② 张晓红，等．扶贫接力：中国青年志愿者扶贫接力计划研究生支教团项目二十年思考［M］．北京：中国青年出版社，2021：114－115．

础，"三支一扶"工作成为基层就业的亮丽品牌①。但同时也发现，有的人员服务基层意识较差，沉不下心，工作态度被动消极。如为乡村孩子捐赠的一些书籍也没有分类和筛选，有一些并不适合农村孩子阅读。

---

① 山东财经大学乡村振兴研究院课题组. 乡村人才振兴如何推进、面临哪些难点？看看来自 6 省 20 个县的调研报告 [J]. 老区建设，2022（14）：4 - 8.

第六章 高校思政工作助推乡村产业振兴

党的二十大报告指出："全面推进乡村振兴。坚持农业农村优先发展。加快建设农业强国，扎实推动乡村产业、人才、文化、生态、组织振兴。"乡村产业振兴是放在第一位的，是五大振兴中最重要、最根本、最关键的。产业振兴是解决农村一切问题的前提，没有产业支撑的乡村就是无源之水、无本之木。目前，全国打造了一些生态宜居、环境优美的美丽乡村，但有些美丽的乡村却成了"空心村"，一些年轻人和大学生拼命逃离乡村涌向了城市，乡村留不住人，特别是随着我国继续推进户籍制度的改革，一些有条件的农村劳动力转移人口在城镇有序落户，农村"空心化"更加严重。即使是在环珠三角经济带上的一些乡村，青壮年人口大量外出打工，留在村里的多数是老人与孩子，不论是知识型人才还是劳动力都严重不足[①]。究其原因主要是乡村没有更多的产业和更多的就业岗位。因此，产业振兴是解决农村"空心化"问题的根本之策，产业兴旺才能留住人才、吸引人才，有了人才，也才能进而推动产业兴、文化兴、生态兴、组织兴，进而推进乡村现代化进程。

一、走高质量农业发展道路

相比美国，我国现代化农业程度较低，美国用 $1\%\sim2\%$ 的农业人口养活了全美国的人，还成为世界第一大粮食出口国。除气候、地势等客观原因外，更深层次的原因是我国农业科技化水平比较低，农业机械化水平、信息化水平、标准化水平等与美国相比有较大差距，我国仅是一个农业大国，还不是农业强国。高校思政工作助力乡村振兴，要引导农民树立高质量发展理念，增强创新意识，提升创新能力，延伸产业链、价值链，走农业高质量发展道路。

---

① 张建军. 乡村要留住人才用好人才［N/OL］经济日报. 海外网，2021‐10‐31.

（一）提升创新能力

改革创新精神体现于中国特色社会主义建设的全部实践，也体现在中国推进乡村振兴战略的伟大实践中。

1. 校地协同"双创"

我国科技对农业的贡献率超过 60％，科技已成为农村经济增长的重要驱动力。2015 年，我国将"创业与创新"写入政府工作报告，其中强调要在乡村振兴中推动"双创"①。高校思政工作在助力乡村产业振兴中，加强"双创"型农民的培训，不仅要培养农民的创新意识和创业精神，更要激发他们的创新激情与潜能。近年来，通过促进高校创新创业人才培养在创新性上的先天优势来促进乡村发展创新产业，最终刺激农村传统产业形成适应当下需求的新格局②，农村日益成为国家创新发展战略的重要"战场"和大学生创新创业的"热土"，特别是一些涉农院校将"双创"教育与涉农相关专业相融合，努力提高"双创"成果转化为农业成果的水平。如 2020 年 4 月，福建省农业科学院、福建农林大学、福建省美丽乡村发展促进会联合开展"乡村振兴实践与协同创新基地"创建活动③。西北农林科技大学深挖农业文化底蕴，创建校园内一站式服务社区"杨凌文化盒子"，集特色农产品展销、文创产品推广、学生创新创业"孵化区"等多重功能于一身，该项目已让 150 余种农产品走进了校园，为学生创新创业和文化交流提供了新平台④。南京邮电大学围绕生猪产业，投资 226 万元建设两间养猪舍，由淮安爱康生态牧业公司运营，打造种养一体化循环高效农业。

2. 创新现代经营模式

传统的小规模农业生产经营运作模式已很难适应当前经济社会发展需要。在当今自媒体时代，一些电商和自媒体人瞄准了乡村，取材"三农"领域，受到了大众的热捧。高校师生可充分利用自身的网络优势及人力资源优势，通过设立专项资金和配套措施等手段推进重要农产品全产业链大数据建设，实施"互联网＋"农产品出村进城工程⑤，帮助引导农民拓展农产品市场，构建农

① 王品飞. 如何培育"双创"型农民 [N]. 人民论坛，2019 - 01 - 31.

② 张立，范芹. 高校双创人才培养与乡村振兴战略的耦合机制 [J]. 经济问题，2022（9）：52 - 58.

③ 乡村振兴：整合优势资源，产学研联合共筑美丽家园 [N/OL]. 腾讯网，https：//new. qq. com/rain/a/0428A0FIS100.

④ 中国西北高校为学生打造农业特色创新创业平台 [N]. 潇湘晨报，2022 - 05 - 15.

⑤ 张溢卓，张帅，陈天金. 日本科技助力乡村振兴战略路径分析 [J]. 农业展望，2022，18（2）：87 - 97.

产品一体化新模式。一是借助电商平台进行宣传、推广与拓展销售渠道，目前我国农产品网络销售仅占 10%[①]，高校可探索多种模式加大农产品网络销售渠道。如同济大学用"互联网＋"和品牌推广等方式，帮助云南推介 200 多种高原生态特色农产品，促进基础产业增值。中南大学采取"学校主导、基地运营、公益为主、市场为辅"的"互联网＋扶贫"运营方式，打造中国最大、最具瑶族民族特色的农村电商服务平台，建立"瑶都优品商城"公众号，使得江华县优质生态资源实现经济盈利。南京邮电大学以"云端线下"为科教赋能，通过南邮 MBA 项目与丁集乡村互助合作，实现了学科竞赛、实践教学与乡村发展的现实需求相结合。河南信阳农林学院利用包括抖音在内的新兴媒体进行直播带货以解决当地茶叶滞销问题。二是利用农业大数据、区块链、物联网、人工智能等技术，引入智慧管理系统，为乡村产业提供精准农业信息服务[②]。三是加快"互联网＋现代物流"融合发展，将偏远农村生产端与城市消费端连接起来。河海大学为了让定点帮扶的石泉县五爱村的传统种植业走向现代化，通过"小智慧大赋能"帮扶，构建"智慧赋能""蚕桑＋"模式，形成了"种＋产＋销"全过程现代智慧农业新模式，帮助农民增产增收 1.5 亿多元[③]。此外，河海大学还探索采用"联盟＋"模式，依托"e 帮扶"平台，牵头与南京大学、中国药科大学、南京农业大学、东南大学等开展"组团式"消费帮扶，帮助五爱村农产品销往全国各地。

3. 攻坚克难，突破种源"卡脖子"技术

高校思政工作助力乡村产业振兴，要增强科研团队的克难攻坚意识，突破种源"卡脖子"问题。有能力的农科高校，要进一步明确农业科技创新的重点目标和方向，加大资金及科研人员投入，大力开展种业研发示范工程，针对主要粮食作物、经济作物、畜禽水产等开展品种创新，突破品种创制、规模制种等环节的关键技术，加强种源"卡脖子"技术攻关，不断提升我国种业创新水平。如南京邮电大学与南京信息产业技术研究院开展科技服务和产学研合作，引入江苏省农业科学院蔬菜研究所共建"黄瓜产业研究院"，与天津科润黄瓜研究所成立"科润黄瓜所华东试验基地"，从源头上加强种业保护和发展，丁集黄瓜种类已达到 124 种。

---

① 张榕博. 中国日报网评：助力乡村振兴，农村电商赋活兴农新思路 [N/OL]. 中国日报网，2022－01－20.

② 徐刚. 乡村生态振兴视域下"三治融合"治理进路探究 [J]. 福建农林大学学报（哲学社会科学版），2021，24（5）：1－8.

③ 河海大学："小智慧大赋能"助推乡村振兴迈向现代化 [N]. 教育部规划司，2022－10－12.

典型案例

良种良法　高校助力　智慧农业重振通山柑橘①

华中农业大学专家团队针对通山县目前柑橘种植中的橘树老化、管理粗放、品质不优等问题提出一系列解决方案：针对橘树老化问题，专家们提出可以通过高接换种技术，实现橘树的快速更新换代。针对管理粗放问题，专家建议实施病虫害精准防控，对于大实蝇虫害，需要"群防群治"；对于溃疡病，需要及时清除病株，防止扩散。针对品质不优问题，专家提出精细化栽培管理，并提供全方位技术支持。

在打造智慧农业、农业科技创新、产业融合等"新基建"方面，武汉大学科技园针对打造现代化柑橘产业园提出了一套综合性解决方案，该方案可解决包括智能灌溉系统、病虫害监测系统、橘园物品运输系统、农业大数据平台等问题。

（二）延伸产业链、价值链

目前乡村产业体系存在着产业单一、产业链缺失、产业链过短、产业链断裂、现代化程度低等问题。当前农业现代化的薄弱环节，主要表现为农业科学技术的水平仍有待提升，尤其突出的是生物技术应用和劳动力节约替代技术。后扶贫时代，高校要加强乡村产业综合发展体系和农村产业升级问题的研究，为乡村产业发展提供政策建议。

1. 增强产业化思维，助推产业升级

所谓产业化思维，就是要研究一个地区的产业特点是什么，整个产业应该如何运作，企业投资如何实现盈利和利润最大化，产品的定价模式如何设计，产业如何带动相关业态等。要尊重产业发展规律，不能盲目决策。根据目前乡村产业类型实际上已涵盖了第一、二、三产业，体现在基础农业、农产品加工制造、旅游等服务业方面。但长期以来，固有的惯性思维只关注第一产业，而忽视了第二、第三产业。高校思政工作助力乡村产业振兴，要充分利用自身资源优势，助力乡村产业布局和业态规划。

2. 增强新产业新业态意识，延伸产业链、价值链

乡村产业要兴旺，重点在于增强新产业新业态意识，因地制宜发展新

---

① 良种良法　高校助力　智慧农业重振通山柑橘［N］. 环球新闻瞭望，2022－07－31.

产业新业态。高校思政工作要聚焦如何延长农业产业链，完善利益链、提高价值链，如何一体化推进农业绿色化、优质化、特色化、品牌化发展，并对此开展针对性研究，在智力上帮扶乡村农民走高质量发展道路。教育部支持高校组织科技服务团、博士生服务团、专家学者、校友、企业等，深入乡村帮扶拓展农业功能，打造新产业新业态，展现高校创新力量。高校要充分发挥自身的学科专业和优质师生资源。一是要因地制宜从当地的历史、文化、风土人情、地域特色等方面，站在当地整体视野，从系统集成的角度塑造差异化、多元化的乡村新产业新业态新模式，发展"农业＋"产业，促进农业＋文旅、农业＋康养、农业＋教育（劳动教育）、农业＋体育等产业深度融合，设计乡村智慧旅游、休闲养老、民族风情民宿文化体验、观光生态、健康美食等新产业新业态，促进农村一二三产业融合发展。2020年3月以来，南京邮电大学充分发挥科创信息资源、智慧化、数字化、海内外专家人才科技智库优势，将传统农业与智慧平台相融合，通过援建智慧农业生产控制平台、智慧农业大数据中心，部署5G网络，将物联网系统与应用落地生效，拓宽销售渠道，帮扶培育新产业，增强产业链等方式，以"智慧传统"助力产业振兴①。二是在保障产品质量的前提下，引导农民改变以往靠单纯输出农产品换取微薄利润的旧模式，通过科学合理包装产品、打造品牌、精深加工、提升产品附加值等方式，延长农产品的产业链、价值链。

（三）以"产学研服"一体化推动智慧农业

发展"智慧农业"，是缩小我国农业与西方农业发达国家差距的现实需求，也是我国推进农业现代化的现实需求。目前很多科教项目往往聚焦大工业、高精尖、最前沿，而更侧重普适性、实用型的涉农项目获得的外部支持相对较少，影响了高校支援乡村振兴的资源储备与技术更新②。高校在助推乡村产业振兴中，应发挥高校院所、文化企业、园区基地、众创空间、孵化器等作用，推动产学研用合作培养人才③，积极推动建立高校科技产出与农业重点领域和关键环节的精准匹配，推动"产学研服"一体化建设，助力打造智慧农业。

---

① 南京邮电大学："智慧传统"产业振兴"云端线下"科教赋能［N］．金台资讯，2021－10－09.

② 助推乡村振兴，高校如何持续发力［N］．中国教育报，2021－06－29.

③ "十四五"文化产业发展规划［N］．文化和旅游部，2021－07－19.

1. 产——精准对接乡村企业科研技术需求

以乡村企业科研技术需求为导向，要畅通校企村合作，加大资金及教科研人力投入，推动建立校企村"产学研服"一体化合作共赢机制。在校企村各方利益中，农民从中获利，企业更需要盈利，高校也有自身的投入，处理好几者的关系，实现互惠共赢是值得关注的问题①。职业院校可聚焦以知识产权为核心的专利成果转化应用，理顺利益分享及激励机制，加大科技成果推广及转化。在"产学研服"一体化建设中，高校只有处理好与企业的利益链接关系，才能保障更多企业参与到"产学研服"一体化建设中。对于具有科研成果转化价值的研究项目，要加大转化力度。中国农业大学组成教授服务团、博士服务团、研究生支教团赴定点扶贫县进行专题调研、科技服务、技术培训。

2. 学——共建校村"智慧农业"实践基地

高校可结合自身学科优势，找准"产学研服"一体化基地建设方向，根据乡村要素禀赋和发展实际，坚持资源共享、合作共赢的原则，与乡村联动结对共建集教学、科研、实践、科普小镇、服务于一体的"产学研服"科普小镇等实践基地。一方面，高校要充分利用好"产学研服"实践教学基地教学资源，突出专业，加强校外实践教学环节，利用远程教学手段，提高学生的感知能力和学习兴趣。如在"产学研服"一体化基地建设中，建设富有浓厚中草药文化的中草药种植示范基地，加强中华医药文化传播，增强中医文化自信。对于医学专业和中草药栽培技术专业的学生来说，可开设中医学、种植技术培训、种植示范指导实践课堂，也可作为其他专业的师生、教科研团队开展科研项目服务、中草药知识科普、传播中草药文化的实践载体。如2020年，浙江横店影视职业学院在湖溪镇八里湾创建共享田园项目，建立师生课题开展目的地，并将此延伸为青年实践新平台。2022年上海交通大学在星火村成立乡村设计校企党建共建基地，星火村也成为上海交大的社会实践基地②。另一方面，高校要将农业大数据、人工智能等科技应用到农村农业中，在乡村科技创新、电子商务、商贸物流仓储、文化创意等生产性、服务性、科研性环节，共同打造农民创业园、农村电商孵化园、农业创客空间等实践基地。

---

① 卫梓琪，王生高．推行产学研一体化基地建设：后扶贫时代高校助力地方致富路径探析［J］．河南农业，2022（9）：48-49．

② 百校对百村！109所高校成立联盟赋能乡村振兴［N］．文汇报，2022-12-29．https：//baijiahao．baidu．com/s？id=1753549008717016377&wfr=spider&for=pc．

典型案例

高校与企业联手，"智慧农业"在这里发芽了①

2022 年 7 月，成都职业技术学院财经学院以校企地三方联动的形式建立智慧农业试验基地。由学生团队和专业教师团队，以及成都世纪锐通科技有限公司、四川君逸科技数码有限公司和团岭村村委会，三方坚持"资源共享、合作共赢"原则，通过综合运用智慧农业专业技术，构建包含环境检测系统、智能监控系统、智能灌溉系统等智能化农业系统，共同打造"智慧农业"实践基地，将学院最新科研成果转化为农村经济发展的新项目，达到科技创新引领乡村振兴的目的。

3. 研——加大科研转化

"十四五"期间，教育部通过创建高校科技助力乡村振兴示范工程项目，引导各高校充分发挥科研优势、人才优势，在高效育种、智慧生产、现代化加工等农业前沿领域加快部署，加快关键技术研究与转化，帮助深挖农业农村多元功能和价值②，为农业农村现代化提供科技支撑。我国农业与美国农业现代化的差距之一体现在农业机械化的使用普及率上。我国大多耕地都是山地，更需求适应于小片耕地的小型农机。因此，高校要深入推进科技下乡、人才下沉，鼓励各科研机构、高校师生、农民等，共同研发适宜于中国乡村大地的小型农机等，加大科研转化力度。一是引导高校科研团队集中力量进行农业科研攻关和项目研究，并努力将科技成果尽早转化。如植物病理学家、中国工程院院士、云南农业大学名誉校长朱有勇及云南农业大学科技特派团在澜沧县指导 38 个村寨用冬闲田种植了 3 200 多亩冬季马铃薯，每亩为农户增加了 2 500～7 000 元的收入。他们还运用生物多样性病虫害防控技术，解决了三七感染病虫害致使根部坏死的问题，将林下三七不到 10% 的成活率提高到 70%。除此之外，该科研团队还推出了在旱地上种植杂交水稻的新科技，实现了"水稻上山"③。二是强化专业导向，注重选派有科研成果转化能力的基层工作经历者

---

① 高校与企业联手，"智慧农业"在这里发芽了 [N]. 封面新闻．2022 - 07 - 15.

② 智能拖拉机是重点！教育部：开展高校科技助力智慧农业示范工程！[N]. 中国农机工业，2022 - 08 - 02.

③ 张文凌．朱有勇院士团队：让科技创新在田间地头开花结果 [N]. 中国青年网，2023 - 01 - 04.

投入到乡村振兴中，将智力智囊、科技创新等成果转移到帮扶地区，为地方高质量发展提升科技含量，打造当地特色产业[①]。如以江苏农林职业技术学院为代表的职业院校，遴选推荐可转化的高价值专利（成果）参加"江苏省专利（成果）拍卖季"活动，挑选高价值专利（成果）在"省人才与创新资源对接平台"进行发布。交通行业高职院校，可结合交通文化特色开展美丽乡村交通建设规划研究并应用于实际。三是对于科研成果转化效果突出的师生，在职务职称晋升、就业升学、福利待遇、奖学金等方面应有所体现。

典型案例

发展智慧农业，助力乡村振兴[②]

2022年4月，北京农业职业学院科技小院对平谷区东辛撞村产业发展现状和农业科技需求进行了系统调研，梳理出果园种植规模小、智能化自动化程度偏低、果农偏老龄化等突出问题，就开展智慧农业领域技术示范、科技帮扶、技术培训等活动达成一致意见。针对大桃产品附加值较低，没有形成品牌效应问题，拟建立一套农产品全流程溯源系统，为大桃种植的标准化、规模化和产业化提供支持，与中国农业大学平谷科技特派员王琦教授团队联合开展科技服务，共同推进智慧桃园建设。

4. 服——加强科技服务

相对来说，缺技术是大多贫困家庭的典型特征，通过科技服务、科普宣传有助于提高农民的科学综合素养，为农民"造血"。与城市科普相比，农村科普工作相对来说难度更大，更需要个性化和定制式的科普内容[③]。2022年7月，来自海南政法职业学院、海南经贸职业技术学院、海南医学院、海南职业技术学院的160名大学生志愿者，结合各地实际开展以碳达峰碳中和、生态环境保护、绿色农业、疫情防控、卫生健康等为主题的科普宣传活动和科普知识调查，摸清农民应用科学技术水平[④]，开展针对性的科技帮扶。2020年7月，上海对外经贸大学的"慧农"团队成立了"智慧农业大棚"项目，该项目主要

---

① 张亚平. 科技引领脱贫攻坚与乡村振兴有效衔接［J］. 中国科学院院刊，2020，35（10）：1211-1217.

② 发展智慧农业，助力乡村振兴［N］. 北京农业职业学院科研处，2022-08-15. https：//www.bvca.edu.cn/kyc/info/1120/2544.htm.

③ 周洁. 做好农村科普工作，推进乡村全面振兴［N］. 科普时报，2021-06-15.

④ 160名大学生将在临高开展科普宣教助力乡村振兴［N］. 人民融媒体，2022-07-12.

为中小型农业种植户提供智慧农业大棚管理控制系统定制服务，该系统的核心包含"5 个子控制系统＋智能电箱＋控制屏系统／App 控制系统"。该系统可实现对智能灌溉、异常监测、空气温湿度、二氧化碳浓度、光照强度进行远程一体化智能化控制，可有效解决传统农产品种植过程中子系统质量参差不齐、联网程度低以及缺乏一体化精准管控等痛点问题①。周口师范学院微环境农业试验区等科研场所，可为智慧农业种植发展提供技术服务支撑②。云南农业大学与云南银河泰瑞科技集团签订战略合作协议，就科学研究、成果转化推广、人才培养培训、学生就业创业等领域开展全方位合作，助推乡村振兴③。

（四）打造智慧农业信息平台

科技支农是基本路径，要做实科技资源共建共享，重点抓好农业生物资源、图书信息资源、科技平台资源和试验基地资源这四类资源的共建共享工作④。在智慧农业中逐步融入 AI 技术、IoT 技术、机器人技术已成为进一步加快农业农村"超智能社会"建设的趋势。目前，由中国农业科学院农业信息研究所牵头成立了"国家农业大数据与信息服务联盟"，建设并开通了"国家农业科技创新联盟农业科技信息资源共建共享平台"。该平台资源范围涵盖了农业生物技术、草业科学、畜牧科学等领域，集合了 2 000 余万条各类资源，600 多个农科数据集，为科技人员提供了全面、方便、快捷地利用文献信息资源的渠道和途径。

二、贯彻绿色发展理念，打造生态产业

绿水青山是乡村最大的优势和最宝贵的财富，没有绿水青山的乡村发展是不可持续的，乡村要实现可持续发展必须要走绿色发展道路。绿色发展是引领乡村实现全面振兴的一场深刻革命，是推动乡村产业生态化、乡村生态产业化、乡村治理现代化、乡村生态融入乡风文明的重要举措，是引领乡村振兴走向新理念、新阶段、新格局的核心动力⑤。发展绿色生态农业是实现我国农业

---

① 刘时玉．这支高校"慧农"团队，以"智慧农业大棚"助力农业转型 ［N/OL］．上海教育新闻网，2022 - 08 - 12．

② 周口市企业权益保护专项行动领导小组办公室．"牵手"高校　周口赋能智慧农业种植发展 ［N/OL］．周口法院网，2022 - 09 - 26．http：//zkzy. hncourt. gov. cn/public/detail. php？id=21133．

③ 助推乡村振兴　云南农业大学与云南银河泰瑞科技集团签订战略合作协议 ［N/OL］．云南网，2021 - 12 - 06．

④ "农业科技信息资源共建共享平台"速览 ［N］．南海水产研究所图书馆，2021 - 01 - 12．

⑤ 张瑞倩．生态文明教育助力乡村生态振兴 ［J］．社会主义论坛，2021（6）：43 - 44．

现代化的必然要求，实现物质文明与生态文明同步推进，也是中国式现代化道路的应有之义。

（一）树立绿色生产观

近年我国农村农药使用过度，大家不敢放心购买农产品已成为不争事实。因此，高校师生通过"三下乡"等社会实践，向农民传递绿色生产观，引导农民开展绿色生产实践。

1. 贯彻习近平生态文明思想

习近平生态文明思想蕴含了马克思主义生态哲学智慧，体现了中国应对生态危机的大国担当。高校思政工作助力乡村产业振兴，要贯彻习近平生态文明思想，加大生态文明政策宣传、法治宣传，以法律为依据做好绿色农业生产的相关工作，在法律制度的基础上为绿色生产提供保障[①]，增强质量兴农、绿色兴农、品牌强农的发展意识，大力发展环保产业、生态旅游业、生态工业以及生态农业、新能源产业等[②]，以科技赋能生态产业，做大做强"生态＋"产业体系，助力农村经济转型和产业升级，提高生态服务能力，推动乡村自然生态资源多元化增值，让农民吃上"绿色生态饭"。

2. 辩证处理好经济发展与生态建设之间的关系

现实生活中，一些农民为了短期利益牺牲生态环境，使得乡村的水源、空气、土壤变差，生产出来的产品质量越来越差。随着人民对美好生活的需求日益增长，需要生产更高品质的农副产品。农民的生产活动均与粮食、食品的绿色、环保、安全息息相关，农民生产过程、销售过程、生活习惯都与是否节能、降耗、减污相关，如果农民增强了绿色发展意识，自觉提升绿色生产技能，那么农村事业绿色化和科学化亦能得到推进。高校思政工作助力乡村振兴，要引导农民正确处理好经济发展与生态建设之间的关系，要将乡村经济发展与生态文明建设有机融合起来，保护优先，开发在后，要将生态资源优势有效转化为经济产业优势，使乡村生态自然资源升值，使经济发展与和美乡村建设相得益彰。

3. 选择绿色物资

传统农业几千年地力不减的奇迹，就源于这种有机循环理念。正因如此，

---

① 刘联军. 农民绿色生产观念培育研究 [J]. 乡村科技，2018 (10) (上)：22-23.
② 范双喜，李凌，杨永杰. 乡村振兴背景下职业教育生态价值及其实现路径 [J]. 中国农业教育，2022，23 (1)：10-16.

循环农业理念成为世界瞩目的农业生态文化，也是现代农业发展的重要方向[1]。高校师生在志愿服务中，要引导农民敢于尝试选择一些相对无公害的绿色资源、使用循环材料、使用清洁农药，减少生产过程中的面源污染与浪费现象，做好废旧物资回收工作[2]；对相关技术进行改造，达到绿色生产的目的[3]。如 2022 年 7 月，广东省生态学会秘书长、广州市农村科技特派员蔡卓平博士带领生态科技工作者，多次到广州从化地区开展生态循环农业指导服务工作，重点对温室大棚搭建、果园建园管理、品种搭配种植等方面提出指导建议[4]。

4. 推广使用现代化农机装备

高校师生应鼓励、指导农民选择使用一些低能耗、低污染的新能源智能化农机设备，应创编一些适宜农民易学易懂的动画农机说明书，让农民好用爱用新型农机产品，以此提升农业劳动生产率。

（二）借鉴先进模式

习近平总书记指出："要积极探索推广绿水青山转化为金山银山的路径，选择具备条件的地区开展生态产品价值实现机制试点，探索政府主导、企业和社会各界参与、市场化运作、可持续的生态产品价值实现路径。"生态农业最早兴起于 20 世纪 20 年代的欧洲，几种典型模式值得我们借鉴。一是德国生态农业模式。德国生态农业要求在生产过程中不得使用化学合成杀虫剂、除草剂、化学合成植物生长调节剂、抗生素、转基因技术。相反，要求推广有益于生态环境的间作轮作方式，控制牧场载畜量，采用有益天敌杀虫或除草。对纯生态产品的要求非常高，只有所有种植环节中 95％以上的附加料来自生态时，才可标注为纯生态产品。二是以色列生态农场模式。以色列是一个典型的自然资源严重缺乏和干旱缺水的国家，然而却成为了世界上有名的"粮果之乡"。以色列在农业生产中大面积推广滴灌和其他微量灌溉节水技术，极大地提高了水资源利用率。三是日本生态农业模式。日本采取的措施主要包括变废为宝、物质循环利用、发展有机农业，不使用转基因肥料、化肥、农药以及生长调节剂等药物，推行水稻、养殖、水产或畜禽、稻作、沼气"三位一体"的生态循环发展模式，实现种养结合、减少污染物排放、保护环境、保护生态的目的。

---

① 朱启臻. 乡村振兴中的生态文明智慧［N］. 光明日报，2018 - 02 - 24 (9).
② 农业农村部印发《2018 年果菜茶全程绿色标准化生产示范基地建设方案》［J］. 中国农技推广，2018（9）：68 - 70.
③ 刘联军. 农民绿色生产观念培育研究［J］. 乡村科技，2018（10）（上）：22 - 23.
④ 农村科技特派员持续开展生态农业种植指导服务［N］. 中国生态学学会，2022 - 07 - 08.

我国桑基鱼塘的生产模式类似于日本水稻、养殖、水产一体化模式。四是美国生态农业模式。美国是世界上生态农业规模最大的国家，美国对农药和化肥的投放量作了专门的法律规定，通过教育的模式建立起了一套生态农业生产模式。美国对农业实行"绿色补贴"、减免税收等，极大地促进了美国生态农业的发展。

高校助力乡村生态振兴，一是为广大师生搭建向乡村推广资源节约型生产技术与服务的平台，帮助乡村减少生产污染、提高生产效率、提升农产品质量。二是要经常性开展适用于乡村的各种降低能耗、物耗的节约和循环利用的小发明产品技术等创新竞赛活动，以科技推进秸秆、畜禽粪污、废旧地膜和包装废弃物等资源化利用。

（三）以绿色科技赋能生态产业

科学合理使用生态科技，能够提高资源利用率，减轻农村发展过程中对环境造成的破坏，是农村发展绿色转型的助推器。乡村振兴需要建立契合自然禀赋的人与自然的辩证关系，反对单纯"从人类出发"，把人类的生活欲求控制在自然界阈限内，也不赞成单纯"从自然出发"，回归纯粹的"田园式生活"，否定科技和现代化[①]。习近平总书记指出："要把发展农业科技放在更加突出的位置，大力推进农业机械化、智能化，给农业现代化插上科技的翅膀。"

1. 加大生态科技研发

高校应以科技创新驱动，围绕农业创新发展新需求，加快推进绿色农业科技成果转化，推动绿色改造及绿色转型，增强乡村产业发展新动能。加大对微生物农药技术、疫苗研制、化肥农药减施增效、农业农村废弃物无害化处理和资源循环低碳技术的研发与使用，显著提高农业绿色化、优质化水平。结合各地乡村需求，重点开展智能农机、无人机等农机装备研发，并邀请专业人士对农民加强绿色农业生产经营技术培训，提高农民科学使用绿色先进技术与现代化设备的技能，推动农产品种植养殖、储运及加工等全链条智能化、高效低能耗化发展。充分利用科技带动农业生产、畜牧养殖、工业绿色发展，充分利用信息化平台发展乡村特色经济，完善物流、电商等配套设施[②]。如30多年来，中国工程院院士朱有勇带领团队通过机理研究，形成了一系列控病增产技术，形成了12项作物多样性控病技术规范，主要创新成果获发明专利16项，为地

---

① 周杨. 美好生活视域下的绿色生活方式构建［J］. 中国特色社会主义研究，2019（1）：85-91.

② 徐子雯，王璞，施云. 乡村产业振兴中的生态文明建设［J］. 中国冶金教育，2022（5）：111-124.

方农业经济发展提供了技术支持①。

2. 加强生态种植指导

高校（特别是农业类高校）要挑选有农业技术的专家和学生，深入乡村指导种植户提升生态种植科学知识和技能，引导新型农业经营主体引进新技术、新设备、新工艺进行绿色技术改造升级，引导他们发挥好推进绿色新技术新设备新工艺的主力军作用和带头示范作用。如2022年7月，广州市农村科技特派员蔡卓平博士带领生态科技工作者，到广州从化地区开展生态循环农业指导服务②。

（四）树立品牌意识，做大做强

目前，我国农产品品牌少、特色不足、知名度不高，这与品牌意识、品牌包装、品牌宣传、做大做强意识不强相关。很多扶贫产业根本没有品牌意识，就连基础的商标都没有，很难适应市场的节奏，很快就会被市场淘汰③；有的农产品品牌虽小有名气，但缺乏差异化标志和核心竞争力品牌。做农业产业要把农业品牌化发展引向深入，不断培育和释放农业品牌化发展潜能，才能把产业做大做强。高校对农民培训时，要引导农民树立品牌意识和竞争意识，紧紧依靠科技，调整种养业结构，大力发展名特优新产品和绿色食品，与国际接轨，进行品牌化营销和保护地理标志农产品品牌，破解农产品同质竞争，促进农产品质量化、品牌化的转型发展。要帮扶乡村确立主导产业和产品，帮助打造一批乡村特色公用品牌；帮助农民和企业设计企业品牌和产品品牌等。如同济大学规划院为云龙县编制了《云龙县全域旅游规划》，重点打造县城旅游服务中心、天然太极景区、诺邓火腿小镇，设计了特色乡村旅游产品和线路。贵州财经大学组建电商专家团队，帮助台江县做好产品设计及推广工作，打造形成了"云水交密""山里交官"等一批电商农特产品优质品牌④。云南艺术学院充分发挥自身优势，组织精干力量深入巍山彝族回族自治县乡村开展文化产业创意设计，先后开展了"创意巍山"、徐家大院设计改造、巍山一中红色教育主题雕塑设计、安乐村文化广场设计以及多次的特色农产品包装设计等项

---

①　梁丹丹，朱有勇. 着力推进现代生态农业建设［N/OL］. 中国知识产权资讯网，2015-10-13.

②　农村科技特派员持续开展生态农业种植指导服务［N］. 中国生态学学会，2022-07-08.

③　以品牌意识推进乡村振兴，给农村发展注入灵魂，做新时代的排头兵［N］. 山城乡村振兴日记，2021-12-05. https://baijiahao.baidu.com/s? id=1718291460047602791&wfr=spider&for=pc.

④　贵州财经大学：坚持党建引领以"四高四有"助推乡村振兴［N/OL］. 人民网精选资讯官方账号，2022-06-13.

目，助力巍山县打造百亿元文创产业①。

三、增强文化自信，助推"文旅十"产业

我国幅员辽阔、历史文化底蕴深，造就了千姿百态的中国乡村。然而我国在推进乡村文旅发展中，同质化却比较严重，甚至管理方式也照搬照抄②，很多地区的古镇千景一面，连装修风格、文旅产品几乎都一模一样，游客在似曾相识中产生审美疲劳，去过一次再没有去第二次的激情。后扶贫时代，高校思政工作助力乡村振兴，要加强区域差异性特色研究，引导农民增强文化自信，依托乡村文化禀赋，整合乡村文化资源，通过对传统文化、特色文化的深入挖掘，确定文化产业的发展方向，创新创造乡村文化产品业态新形式新品牌③。

（一）强化乡村"颜值"与"价值"并存

城市化进程中难以避免"城市病"，城市人一旦有了闲暇时间，便到农村欣赏自然美景、体验慢节奏生活，这已成为一种趋势。以人民群众的现实需求为导向，乡村必然要选择绿色发展的道路，追求生态、社会、经济效益的统一，朝向乡村生态振兴的目标前进④。生态是乡村的优势，生态价值是美丽乡村的精髓。高校助力乡村产业振兴，要加强文化产业领域智库建设，在理论创新、智力支持和产业实践等方面发挥积极作用⑤，要加强调研，对比乡村的不同资源优势，为不同的乡村制定"一村一策"，打造"一村一亮点"，让人们能体验到独具一格的乡韵。如我们开展调研的云南省勐海县布朗山乡，尽管每个村都生产茶，但每一个村的茶的品质不同，名气不同，畅销程度不同，价格也不同。例如老班章村，茶品质很好，茶的名气也很大，就像老班章村委会主任说的那样，要守住自身特色优势，不能盲目跟从其他村子一样大搞旅游开发，否则会有大量外来人员和车辆涌入，村里的空气、生态都会随之下降。只有保住生态环境，才能守住自身优势，保住老班章茶的品质。而对于卫东村来说，

---

① 云南艺术学院深入教育文化帮扶助力巍山县乡村振兴谋新局开新篇［N］. 大理乡村振兴，2022－12－01.

② 周大明. 树立文化多元理念，避免民族旅游中的同质化倾向［J］. 旅游学刊，2012，27（11）：16－17.

③ 贾玉宝. 地评线. 把握好四个维度实现乡村文化振兴［N/OL］. 西安网，2021－02－10.

④ 屈月婷. 新时代背景下乡村生态振兴的时代价值、动力探析及实践路径［C］. 第十二届公共政策智库论坛暨"新时代、新征程、新发展国际学术研讨会会议论文集，2022：234－238.

⑤ "十四五"文化产业发展规划［N］. 文化和旅游部，2021－07－19.

自身茶的品质不太好，名声也不大，但该村有三个瀑布自然景观，因此，就可以开发茶旅发展模式，在政府支持下打造为"现代化边境幸福村示范点"。对于不同民族特色的乡村，应充分挖掘特有民风民俗，结合特色开发休闲旅游、农耕文化体验等产业，不仅让乡村生态环境有"颜值"，同时提升绿水青山的"价值"，让农村更强、农民更富、农村更美。

（二）打造"一村一品"文旅产品

文化具有独特性和原创性[①]，不同的县和乡村都有其独特资源和禀赋。乡村文化产业发展要做好特色文章。乡村文化越有特色，越有吸引力[②]。习近平总书记明确指出："乡村振兴要靠产业，产业发展要有特色，要走出一条人无我有、科学发展、符合自身实际的道路。"如云南与贵州的文旅产业能够经久不衰，其中最核心的竞争力在于有独特的民俗文化优势。福建省华安县依托生态地理优势，以种植铁观音茶叶铺成了"致富路"，形成了特色村寨。宁夏西吉县龙王坝村依托自然景观，通过布置梯田夜景、建窑洞宾馆、研发树屋等展现特色风貌。2018年3月8日，习近平总书记在参加十三届全国人大一次会议山东代表团审议时强调："科学把握各地差异和特点，注重地域特色，体现乡土风情，特别要保护好传统村落、民族村寨、传统建筑，不搞一刀切，不搞统一模式，不搞层层加码，杜绝'形象工程'。"2021年4月，习近平总书记在广西考察时强调："全面推进乡村振兴，要立足特色资源，坚持科技兴农，因地制宜发展乡村旅游、休闲农业等新产业新业态，贯通产加销，融合农文旅，推动乡村产业发展壮大，让农民更多分享产业增值收益。"

高校思政工作助推乡村文化振兴，通过"三下乡"社会实践等活动，扎根乡村，走乡串寨，深入乡村开展区域性特色调研，在特色文化内涵上下功夫，寻求共性与特性，找准发展"一村一品"的切入点，充分挖掘古老传说、神话故事、历史遗址、历史故事、名人遗迹、乡贤事迹、优秀戏曲曲艺、民间风俗民情、传统手工艺等民风民俗所蕴含的生态文化价值和特色，盘活本土红色遗产、农耕文明、深山梯田、革命遗址、古旧村落、废弃遗址、戈壁荒漠等资源，激活其生命力和文化价值，探索本土传统特色文化与现代文化产业相融合的有效途径，打造本土独特的市场稀缺型的"文化+"旅游、康养、种养、教

---

① 赵羲. 乡村振兴中的文化生态建设 [N/OL]. 人民论坛网，2019-03-25.
② 「地评线」长白时评：挖掘乡土文化"宝库"，培育乡村发展新动能 [N]. 新民晚报，2022-04-08.

育、体育等产业深度融合发展的"一村一品"模式，"建设一批文化产业特色乡镇、文化产业特色村，促进乡村特色文化资源、传统工艺技艺与创意设计、现代科技、时代元素相结合。如上海财经大学副教授井然哲（挂职元阳县副县长）挖掘元阳县梯田红米的独特资源，使其保留独有的哈尼农耕文化特色，打造了高原九红品牌，并帮其申请了中国红米之乡。贵州省黔东南苗族侗族自治州依托于本土国家级传统村落和民族村寨及良好的生态自然环境，对生态文化进行"开发式传承"，形成了"一核二区三线多点"的黔东南民族文化生态保护实验区，打造了"苗侗山珍"公用品牌，2021年销售额近3亿元①。华东交通大学驻武宁县罗坪镇关山村工作队，根据关山村的资源禀赋，推动果业采摘、"农家乐"餐饮和休闲度假民宿等产业发展；依托棉花山田园综合体环境资源优势，打造完成了"棉花山乡村森林公园"项目②。2021年7月，重庆理工大学专家团队前往南川区大观镇实地调研后，对大观镇进行生态认证和生态景观廊道规划，建立健康生态的品牌形象，构建大观镇自然生态与现代农业完美结合的示范点，辐射带动全镇的生态旅游建设，促进共建美好家园③。此外，要发挥乡村民间艺人、团体、非遗传承人的作用，引入资金共同培育最具特色和最具活力的优质企业，延伸乡镇企业的民族文化产业链和价值链，培育一批乡村特色文化产业项目。

（三）打造少数民族文旅产品

《"十四五"文化发展规划》指出："加强四川、贵州、云南、西藏、重庆等省域区域合作，突出西南少数民族文化活态化、多样化特征，推动历史文化、民族文化、民俗风情等特色文化资源活态化展示、利用和融合发展，打造以各民族交往交流交融为主线的民族特色文化产业集群。加强茶马古道文化遗产挖掘、保护与传承，培育各具特色的文化产业产品和品牌，促进文化产业与文化传承保护、生态、旅游融合发展。"如云南少数民族最多，每个民族都有自己的节日，每年举办的傣族泼水节、彝族火把节、佤族"摸你黑"节、大理三月街、墨江双胞胎节等众多民族节日，都吸引了国内外的游客参与。2021年春节前夕，习近平总书记赴贵州看望慰问各族干部群众时指出："民族的就

---

① 杨正海."苗侗山珍"，声誉鹊起：黔东南州集聚资源优势打造区域公用品牌助推黔货出山[N].贵州日报，2022-04-27.

② 周乔波.华东交通大学多措并举推进乡村振兴开创新局面[N].人民资讯，2023-02-06.

③ 胡虹、李杰.校地携手共建乡村振兴大学生社会实践基地[N].人民网-重庆频道，2021-07-08.

是世界的。特色苗绣既传统又时尚，既是文化又是产业，不仅能够弘扬传统文化，而且能够推动乡村振兴，要把包括苗绣在内的民族传统文化传承好、发展好。"高校思政工作在助推民族地区文化振兴中，要充分挖掘当地少数民族文化资源，把当地的少数民族文化整理出来，引导当地村民用好少数民族文化资源，鼓励在农产品、手工作品上附加少数民族文化经济附加价值，赋予乡村文旅产业少数民族文化内涵，走特色少数民族文化产业发展道路。特别是云南，要充分挖掘和利用好 15 个特有少数民族和直过民族的独特文化资源禀赋，整体推进云南生态旅游、民族文化旅游、边境旅游等，恰如胡锡茹（2003）所说，云南省少数民族贫困地区的扶贫模式主要有生态旅游扶贫模式、民族文化旅游扶贫模式、边境旅游扶贫模式等三种模式[①]。

（四）加大文旅宣传

乡村生态旅游产业在某种程度上已成为文化输出的一种形式，达到了乡村生态与文化传播的双向互动[②]。但据调查结果，54.82％地区具有独具特色的乡村品牌产品却名气不大，取得了一定成绩的品牌产品仅占 22.89％[③]。因此，对乡村文旅品牌进行多方位的推介宣传非常重要。一是促进以文塑旅、以旅彰文，积极寻找产业链条各环节的对接点，以文化提升旅游的内涵品质，以旅游促进文化的传播消费，实现文化产业和旅游产业双向融合、相互促进。二是广大高校师生可采用抖音、快手等新媒体对乡村文旅产品、特色农产品加大宣传及营销力度，使乡村文旅品牌走进公众视野。如云南怒江的各种特色咖啡不仅品质好，而且价格比市场价还低；贡山猪也非常独特，但如果我们不走进怒江，基本很少有人知道这些特色产品。因此要加大宣传力度。

四、以党建引领助推"党建＋"产业

（一）打造"党建＋"产业链

产业链党建是党建工作的新发展、新延伸，也是经济领域党建的新命题、新实践。实践中，一些地方聚焦加强产业链党建积极探索，坚持以组织覆盖强

---

①　胡锡茹．云南旅游扶贫的三种模式［J］．经济问题探索，2003（5）：109－111.
②　洪梅，仇彩红．传统生态思想在乡村生态振兴中的传承与超越［J］．理论前沿，2022（4）：13－20.
③　徐子雯，王璞，施云．乡村产业振兴中的生态文明建设［J］．中国冶金教育，2022（5）：111－124.

化党建引领、以工作覆盖实现深度融合，为把党建工作有效融入产业链发展进行了有益尝试、积累了实践经验①。

高校在助力乡村"党建＋"产业工作中，充分发挥高校党组织的政治优势、组织优势，帮助帮扶乡村探索"支部＋专业合作社＋农户""支部＋能人党员＋贫困户""支部＋乡村经纪人＋农户""支部＋集体经济产业基地＋农户""支部＋电商企业＋农户""支部＋旅游景区＋农户"等模式，引导党员群众以土地、民房、宅基地、人力资金等要素入股参与合作社经营，大力发展乡村旅游产业，有效把党建力量转化为助力乡村产业发展优势。如北京林业大学艺术设计学院师生党支部以"党建＋改造扶贫"凝聚教育帮扶合力，将支部党建工作与产业扶贫紧密结合，实现产业设计和成果转化对当地发展的带动示范作用②。吉林农业大学以"党建扶志助推攻坚，科技扶智助力扶贫"为工作理念，以产业形成和增收、增效项目为载体，构建起"支部＋项目＋专家＋合作组织＋农户"多方联动的精准扶贫工作模式③。2022 年，商丘师范学院党史学习实践和党史理论宣讲实践团队，深入当地了解产业发展现状与趋势，探访红色旧址、追溯红色记忆、挖掘红色故事、讲述红色故事，学习百年党史，传承革命薪火，为实现乡村振兴建言献策④。

（二）挖掘红色文化资源，发展红色旅游

中国的红色文化大都分散在广大乡村大地，这些红色文化蕴含着丰富的革命精神和厚重的历史文化内涵，是新时代乡村民众精神家园的重要载体⑤，也是文化中传承和弘扬民族革命精神、振兴乡村建设的丰富资源。2019 年 9 月，习近平总书记在河南考察时强调："依托丰富的红色文化资源和绿色生态资源发展乡村旅游，搞活了农村经济，是振兴乡村的好做法。"2021 年 7 月，国务院办公厅印发的《"十四五"文化发展规划》指出："聚焦铸牢中华民族共同体意识，支持民族地区、边疆地区文化产业发展。支持革命老区发展特色文化产业，传承弘扬红色文化。"高校师生要助力乡村进一步充分挖掘乡村本土红色

① 荣团. 把党建工作有效融入产业链发展 [N]. 中国组织人事报，2022－08－26.

② 欧阳汀，朱雨晨，刘康桥. 坚持党建引领助力脱贫攻坚：以北京林业大学定点扶贫科右前旗为例 [J]. 北京教育（德育），2020（9）：17－19，49.

③ 赵良. 高校党建工作助力脱贫攻坚的实践与思考：基于吉林农业大学精准扶贫工作实践 [J]. 甘肃农业，2018（13）：26－30.

④ 红色研学＋乡村振兴＋科普宣传! 这所高校的暑期实践真精彩 [N]. 高教新闻，2022－08－23.

⑤ 戚庭跃. 乡村文化建设的三个维度 [N]. 吉林日报，2020－07－20.

旅游资源，传承红色基因，帮扶乡村做好红色文化传承发展整体规划，树立乡村文化自信，发展乡村红色产业。云南沧源佤族自治县班洪乡充分利用了班洪抗英、班洪四大嫂精神，打造班洪乡爱国主义教育基地，吸引全国各地众多高校师生、企业、游客前来参观学习，带动了当地乡村振兴和旅游发展。昆明城市学院与嵩明县嵩阳街道东村社区合作深入挖掘东村社区红色资源，共同探索打造党史学习教育和乡村振兴的融合示范点，依托辖区丰富的红色文化资源和良好的生态环境，探索打造"红色文化＋绿色生态"旅游新模式，合力打造嵩明爱国主义教育基地等①。

---

① 校社结对共建助力嵩明东村社区乡村振兴［N］. 人民资讯，2022 - 01 - 19.

第七章 高校思政工作助推乡村人才振兴

乡村振兴，人才振兴是关键，是撬动产业振兴、组织振兴、生态振兴、文化振兴的关键点，是乡村振兴的一大难题。中国农业大学校长孙其信介绍，"在实现产业兴旺、最终实现农民富裕的过程中，最大的短板、最大的挑战、最大的潜力所在，就是乡村的人才振兴。要实现乡村的产业振兴，治理、规划、发展，当前最缺的就是乡村人才，其中最短缺的又是治理人才、经营人才、技术人才。"① 然而，在过去几十年的发展过程中，由于大多贫困地区受到自然条件限制、基础设施落后、受教育程度低、产业发展滞后等多重因素影响，同时伴随着城镇化水平的不断提高，农村人口和村庄数量呈现出不断下降的趋势，农村"空心化"现象日趋突出，乡村更难吸引"人才回流"。截至 2016 年末，全国共有 261.7 万个自然村，较 2010 年的 273.0 万个减少了 11.3 万个，平均每年减少近 2 万个②。乡村普遍存在人才流失，回流难度大；人力资本短缺、综合素质不高；乡村乡镇干部老化弱化、劳动力资源减少；"产不出人才、引不来人才、留不住人才、技能人才稀缺"等人才匮乏困境，现有人力资源与乡村振兴需求不匹配。推动乡村高质量发展，如何留住人才、吸引人才？如何提升人力资本，提高全要素生产力，夯实高质量发展的动力基础，已成为当前推动乡村振兴战略中突出的时代课题。

后扶贫时代，高校党委应站在服务"国之大者"的政治高度，聚焦乡村如何应对好村庄"空心化"和"老龄化"问题③，积极探索高校助推乡村人才振兴的有效路径，为乡村振兴培养"懂农业、爱农村、爱农民"的乡村治理、公共管理服务、科技推广、一二三产业融合发展、产业经营骨干、合作社负责人等人才，填补欠发达地区乡村人才匮乏的短板。

---

① 乡村振兴需要什么样的人才？乡村产业发展也需要 CEO [N]. 新京报，2021 - 11 - 27.
② 孔祥智. 乡村振兴的九个维度 [M]. 广州：广东人民出版社，2020：93 - 94.
③ 林峰. 推进乡村振兴须重视农村人口的"流"与"留" [N]. 人民资讯，2021 - 08 - 30.

一、培养返家乡建功立业的大学生

"三农"问题专家温铁军曾说过，要完成乡村振兴，就得市民下乡，知识分子下乡。目前农村留不住人才，吸引不了人才。未来几十年，要让大学生成为乡村振兴的骨干力量，高校要肩负培养乡村振兴人才的时代重任，高校党委要深化培养乡村建设人才重要现实意义的认识，教育部要筛选一部分试点高校，实施乡村"精准育才"工程，培养一支立足乡村大地"下得去、用得上、留得住"的大学生队伍。

（一）成立乡村振兴学院

全国已有许多高校相继成立了乡村振兴学院、研究院，开设了乡村振兴相关专业等。2017年11月，河南农业大学成立了乡村振兴研究院，是国内最早成立的乡村振兴研究院之一，也是河南省首个乡村振兴战略研究机构；2021年6月，中国农业科学院成立了乡村振兴学院；2021年，昆明理工大学、云南城市建设职业学院也成立了乡村振兴学院，其目标是将乡村振兴研究院建设成农业产业技术创新和推广服务综合平台、典型样板、农业科技和管理人才教育培训基地；2022年1月，武汉工程科技学院成立了乡村振兴学院，全面推进"十百千工程"，策划开展打造10个"最美乡村"活动，对湖北省100所乡村小学进行支教，为乡村输送1 000名大学生科技人才，将打造乡村振兴党的创新理论传播基地、文化科技实践基地、带头人培养基地、创新创业基地等十大基地；2022年1月，西南林业大学成立了乡村振兴研究院，聘请"三农"问题专家、中国人民大学温铁军教授为名誉院长、首席专家、学术委员会主任委员；2022年9月，广东开放大学成立了惠州乡村振兴学院、邵关分院、乐昌分院等。

（二）增设乡村振兴相关专业

就业难，难就业，每年大量的毕业大学生找不到就业岗位；人难找，难找人，用人单位感叹找不到合适的人才。之所以出现这样的矛盾，问题在于人才供需不匹配，高校人才培养出现了问题。2022年11月，《2022年广西乡村振兴急需紧缺人才目录》发布，该目录确定了9个产业、162个急需紧缺岗位，其中，农林牧渔业、现代服务业、节能环保产业的急需紧缺岗位占比分别排名前三，其中，农艺师、乡村小学美术教师、急诊医学科医师、主播、制冷工程师等最为紧缺。在农业和现代服务业领域，主要表现为植保技术管理员、种鸡场场长、胚胎生产技术员、繁殖育种研究技术员、育婴师、农艺师供给短缺。在文化产业领域，表现为乡村艺术行业里的影视投资经理、编辑、主播出现数量和能力短缺。推动乡村文化振兴，需要大力实施乡村文化人才培养工程，培养乡土文化能人、民族民间文化传承人和各类文化活动骨干[①]。目前，我国开设公共文化事业管理专业的学校非常多（如临沂大学、山东女子学院、深圳职业学院、重庆文化艺术职业学院、四川文化产业职业学院、福建艺术职业学院、江西艺术职业学院、云南艺术职业学院等），而且这些人才如果不转移到乡村中，已经严重过剩。因此，高校党委应把握方向，对人才培养方向进行一定调整，应增设公共文化事业乡村管理方向的专业，文化专业技能方面要以传承乡村传统手工艺文化产业为重点，辅修互联网技术、文旅产业等，制定专门的人才培养方案、教学计划与课程标准，帮助学生开阔眼界，提高培养质量[②]。教学培养中应使学科知识与乡村文化相契合，加大实践教学。在教育和大健康产业领域，表现为畜牧兽医专业教师和乡村小学美术教师数量紧缺，急诊医学科医师、乡村医生、基层公共卫生医师、儿科医师、医保报销材料审核人员等岗位数量紧缺。在节能环保、大数据产业领域，表现为主播数量和能力紧缺，碳核查员、数字农业技术带头人、数字农业模型专员、数字农业研究员等岗位存在动态紧缺。在仓储/物流产业和建筑产业领域，表现为制冷工程师供给紧缺，物流专员数量紧缺，乡村建设技术员、乡村建设综合服务中心干事等岗位存在动态紧缺。

2022年11月，教育部等四部门联合印发的《关于加快新农科建设推进高等农林教育创新发展的意见》（教高厅〔2022〕1号）指出："鼓励校地合作，探索推进涉农专业订单定向人才培养计划，实施'入学有编、毕业有岗'改革试点。"因此，高校将增设或扩大一些乡村振兴方面的专业或招生数量，如乡村公共文化事业管理、生物育种、制冷工程、急诊医学、数字农业、乡村建设技术、乡村建设综合服务等专业。同时，要定向培养一些农学专业人才，并减免这些定向专业学生的学费。这些年，国家对农村农业资金投入了很多，但有的资金使用效能并不高。如一些"特色小镇"同质化严重，成为摆设，投入多、收效少。教育是"百年树木"的工程，国家应加大涉农专业建设的投资，

---

① 马梅. 大力推动乡村文化振兴 [N]. 人民日报，2022 - 03 - 16.

② 潘鲁生. 加强乡村文化产业人才的培养 [N/OL]. 中国作家网，2021 - 03 - 08。http：// wyb. chinawriter. com. cn/content/202103/08/content58896. html.

加大对涉农专业的学费减免及政策优惠力度，吸引更多优秀学生报考涉农专业，培养更多优秀的乡村振兴人才。

（三）思政课程与课程思政同向同行培育"新农人"

1. 增开乡村振兴相关课程，增强乡土情结

目前大多学生了解乡村振兴理论知识更多是从一些课程中零星了解，有的专业课教师也会偶尔介绍，学生无从获得系统的乡村振兴的理论知识。为了全方位让高校大学生系统掌握国内外乡村振兴理论与实践，要有目的、有计划地开设乡村振兴理论与实践课程，组织学生系统学习乡村振兴理论。如清华大学中国农村研究院已开设了《乡村产业振兴概论》等相关选修课程。首先要让大学生系统掌握乡村振兴相关理论、政策体系等。其次要从思想根源上解决"爱不爱农业农村"的问题，才能培养具有"三农"情怀的乡土人才。

2. 将乡村振兴内容融入思政课程教学

技能性社会视域下，高校特别是职业院校，思政课不仅要将技能型社会建设的相关内容与教学知识点相对应，还要开展技能型社会建设的专题教学[①]。思政课教师在讲授《思想道德与法治》理论课教学中，在绪论"新时代呼唤担当民族复兴大任的时代新人"的教学内容中，要将推进乡村振兴与大学生如何"立大志、明大德、担大任、成大才"结合起来。在第一章第三节"成就出彩人生"教学内容中，要将推进乡村振兴与"与历史同向、与祖国同行"相融合。在第二章第三节"在实现中国梦的实践中放飞青春梦想"教学中，要将助推乡村振兴与"心怀'国之大者'"融合起来。在第五章第三节"树立正确的择业观和创业观"的教学内容中，要将推进乡村振兴与"服从社会发展的需要"结合起来，要将参与乡村振兴志愿服务活动与"道德修养重在践行"结合起来。在讲授《习近平新时代中国特色社会主义思想概论》理论教学中，要将推进乡村振兴战略与第二章第二节"中国式现代化的中国特色——中国式现代化是全体人民共同富裕的现代化"融合起来。在讲授第六章第四节第二目——全面推进乡村振兴的教学内容时，可指导学生撰写乡村振兴调研报告，拍摄乡村振兴微视频，大学生讲乡村振兴故事、乡村振兴小品等。助推乡村现代化治理要与第八章第二节的"全过程人民民主是全链条、全方位、全覆盖的民主"

---

① 杨康贤，林丽芳. 技能型社会视域下高职院校思政课教学研究［J］. 教育与职业，2022（6）：90.

相结合。助推乡村文化振兴可与第十章第三节"提升全社会文明程度""传承发展中华优秀传统农耕文化"相融合，要有意识地融入乡村元素，一是通过把乡土文化"引进来"，如云南的摩梭人是目前我国唯一保留的母系氏族部落，仍保留着"男不娶、女不嫁"的走婚习俗，可邀请当地土生土长的摩梭人到校讲解，领悟乡村文化魅力。二是通过开展实践教学，让师生"走出去"，使师生在直接参与乡村民俗风情中逐步消除对乡村的"疏离感"，产生乡土情结，增强乡村文化认同，激发大学生扎根乡村大地成长成才的情感。助力乡村生活富裕要与第十一章第一节——让人民生活幸福是"国之大者"以及"坚持在发展中增进民生福祉"相融合。促进乡村共同富裕视域下的公平与效率要与第二节中的"完善分配制度"结合起来。乡村振兴基层治理要与第三节中的"加强城乡社区治理"相融合。推进乡村生态振兴要与第十二章第一节中的"生态兴则文明兴""绿水青山就是金山银山"结合起来。建设和美乡村要与第二节"建设美丽中国"融合起来。推动思政课教学"八个相统一"，达成"价值性和知识性相统一""理论性和实践性相统一""灌输性和启发性相统一"等，从理论与实践上增强大学生建设乡村的责任感、使命感，引导他们将个人成长与时代发展大潮相吻合，鼓励他们到祖国最需要的地方建功立业。

3. 专业课协同增长大学生乡村振兴本领

《关于加快推进乡村人才振兴的意见》强调，乡村振兴需要培养一大批"懂技术、有文化、能管理、善经营、具有开拓精神、敢想敢干"的复合型技能人才。以往我们在乡村振兴人才培养上多注重知识技能教育，要加强情感态度价值观教育，因其在助推乡村人才学得好、留得住、干得出彩方面也具有不容忽视、不可替代的作用①。因此，高校应积极引导人才回流。高校专业人才培养建设方案要改变教育理念，不能再像过去一样，依然引导农村人走出乡村而不再愿回到乡村干事创业。各专业人才培养方案要贯彻落实习近平总书记关于"三农"工作的重要论述，强化乡村振兴社会实践环节。高校各二级院系要根据帮扶村实际情况，以专业群建设为切入点建设学校乡村振兴重点专业群和实践基地。如江苏食品药品职业技术学院，根据帮扶村种植产业需求，依托现代农业科技园平台，整合药学、中药学、药剂学等专业优势，以建设中草药种植产业专业群为切入点，推动"专业背景支持志愿服务，志愿服务反哺专业建设"互促，创建了集教科研与科普实践于一体的中草药种植示范基地，

---

① 侯晶晶．用积极情感教育助推乡村振兴［N/OL］．光明日报客户端，2022－07－19.

将志愿服务与学校专业特色深度融合，推动了高校专业建设与乡村振兴协同发展。

4. 协同引导大学生返家乡就业创业

在城镇化进程中，城市吸引了大批乡村优秀人才，乡村人才流失严重，广大农村成为"空心村"。每一代人都有每一代人的历史责任担当，当前我国需要一大批青年人回流乡村干事创业，担起乡村振兴的历史重担。大学生返乡就业创业，商机是一方面因素，情怀是返乡回乡创业的基础，大学生要转变择业就业观念，悟到返家乡干事创业已为时代浪潮，要顺应时代潮流成就人生梦想。2020 年 4 月，习近平总书记在陕西考察时来到西安交通大学西迁博物馆，他勉励广大师生大力弘扬"西迁精神"，抓住新时代新机遇，到祖国最需要的地方建功立业，在新征程上创造属于我们这代人的历史功绩。

典型案例

有识青年要担起乡村振兴重担①

在扎根基层的过程中，他们不仅拿出了自己的热情，还练就了"十八般武艺"。

新疆维吾尔自治区喀什地区岳普湖县副县长崔久秀的另一个身份是第十三届全国人大代表。2014 年刚到南疆工作的她，对维吾尔语完全陌生，她就拿出比高考还努力的劲头，除了学习课本，一有空就找老百姓聊天。不到一年时间，她的维吾尔语达到了流利水平，乡亲们亲切地叫她"小崔古丽"。在新疆的 8 年间，崔久秀先后在县、乡、村、社区、农场等多个岗位工作，她和乡亲们一起创办了农民专业合作社，发展现代种植养殖业增加农民收入，给孩子们开设了"红领巾小课堂"，为老年人办起了"幸福养老院"。崔久秀建议，在选择职业时尽可能把自己的理想镶嵌进去，做和自己理想有关的事情，真的会发自内心感到幸福。

重庆市荣昌区吴家镇党群办主任、吴家镇双流村第一书记杨媚，大学毕业后通过考试成为一名大学生村官，来到双流村一干就是 10 年。双流村是一个老蔬菜基地，但种植技术落后，品种单一，产量不高，农户收入也很低。为了动员村民搞大棚蔬菜，她当起"第一个吃螃蟹的人"，带头流转土地、建蔬菜大棚，收益是露天蔬菜种植的 2～3 倍。谈到大学生是否要选择扎根基层建功立业时，杨媚说："现在党和国家大力推进乡村振兴战略，基层农村需要有知

---

① 有识青年要担起乡村振兴重担 ［N］. 中国青年报，2022－07－22.

识有文化的年轻一代担起乡村振兴的重担。"

典型案例

乐当"村里人"①

德清县地处国家城乡融合发展试验区浙江杭嘉湖片区，走进德清莫干山，满眼葱茏。当办公室与青山绿水只隔一块落地玻璃，这样的工作场景成为一些人的理想选择。与多数同学不一样，从同济大学毕业后，钱秦没有选择留在上海或者去杭州、苏州，而是选择在德清县买房定居，在"地理信息小镇"就业，该小镇入驻企业约300家，是全国地理信息产业集聚度最高的区域之一。

"城与乡不是二选一，而是在融合中优势互补。"钱秦说，在德清这样的地方，乡村与城市、传统农业与现代工业的界线已经模糊。这里一个小时内就能赶到长三角各大城市，既能追求事业，又能享受城里人向往的"诗和远方"。

（四）完善志愿服务乡村振兴激励机制

1. 完善大学生志愿服务乡村振兴激励机制

政府和高校应进一步完善大学生志愿服务乡村的激励措施：一是宣传表彰服务乡村振兴服务优秀标兵。二是建立嘉许、征信制度。按照《大学生志愿服务管理暂行办法》的规定，推行"社会实践活动成绩单""社会劳动服务卡""劳动服务星级"等认证评价机制，对表现突出的大学生给予特殊嘉奖；将乡村振兴服务的时长及效果转换为个人信用积分，联通信用档案，一并装入学籍档案，为他们就业创业甚至婚恋交友等提供正向信用服务。三是加大"放管服"力度，让高校在制定乡村振兴相关专业的研究生招考录、就业创业优惠政策、工龄计算等方面拥有更大的自主设定权。如河南省颁布的《关于深化实施河南省大学生志愿服务贫困县计划的通知》规定：参与服务者享受国家规定的基层就业优惠政策；被单位录用者，扶贫服务的年限纳入工龄计算，同等条件下优先评定中级或高级职称；就业创业可以拿志愿服务期满的证书作为依据，3年内报考省内研究生、专升本、考公等，可享受初试分加10分、免试等特

---

① 新华网. 乡村振兴，振兴的不仅仅是乡村［J］. 中国乡村振兴，2021（10）.

殊权利。广东省积极鼓励高学历人才返乡服务乡村振兴，可为毕业后自愿回农村工作的本科生、硕士生保留 2 年的应届毕业生认定资格，为博士生保留 5 年的应届毕业生认定资格。

2. 完善高校教师志愿服务乡村振兴激励机制

高校应秉持"五育并举"教育理念，做好教师服务乡村振兴的政策供给。目前大多高校指导教师带领学生开展校外社会实践的教学工作量基本与课堂理论教学同等量化，应提高其工作量核比（一般应为理论课教学的 3～5 倍）。高校应从多维度激励教师主动融入乡村振兴服务的内驱力，应将劳动教育教学成果纳入评奖范围，对于在助推乡村振兴服务中做出重大贡献的教师应在职称评定、职务晋升、评优评先、年度绩效中应给予优先考虑。进一步完善服务乡村振兴人才机制，选拔具有乡村振兴素养、致力于热情服务乡村振兴的专业指导教师，为他们搭建教学科研平台，提供进修、社会实践、交流学习机会，致力于培养乡村振兴专业化服务人才。

（五）推动实践育人与助推乡村振兴有效融合

高校实践育人本质上是采取教学与实践相结合的模式，培养具有强烈社会责任感，堪当社会重任的建设者和接班人。2020 年 9 月，习近平总书记在湖南考察时强调："要把课堂教学和实践教学有机结合起来，充分运用丰富的历史文化资源，紧密联系中国共产党和中国人民的奋斗历程，深刻领悟马克思主义中国化的内在道理，深刻领悟为什么历史和人民选择了中国共产党和社会主义，进一步坚定'四个自信'。"乡村振兴战略背景下，高校党委要深刻领会乡村振兴的时代价值与丰富内涵，认真贯彻落实"大思政"实践育人理念，改变"重理论轻实践""重校内轻校外实践育人"的现状，从整体上对各类单打独斗的实践育人模块进行统筹规划，推动社会大课堂与思政课小课堂有机融合。

1. 强化实践教学环节

《教育部等部门关于进一步加强高校实践育人工作的若干意见》指出："高校要强化实践教学环节。要结合专业特点和人才培养要求，分类制订实践教学标准，增加实践教学比重。要把组织开展社会实践活动与组织课堂教学摆在同等重要的位置，广泛开展特色鲜明的主题实践活动。""职业教育要优化类型定位，突出职业教育特点，实践性教学课时占总课时一半以上"。因此，高校团委、马克思主义学院等部门可围绕乡村振兴战略，结合重要时点在校内常态化开展秋收节主题劳动日、世界粮食日主题宣传活动，朱有勇、黄文秀讲堂，

"乡村振兴"微电影大赛、"农产品"直播带货大赛等乡村振兴主题活动。大学生可利用寒暑假及课余时间，对贫困地区的电子商务扶贫工作进行智力和技术帮扶①。积极引导高校师生开展乡村振兴社会实践活动，并积极参与"挑战杯"课外科技、"互联网＋"创新创业、职业院校农业技能大赛等活动，并推进成果转化。如 2023 年云南交通职业技术学院共有 12 个团队获得云南省"挑战杯"特等奖、一等奖、二等奖，其中关于乡村振兴方面的有 6 个项目获奖，占比 50％（详见表 7-1）；参加 2023 年云南省"互联网＋"大学生创新创业大赛共有 25 个团队获得省级奖励，其中关于乡村振兴方面的共有 12 个获奖，占比 48％（详见表 7-2）。另外，激励引导高校师生加强新技术、新媒体等科技"小发明"在农村农业中的应用，如在假期或节假日，认真贯彻落实"三下乡""三支一扶""西部计划"、研究生"扎根实践"等实施方案，精心谋划与部署，加强对大学生开展项目化乡村振兴社会实践活动的指导，并创新考评机制，解决好助推乡村振兴志愿服务活动不流于形式的关键问题。

表 7-1　2023 年云南交通职业技术学院参加云南省"挑战杯"
获奖情况（乡村振兴方面）

序号	作品名称	奖项
1	一条夯实特色农业产业根基的新路径——以禄丰市高峰乡为例的调研报告	特等奖
2	特色小镇筑美丽乡村——云南特色小镇产业选择和发展路径调研	一等奖
3	"智志双扶"视角下大学生助推云南特有民族地区人才振兴途径的调查报告	一等奖
4	普洱茶制作的数字化转型——基于云南省普洱茶生产现状的调查研究	二等奖
5	新乡贤之力：新时代乡村教师助力民族地区文化振兴——基于云南八个少数民族乡镇及学校的实证调查	二等奖
6	全力以"复"——返岗复工热潮下云南边疆地区农村劳动力转移就业问题研究	二等奖

---

① 卢圣旭．大学生助力农村小微企业成长的扶贫路径研究［M］．北京：经济管理出版社，2021：132.

表 7－2 2023 年云南交通职业技术学院参加云南省"互联网＋"
大学生创新创业大赛获奖情况（乡村振兴方面）

序号	获奖项目名称	获奖级别
1	红怡果——一个苹果的跨界之旅	省赛银奖
2	古滇匠心——非遗设计与教育一体化开发服务者	省赛银奖
3	咖杜拉——云咖育苗智管家	省赛银奖
4	蒙学象戏——中国象棋蒙学教育专业开拓者	省赛银奖
5	古韵新彩——白族古建筑传承的先行者	省赛银奖
6	红精灵之桥——大学生"一对一"志愿服务留守儿童平台	省赛铜奖
7	鹤立鸡群——绿色生态珍珠鸡，乡村振兴育品牌	省赛铜奖
8	阳和启蛰 品物皆春——农业的养生之道，生物炭促进乡村振兴	省赛铜奖
9	滇嘉果驿——树品牌、保畅通，助力滇果走出云南，迈向世界！	省赛铜奖
10	变形金刚——乡村振兴背景下的小型山地农业机械	省赛铜奖
11	梦想"藤"飞	省赛铜奖
12	非遗创意传承：纸上飞花——花草纸	省赛铜奖

典型案例

拓蜂农业项目打造山区振兴的拓蜂模式

2022 年 11 月，云南经济管理学院拓蜂农业项目斩获第八届中国国际"互联网＋"大学生创新创业大赛金奖。

2022 年 4 月，云南经济管理学院市场营销管理专业学生陈敏注册成立云南拓蜂农业科技有限公司。公司推出"师傅＋合伙人＋蜂农"的现代学徒制集约化经营模式，在昆明周边 8 个县（区）建设了 1 个育王研发基地和 8 个标准蜂群培育场，带动 700 余户蜂农增收，打造了山区振兴的拓蜂模式。该项目解决了传统胡蜂养殖野生蜂群攻击性强、蜂群间难以共存、人工养殖产蛹率低、经济效益不高、胡蜂养殖缺少标准化养殖体系、地域性养殖技术差异过大、养殖经验难以大规模推广等问题，是国内高密度人工养殖胡蜂解决方案的设计者，可为胡蜂养殖户提供优质种源，实现了胡蜂标准化、规模化养殖。

2. 协同推进劳动教育与乡村振兴

《大中小学劳动教育指导纲要（试行）》指出："高校要联合社会力量，共建共享稳定的劳动教育实践基地、校外实习实训基地，多渠道拓展劳动实践场所。地方教育行政部门要统筹规划和配置劳动教育实践资源，满足学校多样化劳动实践需求。可安排一批土地、山林、草场等作为学农实践基地，认定一批城乡社区、福利院、公共场所作为服务性劳动基地。"要在乡村广泛搭建劳动实践基地和平台，让学生在求学阶段有机会、有时间走进乡村开展实践调研①。因此，高校要充分利用乡村广阔的社会劳动场所，通过校企、校地合作，建立社会公益＋劳动教育平台和实践教育基地，各高校可结合自身专业优势，常态化开展"劳动主题日"活动，积极探索高校协同推进劳动教育实践育人与乡村振兴的新路径。如在秋收节主题劳动日、世界粮食日主题宣传活动、黄文秀"劳模讲堂"等时间空间节点开展"乡村振兴"微电影大赛、"农产品"直播带货大赛、绘画等多种途径②，强化学生的劳动精神、劳模精神。一些职业院校可积极到乡村创新开展"智能机器人"小发明、汽车检测维修技能大赛、电器维修维护、义诊、道路勘测等技能竞赛与志愿服务等。旅游类院校可安排高校师生帮助乡村挖掘当地特色旅游资源，打造优质旅游品牌，不仅助推了乡村文化振兴，也提升了高校劳动教育实效性。

3. 打造乡村振兴特色社团、特色品牌

学校应积极鼓励支持师生筹建"乡村振兴"为主题的学生社团，如成立"乡村振兴先锋社团""青年红旅志愿服务社团"等，广泛吸纳志愿服务乡村的学生加入社团，积极开展志愿服务，由社团指导教师对学生开展乡村振兴服务、撰写调研方案、申报科研项目、成果转化等进行指导。如武汉理工大学研究生支教团打造了"点滴资助无尽关怀"——"理工·滴滴GO"助学金、"看得见的疼爱"——腾讯爱心自助捐赠平台、"众人拾柴·后援无限"——理工后援会、"阳光助残——"特别的爱给特别的你"等志愿服务品牌项目③。

4. 创新"线上＋线下"乡村振兴志愿服务模式

受制于教学经费及交通安全等因素的制约，高校组织所有在校大学生开展校外乡村振兴志愿服务往往覆盖率太低，这既是高校实践育人的难点也是痛

---

① 刘泽.高校资助工作在乡村人才振兴中的角色定位与实践路径［J］.教育评论，2020（9）：45－45.

② 林丽芳，郭祖全，韩继文.乡村振兴视域下高校劳动教育体系构建与实践应用［J］.教育探索，2023（5）：72.

③ 张晓红，等.扶贫接力：中国青年志愿者扶贫接力计划研究生支教团项目二十年思考［M］.北京：中国青年出版社，2021：124－126.

点。教育信息化智能化的发展，为拓宽高校校外社会实践思路提供了契机。各高校可充分运用职教云、抖音、微信等新媒体手段，搭建线上大学生助推乡村振兴"智志双扶"志愿服务平台、虚拟社会实践平台等，学生可通过线上平台对乡村的留守儿童、老人、妇女以及脱贫户等，开展"一对一"的线上学业辅导、心理疏导、普通话技能培训、政策宣讲等。如北京师范大学建成了服务乡村振兴的"上热点"App互联网实践平台，为大学生服务乡村振兴提供了更多机会。

（六）营造全员助推乡村振兴氛围

学校要强化宣传引导，涵养助推乡村振兴时代新风，加大对助推乡村振兴典型案例、先进事迹的宣传，营造高校师生全员助推乡村振兴的良好氛围。如复旦大学研究生支教队员完成服务回到校内后，在校团委的组织下成立宣讲团，到上海和周边地区的社区、中学甚至小学，以亲身经历宣讲志愿服务精神①。

典型案例

丁同学，你把云南农大带火啦②

云南农业大学学生丁习功和高先龙拍摄的短视频引发网友热议，"欢迎报考云南农业大学，我们这里真的不用天天挖地。"有网友调侃：感觉他在做"招生减章"反向宣传。有人留言"很向往这种大学"。有很多网友表示：我已经爱上云南农业大学了，真的想去。内蒙古农业大学、安徽农业大学甚至来到丁习功的账号下做招生宣传。

丁同学对媒体表示，自己毕业后也会回到农村建设家乡，今后会继续用这种比较趣味的方式拍摄短视频，视频内容更多的会是对农业知识方面的科普。云南农大相关负责人称，丁同学的视频宣传了学校，让不少人对农学专业产生了兴趣，能让全国人民了解一些农业特点和专业设置是非常好的。丁同学及同伴们，还在校园开展背诵中华经典文章来换学校丰收的"牛肚子"等各类水果，营造了本校浓郁的"三农"氛围。

---

① 张晓红，等. 扶贫接力：中国青年志愿者扶贫接力计划研究生支教团项目二十年思考［M］. 北京：中国青年出版社，2021：198.

② 春城夜谭｜丁同学，你把云南农大带火啦［N］. 掌上春城，2022-06-30.

二、"志智双扶"，培养高素质农民

高素质农民是新时代乡村振兴的重要主体力量，实施高素质农民培育工程是实现中华民族伟大复兴的重要举措。目前高素质农民培育工作还存在认证率低、学历低、职业发展能力缺乏、培训质量不高等现实问题，这是因为在实践中，高素质农民培育往往被等同于技术、技能培训，而思想意识、观念转变等方面的教育往往被忽视。2022 年 1 月，农业农村部发布了《"十四五"农业农村人才队伍建设发展规划》，提出在"十四五"期间培育 500 万名高素质农民。高校要制定对口帮扶点"一对一"的"扶志（智）＋解困"精神扶贫实施方案，充分发挥高校思政队伍在对高素质农民"志智双扶"中的主体作用，不断增强高素质农民的自立自强意识。

（一）强化"扶志"，消除乡村"精神贫困"

共同富裕不仅从恩格尔系数来评估富裕程度，还要把物质追求与精神追求相结合，重视丰富全民的精神层面。《"十四五"文化产业发展规划》指出："要不断扩大优质文化产品供给，更好满足人民精神文化生活新期待，更好推动人的全面发展、社会全面进步。""要满足农民群众日益增长的对美好生活的向往，促进人的全面发展，丰富乡村文化的时代内涵，扩大优质文化供给，才能让农民享有更加充实、更为丰富、更高质量的精神文化生活，才能让农民得到更全面更丰富的幸福感。"

1. 让农民成为"富人"

"富人"，看起来是一个经济的概念，但事实上还是一个社会的、文化的概念。共同富裕视域下不仅指农民的物质富有，还指农民的精神富足，不仅要"富口袋"，还要"富脑袋"。"富人"不是"土豪""富豪"，"富"而不"贵"只是"土豪"，而不是政治意义、文化意义上的"富人"。中国有一部分富人是通过社会转型实现"转移财富""分配财富"而成为富人的，并非是靠自身创造财富而成为富人的。相对来说，这类人缺乏一定的社会责任感。

相对于物质扶贫，精神扶贫的难度更大。在以"精神贫困"为主要任务的后扶贫时代，高校党委应选派"精神扶贫"的主力军——高校思政工作队伍，深入乡村调研，充分了解农民有何精神文化需求，聚焦乡村"精神贫困"问题精准施策，按需供给精神文化产品。如陕西科技大学教授强涛涛，带领太白县鹦鸽镇六家村的 2 名学生走出大山，追寻习近平总书记当年的足迹到了梁家河，帮助他们树立"知识改变命运"的理想，从思想上解决他们的贫困根源[①]。

2. 增强农民"主人翁"意识

中国要跨越"中等收入陷阱"，必须要发挥农民的主体能动性。一些国家之所以会掉入"中等收入陷阱"，原因是多方面的，其中不顾时代变化而选择"躺平"，片面强调高福利最终养"懒汉"，是其停滞不前甚至倒退的重要原因[②]。建设美丽乡村，需要激发乡村内生动力，不能一味采用"输血"的方式，而应该以"造血"的方式实现美丽乡村建设，充分调动农民的积极性，发挥农民的"主人翁"优势，让美丽乡村建设的成果惠及每一位农民，做到"农民参与、农民受益"，增强农民的获得感和幸福感[③]。温铁军等指出："农民是乡村文化发展和乡风文明建设的主体力量，其主体能动性的发挥直接决定着乡村文化发展的成效。"[④]

2018年7月，习近平总书记对实施乡村振兴战略作出重要指示强调："要尊重广大农民意愿，激发广大农民积极性、主动性、创造性，激活乡村振兴内生动力，让广大农民在乡村振兴中有更多获得感、幸福感、安全感。"高校思政工作在助力乡村振兴中，要增强农民的主人翁意识，发挥他们的主观能动性，他们才能自觉全方位推动乡村振兴。

3. 扶"志气"

"扶志"就是扶思想、扶观念、扶信心，核心是引导村民不懒惰，肯勤劳。人患志之不立，扶贫贵在扶志。习近平总书记强调："脱贫致富贵在立志，只要有志气、有信心，就没有迈不过去的坎。"梁漱溟先生说过，"乡村建设单从经济上做功夫是解决不了经济问题的，你必须注意经济以外而与经济相关系那四周围一切的事情而做功夫才行。试看丹麦教育，当初并非讲求农业技术、合作组织，而以其能振起丹麦农民精神之故，农业与合作卒赖以成功。所以我们必须先为农民寻得精神上的出路。"[⑤]

扶贫要扶"志气"。"增志"主要是用理想信念的力量，加强对农村群众的思想道德教育，使其摒弃封闭落后的观念，增强其依靠自力更生、艰苦奋斗走

---

① 走出大山，放飞梦想，逐梦前行：陕西科技大学一老师帮助太白县贫困家庭孩子赴延安开展扶贫扶志实践活动 [N]. 宝鸡共青团，2018 - 08 - 07.

② 沈轩. 促进共同富裕"扩中"十解 [N]. 浙江日报，2022 - 03 - 16.

③ 孔祥智. 乡村振兴的九个维度 [M]. 广州：广东人民出版社，2020：92.

④ 温铁军，唐正花，刘亚慧，等. 从农业1.0到农业4.0：生态转型与农业可持续发展 [M]. 北京：东方出版社，2021.

⑤ 梁漱溟. 乡村建设理论 [M]. 上海：上海人民出版社，2011：266.

向共同富裕的动力和信心①。高校思政工作者要通过开展常态化"智志双扶"帮扶，引导贫困群众改变其思想、心理和意志，增强勤劳致富的志气、骨气、底气，树立自立自强、艰苦奋斗、"勤劳光荣、懒惰可耻""宁愿苦干、不愿苦熬""幸福生活都是奋斗出来的"的观念，避免"等靠要""躺平"，陷入"福利陷阱"等现象，靠自身勤劳致富、创新致富，合法经营改变贫困落后面貌，靠自身创造幸福生活。

对于那些思想不肯改进的，可以采取"歇帮"措施。如四川省宜宾市屏山县探索了"歇帮"机制。针对那些脱贫主动性差、好吃懒做、品行不正、不积极主动参与产业发展的农民，暂停享受扶贫优惠政策，暂停扶贫资金、项目、技术等帮扶措施。"歇帮"并不等同于"落班"和"不帮"，而是为了更好且更有效率地展开帮扶，通过加强对不上进户的"扶志"教育管理，尤其是通过对不良行为的警诫，引导后进户思想上进；对于后续有改进的村民，可以从"歇帮"转为"复帮"。

扶志要扶"信心"。相对于贫困群体主体的贫困依赖而言，贫困歧视是指外部人群对贫困者的冷嘲热讽、歧视、刁难等。如贫困群体长期被贫困歧视，会形成羞怯、自卑，不敢融入群体等心理②。高校师生要注重挖掘当地脱贫攻坚、乡村振兴中涌现出的典型感人事迹和模范人物，善于用通俗的语言讲好脱贫攻坚精神，善于用身边人、身边事示范带动，营造勤劳致富、光荣脱贫氛围，逐步引导和激励农民学习先进标杆，用身边的先进榜样和成功案例提振"只要有信心、黄土变成金""弱鸟先飞、滴水穿石"的韧性，祛除贫困村、贫困户的自卑意识，营造互助共济的慈善氛围，增强农民勤劳致富的自信心。

典型案例

扶贫先扶志　创办"以孝治家"全国示范基地③

扶贫先扶志，挖掉穷根，首先要提振村民精神面貌。虞城县郭土楼村为2015年脱贫村，自2017年开始，该村通过建强基层党组织、成立村民自发的义工队伍和本地的慈善企业家队伍为架构，吸纳大学毕业生党员、返乡创业人员，强化党支部建设；动员本村村民组成70人的义工队伍，防疫抗灾走在前，扶危济困走在前；建立了乡村书院，确保全村67名留守儿童假期、周末作业

---

①　「理响中国」新征程全面推进乡村文化振兴［N/OL］. 人民网，2022－08－22.

②　向德平，黄承伟，等. 扶贫先扶志：济宁摆脱精神贫困案例研究［M］. 武汉：华中科技大学出版社，2020：78－79.

③　郭土楼村：扶贫先扶志　创办"以孝治家"全国示范基地［N］. 金台资讯 . 2021－10－09.

有人辅导，放学后有人照顾；建立了乡村大食堂，周一至周四 80 岁以上老人在大食堂免费用餐，周五 70 岁以上的所有老人免费聚餐。该村扶贫先扶志带来了翻天覆地的变化，该村 2020 年荣获全国乡村治理示范村、全国文明村。

4. 增强新农人职业认同感，让"泥饭碗"变成"金饭碗"

现实生活中，存在各种各样的鄙视链，很多人是将农业排在鄙视链的最底端的。经济基础决定上层建筑，当农民拥有了较高的经济地位时，其必定也会拥有较高的社会地位并获得较高的社会性价值满足[①]。我国大多农民在文化上表现出种种沮丧和自卑，根源在于缺乏身份自信、职业自信、改变乡村面貌的自信。当今，虽城市二元城乡结构依然存在，但有些乡村已成为城市"富人"向往的地方，乡村迎来了前所未有的发展机遇，愈发更多的新农人"明星"闪耀登场于各网络媒体，不仅成就了自身，且推动了地方乡村发展。但无论如何，农民的尊严感、荣誉感相比其他职业还是较低的。习近平总书记指出："农村经济社会发展，说到底，关键在人。要通过富裕农民、提高农民、扶持农民，让农业经营有效益，让农业成为有奔头的产业，让农民成为体面的职业。"[②] 要通过职业农民职称评定，提高职业农民优惠待遇，增设回乡返乡创业就业岗位等多种渠道，提升高素质农民的尊严感、荣誉感。2018 年起，我国将每年的秋分设立为中国农民丰收节，其初衷就是要让农民获得更多的尊严感、幸福感、获得感。2018 年，中共中央、国务院印发《乡村振兴战略规划（2018—2022 年）》，强调"让农业成为有奔头的产业，让农民成为有吸引力的职业，让农村成为安居乐业的家园。"通常认为，农民收入普遍偏低是职业农民吸引力不高的最主要原因。在日本，非农一般居民家庭收入为 33.8 万日元，而农户的平均家庭收入为 49.7 万日元，明显高于一般居民家庭年收入，日本农民的职业认同感较高，每年有大量非农人口转移到农业领域。随着中国乡村振兴战略的稳步实施，农业逐渐会成为一个较有吸引力的职业。截至 2022 年 5 月，阿里巴巴已在全国乡村建立了上千个数字农业基地、上千个乡村菜鸟配送中心、几十个产地仓。京东也在努力推进"数智乡村"建设，以科技助力乡村振兴。全国也涌现了一批乡村农产品直播带货网红，越来越多的人不再认为乡村没有广阔市场，乡村职业农民越来越有吸引力。

---

① 张月昕. 农村生态文明建设主体的价值满足缺失及伦理对策 [J]. 伦理学研究，2017（3）：120-125.

② 中共中央文献研究室. 十八大以来重要文献选编（上册）[M]. 北京：中央文献出版社，2014：660.

（二）强化"扶智"，增强农民职业技能

与传统农民不同，高素质农民从事的农业生产不再仅仅是与土地打交道，还包含着为了适应农业现代化发展需求而延伸出的一系列素质要求，例如，具有相关的科技文化知识、掌握现代农业生产技术、具有现代社会责任感、具备职业农民基本的职业精神、终身学习、开拓创新精神等。推进农民职业化进程是加快农业农村现代化的现实要求，而农民职业属性的转变过程中，首当其冲的任务是教育。农民是乡村振兴的主力军，高校助力乡村人才振兴，不仅要对其"授之以鱼"，更要"授之以渔"，培养懂学习、懂技术、懂市场、懂合作、懂法律的高素质农民。

1. 懂学习——爱学善学

掌握农村农业电子商务、云计算、大数据、物联网等现代农业生产及经营技能，这是对高素质农民的新要求。爱学善学的农民往往在时代变化中能发家致富，而不善学不善改变的农民，往往时时处于被动局面。高校思政工作在对农民的教育引导中，要转变农民保守落后的思想观念，使其充分意识到系统培育的价值与意义，激发其参加高素质农民培训的内在动机和热情，要把农民当成一种职业，从内心认同并热爱这份职业，改变持续学习动力不足问题，使"要我学"转变为"我要学"，即变被动学习为主动学习，增强现代化经营意识。网络信息化时代，对农民的培训要教会农民借助抖音、快手等新媒体了解国家乡村振兴新政策，开拓视野、增长见识，了解行业新产品、新技术、新方法、新动向，探索"旅游＋""生态＋""文化＋""康养＋"等新业态经营模式，拓展延伸产业链、价值链。如2016年，涂旭在外搞工程因行业不景气准备回乡创业，但当时并不清楚要做什么。当得知长沙市要举办关于"水稻＋生态种养"的高素质农民培训班后，他立即报名参加培训。在学习中，他了解到稻虾种养模式不再使用化肥和高毒农药，龙虾的饵料是水稻产生的微生物及害虫，水稻的生物肥料是龙虾的排泄物，两者生态循环利用，既保护了生态环境，又提升了龙虾和稻米品质，一举多得。经过不少专家论证，"水稻＋龙虾"生态种养模式能让每亩增加30％的经济效益，且一次投入，多年收获。涂旭初次尝试"水稻＋龙虾"生态种养模式大获成功，信心大增。2017年他将种养面积扩大到140亩，并带动周边10多户村民开展"水稻＋龙虾"生产，并无偿对村民进行技术指导，种养面积超过1 500亩，已成为当地特色主导产业。

2. 懂技术

懂技术是高素质农民的核心竞争力。农民如果想要获得更高的收入，必须

不断地学习新的技能，从靠体力挣钱转变为靠技能、手艺挣钱。高校一是可组建科技服务团队、科技特派员，定期安排农技专家深入田间地头，以现场实践的方式指导农民解决一些技术难题。2019 年，习近平总书记对科技特派员制度推行 20 周年作出重要指示，指出："科技特派员制度推行 20 年来，坚持人才下沉、科技下乡、服务"三农"，队伍不断壮大，成为党的"三农"政策的宣传队，农业科技的传播者、科技创新创业的领头羊，乡村脱贫致富的带头人，使广大农民有了更多获得感、幸福感。"高校（特别是涉农院校）要继续补充科技特派员后备库，以科技小院、乡土人才孵化基地等方式打造乡村能工巧匠。二是在充分了解农民农技需求的基础上，可采取"田间学校＋创业指导"等模式，邀请农技专家，按照农民需求制定菜单式培训内容，开展农业技能培训和进行农业技术指导。三是不定期邀请附近的农技能手到社区进行经验分享，答疑解惑，培养一批懂技术、善经营的"乡创客""田秀才""土专家"。四是以赛促学，定期举办乡村振兴技能大赛等。

3. 懂市场——敏锐洞察力

一些非常勤奋的农户，不懂市场农产品走向，只会跟风盲目种植、养殖，等产品上市时已经滞销，亏损严重，这与农民不懂市场关系极大。毋庸置疑，全球化已对中国农民产生巨大影响，新时代的中国农民不得不以国际视野来看待产业发展问题。对国外农民增收进行研究，发现国外农民增收的主要渠道越来越集中于直接农业生产以外的农村产业链的价值创造和分配[①]。在农业现代化背景下，高校要紧密联系农业农村发展实际，聚焦产业和市场需求，指导高素质农民不断提升对政策和市场的理解力、观察力、判断力。如贵州财经大学围绕乡村振兴和新型工业化重大需求，组建营商环境评估团队、产业大招商综合成效测评团队等，深度参与推进新型工业化，对全省开展年度营商环境评估和产业大招商综合成效测评，相关研究报告获得省主要领导批示。

4. 懂合作

在生产规模方面，目前世界排名前 10 的国际乳业巨头中，有 7 个与合作社有密切联系或者原本就是农户合作社。在竞争方面，如果要获得更为广阔的国际市场，那就要有全球视野，从全球视角寻求合作伙伴，规划产品定位、发展方向等。我国现有 200 多万个农民合作社，这种生产经营方式对推进农业产业化经营具有重要作用，需要农民具有合作共赢意识，才能把产业做大做强。高校在对农民进行培训时，需要以国际视角引导高素质农民"引进来""走出

---

① 党国英．关于乡村振兴的若干重大导向性问题［J］．社会科学战线，2019（2）：172－180.

去"。如北京大学定点帮扶云南省弥渡县开设"北京大学弥渡讲坛",各院系每月轮流选派 1 名专家学者赴弥渡授课,将全球最新的、一流的发展思维和管理理念带给弥渡。

典型案例

"农户十"打开合作共赢之门①

先下订单再种植,订单式种植让新疆洛浦县农户实现营收多了一份保障,产品多了一条销路。洛浦县与多家企业合作,在各乡镇农家庭院、大田、果园订单式种植辣椒、豇豆、花椒、糯玉米、南瓜等经济作物。农户种出的果蔬,一部分由企业收购,一部分自行销售,找不到销路的,企业帮助联系客户,实现了企业与农户双赢。订单式种植使得洛浦县蔬菜种植规模连年扩大,菜农与企业抱团发展,已成为不少农民增收的"短平快"项目。在村"两委"的指导下,村里推行"农户十农户"模式携手抱团发展,村里组建了田间服务队,村民之间互相交流帮助,实现共同增收。

5. 懂法律——诚实守信,合法生产经营

食品品质与食品安全是人们日益关注的社会焦点问题,高校思政队伍要肩负起新型农民"职业人"的思想转变工作,要提高农民对农产品安全认识的主体性,引导农民树立"优质才能优价,只有保障农产品的品质才能强农固农"的责任意识,强化高素质农民在生产经营中诚实守信、合法生产经营,依法获取正当合法利益,生产"放心"的农副产品。

(三)阻断贫困代际传递

贫穷并不可怕,怕的是精神萎靡,智力不足。我国贫困乡村的家庭教育往往存在"先天与后天不足""越穷越没文化,越没文化越穷"的恶性循环。贫困山区孩子往往接受不到良好教育,长大后只能从事低收入工作,他们组成的家庭也难以摆脱贫困,贫困与教育的缺失使得其反复陷入代际间的恶性循环。这种现象在贫困地区"留守""泛留守"儿童身上表现得尤为突出。后扶贫时代,高校"扶智"要抓住教育根本。教育是个体获取收入的关键人力资本和国家持续发展的根本动力源泉,只有从全流程视角缩小教育差距,才能尽力促进

---

① "农户十"打开合作共赢之门 [N]. 新疆日报,2020-05-11. http://www.rmzxb.com.cn/c/2020-05-11/2570803.shtml.

最终教育"存量"和劳动收入的平等①。要以教育扶贫为导向，统筹各类教育均衡发展，为切实彻底拔掉穷根发挥出更大作用②，重点帮助贫困群体接受教育，阻断贫困代际传递，防止社会阶层固化。

1. 搭建"线上＋线下"志愿服务平台

近年来随着城镇化的加快，"留守儿童"问题日益凸显。高校有充足的人力资源，可通过搭建"线上＋线下"志愿服务平台，对"留守""泛留守"儿童开展志愿服务。一是建立"留守儿童"档案，以便跟踪和分类提供教育管理服务。二是从学习上对留守儿童逐个进行分类、分组，落实到每一位大学生志愿者，分析学生的学业情景，制定"一对一"学习帮扶计划。可通过设立留守儿童关爱活动室，探索建立"四点半学校"，将课后农村留守儿童集中起来统一帮扶指导课后学业。三是通过"三下乡"等志愿活动，高度重视并认真组织留守儿童参加团体活动，或根据特点单独开展一些活动。四是注重指导监护人加强对儿童德育的培养，借助互联网环境和相关平台，让家长参与到学生的成长过程中来，实现实时信息共享，及时了解"留守儿童"在各方面的发展。通过平台及时与学校、学生交流互动，弥补家长亲情缺失，有利于对"留守儿童"良好品德和行为习惯的养成，有助于构建"家校沟通家校共育"留守儿童教育新模式。五是加强对留守儿童的监护人给予指导，帮助他们正确引导教育孩子。如武汉理工学院研究生支教团以留守儿童为工作对象，创造性打造"七彩阳光工作室"，开展"雏鹰计划"，还成立了关爱青少年成长协会，着力打造青少年成长、成才的"五个一"工程，即：在每个乡镇选取一所乡村小学设立协会公益帮扶点并建设成为留守儿童活动室；负责开展"第二课堂"课外教育活动；每月至少开展一次帮扶活动；每个公益服务点对口一个社会公益组织或团队，开展"一对一"精准帮扶；每年召开一次关爱青少年成长专题座谈会③。

2. 持续助力贫困大学生

在脱贫攻坚阶段，高校为助力帮扶贫困生得到好的教育作出了突出贡献。高校坚持物质资助、心理帮扶和思想政治工作紧密结合④，做好贫困生的资助

①　刘元春. 实现共同富裕的基础是人力资本 [N]. 第一财经，2022－04－13.

②　吕云涛. 教育扶贫要努力衔接乡村振兴战略 [N/OL]. 中国社会科学网，2021－09－02.

③　张晓红，等. 扶贫接力：中国青年志愿者扶贫接力计划研究生支教团项目二十年思考 [M]. 北京：中国青年出版社，2021：127.

④　李栓久. "助困育人"：高校扶贫模式探索 [J]. 西南民族大学学报（人文社科版），2006（5）：239－241.

工作。从 2012 年开始国家实施农村和贫困地区专项招生计划，包括国家专项、高校专项和地方专项计划三项，由部属高校和省属重点高校向贫困地区、农村地区学生投放专门的招生指标，以此提高农村和贫困地区学生就读重点高校的比例，增加他们获得优质高等教育资源的机会。据统计，通过"专项计划"进入"双一流"高校的人数约为 3.7 万人，约占所有"双一流"高校招生总人数的 10%[①]。高校还通过"雨露计划"、学费减免等多种政策支持，让更多贫困学生安心读大学，阻断贫困代际传递。同时通过加强对"原贫困大学生"的思想教育、职业技能培训、就业创业帮扶等，为他们提供上升空间。这些"原贫困大学生"在获取一定帮扶后，又通过在其家人及亲友中发挥一定的教育辐射作用，对刨除思想贫根，改变家庭甚至家族命运发挥了巨大作用。如昆明理工大学（乡村振兴专项预科）学费为 1 400 元/年，被该校录取的家庭经济困难学生入学后可按规定申请国家励志奖学金、国家助学金、国家助学贷款、勤工助学岗位、特殊困难补助等。上海外国语大学每年向墨江县一中下拨 2 个自主招生名额和 1 个民族生招生名额，推进智力扶贫工作。

3. 教育者先受教育

目前，乡村教育仍为我国基础教育的薄弱环节。要阻断代际贫困，高校须助力乡村基层教育。各高校应积极对接对口帮扶的乡村，接收贫困地区的乡村教师到高校进行跟班学习。如上海交通大学每年保证洱源县 10 名以上中小学校长、20 名以上骨干教师和 50 名以上青年教师分期分批到上海接受培训，每年有 100 名以上的教师能够通过远程教学、送教上门等形式接受专门指导。上海交大与洱源县教育主管部门保持对培训教师进行跟踪和再提升。洱源一中青年教师李爱玲到上海跟班学习半年后又继续得到支持，在上海音乐学院进修一年，使她的音乐教学水平得到显著提升，并对洱源县白族非物质文化遗产的保护和传承发挥了重要作用[②]。

（四）发挥职业院校优势培养乡村人才

在推进乡村振兴战略大背景下，职业教育被赋予了新的时代使命和历史机遇，也具有独特优势。习近平总书记对职业教育工作作出重要指示强调："在全面建设社会主义现代化国家新征程中，职业教育前途广阔、大有可为。"全

---

① 张晓京. 凝练教育扶贫的中国经验［N］. 光明日报，2019 - 01 - 15.
② 以人为本，全力以赴，助力洱源县基础教育事业发展：上海交通大学定点帮扶洱源县工作汇报［N］. 教育部发展规划司，2018 - 10 - 17.

国 1.23 万所职业院校 70％以上的学生来自农村，开设的 1 300 余个专业基本覆盖乡村振兴各个领域。调查数据表明，现代制造业、战略性新兴产业和现代服务业等领域，新增从业人员 70％以上是职业院校毕业生[①]。职业教育一头连着教育，一头连着产业，肩负着"使无业者有业，使有业者乐业"的使命，在政府大力扶持职业教育"强起来"的大环境下，职业教育应找准推动乡村振兴的契合点，调整人才培养目标，创新培养模式，培养新型职业农民。2020 年 9月，教育部等九部门发布的《职业教育提质培优行动计划（2020—2023 年）》指出，"坚持职业教育与普通教育不同类型、同等重要的战略定位"，"加快构建纵向贯通、横向融通的中国特色现代职业教育体系，大幅度提升新时代职业教育现代化水平和服务能力"。2021 年 3 月 11 日，十三届全国人大四次会议表决通过的《关于国民经济和社会发展第十四个五年规划和 2035 年远景目标纲要的决议》指出："要加大人力资本投入，增强职业技术教育适应性，深化职普融通、产教融合、校企合作，探索中国特色学徒制，大力培养技术技能人才。"10 月，中共中央办公厅、国务院办公厅印发《关于推动现代职业教育高质量发展的意见》，要求破除职业教育改革发展的深层次体制机制障碍，推动职业教育高质量发展，推动欠发达地区职业教育高质量发展和乡村人才振兴。遵循习近平总书记重要指示和国家顶层设计要求，按照总体规划框架，优化类型定位，深入推进育人方式、办学模式、管理体制、保障机制改革，切实增强职业教育适应性，树立现代"三农"人才观，遵循农村教育发展与乡土人才成长的规律，创造性地处理好"农科教推广""人政社企"和"富民宜居宜业"关系，着力培训各类人才，加快积聚乡土人力资本[②]，夯实欠发达地区职业教育发展的动力基础，增强职业教育适应性，瞄准科技变革和产业优化升级，促进教育链、人才链、产业链和创新链"四链"的有效衔接。

1. 构建"1＋N"专业人才培养模式

职业院校要坚持"职业"二字，明确人才培养目标定位和自身所担负的使命，专注于培养各级技术技能人才，增强职业教育类型特色，克服向综合性学校转变的冲动[③]。在职教大发展背景下，职业院校应厘清社会需要什么样的职业劳动者？培养什么样的职业人才？2018 年以来，国家相继出台了《职业学

---

① 党的二十大报告学习辅导百问 ［M］. 北京：学习出版社，党建读物出版社，2022：66.

② 司树杰、王建军. 关于推进新时期欠发达地区职业教育发展与乡村人才振兴的思考 ［J］. 中国乡村振兴，2021（10）.

③ 洪慧民. 职业教育助力乡村振兴的实践与思考：以江苏为例 ［J］. 教育与职业，2022（24）：19－25.

校校企合作促进办法》《职业教育提质培优行动计划（2020—2023 年)》《关于推动现代职业教育高质量发展的意见》等政策文件，加强对农民、乡村等急需的职业教育供应，强调构建终身职业技能培训体系，深化职业教育供给侧结构性改革，服务现代农业。2019 年，国家印发了《关于做好高职扩招培养高素质农民有关工作的通知》，启动实施"百万高素质农民学历提升行动计划"。2019 年 5 月，《高职扩招专项工作实施方案》发布实施，明确高职将面向普通高中、中职毕业生、退役军人和下岗失业人员、农民工、高素质农民等群体扩招 100 万人，将高素质农民学历提升纳入国家职业教育体系。2021 年《中华人民共和国乡村振兴促进法》正式实施，要求加强职业教育和继续教育，培养高素质农民和农村实用人才、创新创业带头人。2022 年新修订实施的《中华人民共和国职业教育法》明确指出，国家支持举办农村职业教育，积极开展就业、技能提升等各种形式的培训，培养高素质乡村振兴人才。根据《关于加快推进乡村人才振兴的意见》精神，要突出改革落地，释放"职教 20 条"的政策红利，树立现代"三农"人才观，根据现代农业产业群的岗位需求，精准定位人才培养目标，增强职业教育适应性，以提质培优、增值赋能为主线，围绕农业农村发展和现代农业转型升级需要，瞄准科技变革和产业优化升级，重点调整人才培养模式，及时调整学科专业结构和专业设置，加强涉农重点专业群建设，深化东西部协作，加强与国内"双一流"建设高校、中国特色高水平高职学校开展合作共建，打破各专业的单一人才培养模式，挖掘课程外部资源供给，通过产教融合、校企合作、就业协作，促进教育链、人才链、产业链和创新链"四链"的有效衔接，形成紧密对接产业链、创新链的专业体系，建设高水平现代农业"1＋N"专业群，培养拔尖创新型、复合应用型、实用技能型农林人才。如安徽农业大学开设"青年农场主班"，积极探索校政企合作、多学科专业交叉培养模式，培养复合型农业人才。新疆农业大学开创"乡村领路人工程"，从当地选拔乡村干部，选派农牧民养殖户进入农业大学学习，提高了基层干部群众的科技素质和致富技能。石河子大学建立服务"三农"实践教学模式，使服务新疆生产建设兵团新农村建设与高等学校教育质量及教学改革工程进行有机结合，建立了具有特色的服务"三农"实践教学模式①。

2. 加强"双师型"教师队伍建设

职业院校要关注教师实操能力培养，采取培养、引进、兼职等形式不断提

---

① 辛宝英，安娜，庞嘉萍 . 人才振兴：构建满足乡村振兴需要的人才体系［M］. 郑州：中原农民出版社，北京：红旗出版社，2019：93 - 94.

高职业教育师资队伍，多举措解决"双师型"教师短缺问题。主要措施：一是对符合当前区域发展和未来发展规划需求的教师进行重点培养，请实践经验丰富的"土秀才""土专家"走进高校课堂开展实践教育。二是大力实施东西协作、对口支援，选派骨干教师、优秀专业技术人员定期赴贫困地区支援，解决乡村职教燃眉之急。三是落实教师定期到乡村企业社会实践及企业骨干到校从教制度，共建"双师型"教师培训基地，建立技术大师工作室等多渠道培养"双师型"教师。

3. 凸显"产教融合"特色

职业教育具有普惠公益的特点，承担着培养"职业人"和"社会人"的双重职能[①]。就目前来说，"产教融合"是比较适宜农民、返乡农民工接受再教育的一种模式。"产教融合"有助于紧密对接产业链、创新链，有助于在政府引导下开展政府、企业、教育等多元主体合作。我国一些职业院校聚焦产业新业态，完善产教融合协同育人机制，在产教融合培养人才方面取得了相应成果。如河南省地方高校设立产教融合管理、协调和服务机构，南阳农业职业学院探索"农产品＋电商"产教融合模式；河南农业大学把学校办在企业、工业园区等一线地区，形成校地合作产业区，成立牧原、想念等 14 个产业学院，实施现场教学模式[②]。

4. 创新职业培训模式

（1）借鉴国内外先进经验

世界上职业教育大致分三种模式。一是东亚模式，即超小型的"农户＋农协"模式，主要代表是日本、韩国和我国台湾省。日本的典型做法是有一套完善的职业农民继续教育体系，农业职业化教育已固化到基础教育里，农业部门、教育部门、农协之间分工协作，农协发挥主导作用。二是北美模式，即超大型"农场主＋私营企业"，集科研、教育、推广"三位一体"的农民职业化培育模式，主要代表是美国和加拿大。三是西欧模式，主要代表是德国、英国、法国。典型做法是构建一个非常完备的农民职业教育体系，执行农民资格准入制，农民接受农业教育培训，考试合格后获得从事对应农业生产活动的农业资格证书。法国农民接受职业教育的比重是世界上最高的，农民须持证上岗。我国应因地制宜，注重发挥涉农协会的积极作用，以利加强农民合作社、

---

① 司树杰、王建军．关于推进新时期欠发达地区职业教育发展与乡村人才振兴的思考 [J]．中国乡村振兴，2021（10）.

② 张超男．河南省地方高校服务乡村人才振兴战略路径研究 [J]．河南农业，2022（9）：42－44.

农业企业建立联系，并为深化企业、涉农培训机构，职业院校以及农民经营主体的合作发挥桥梁纽带作用。可与农民专业合作社、专业技术协会、龙头企业等主体合作，成立职业农民培育学院，开办"田间大学""乡村学院"等，探索适合本地的职业教育培训模式。如河南省洛阳市孟津区近年来充分利用县职教中心、各镇党校、各村"三新"大讲堂、农业技术推广中心等教育资源，开展以实用技术为主的高素质农民和新型经营主体培训，打造具有区域特色的乡村振兴"孟津模式"。

（2）聚焦新业态、新产业、新技术培训

职业院校要加强调研，精准了解农民培训需求，主动适应新经济、新业态、新产业，聚焦当地经济高质量发展和现代农业产业转型升级的关键问题，积极对接产业链和地方优势主导产业，加强对农民新技能培训，提升农民的科技素养。

（3）按需"订单"分类培训

截至2020年底，我国农村返乡创业人员约1 000万人，加上种养户、工商户等，高素质农民总量超过2 000万人，他们较年轻且乐于学习，估算可催生百亿元的农民职教培训市场①。目前，高素质农民培育涉及人数众多，人员素质参差不齐，同时还存在农业产业结构特点不同、区域发展不平衡、农村职业教育与培训各不相同等现实情况。因此，有必要建立起分类、分层级的高素质农民职业教育与培训体系。职业院校要按需求量身定制菜单培训，在制定培养方案之前，要加强与地区政府的对接，掌握乡村人才需求清单明细，与乡村人才完美衔接，本着农民实际需要什么就培训什么的原则，培训要"变被动"式为"点菜式"，制定出菜单式"订单班"人才培养合作方案，实现人才共育目标与乡村工学交替有效衔接。培训实行考核制，不合格人员重新回炉，真正发挥培训立竿见影的效果。结合实际，要针对专业大户、家庭农场经营者、农民合作社负责人、农业企业经营管理人员、农村基层干部、返乡下乡涉农创业者、农村信息员和现代农业社会化服务人员等不同产业的学员特点和需求，统筹共性要求和个性需求，实施差别化、精准化培训。

一是针对家庭农场主，因他们一般对新科技抱有无所谓的态度，因此重在激活他们对现代农业科技的需求。二是针对有见识的返乡农民工、新农人，要

---

① 司树杰、王建军．关于推进新时期欠发达地区职业教育发展与乡村人才振兴的思考［J］．中国乡村振兴，2021（10）．

重点聚焦职业转换、乡村种养技术、产销消息、就业需求、信贷政策等，从政策、制度和体制机制上支持他们返乡创业，使之成为新型经营主体①，培育和扶持他们成为乡村致富带头人。三是针对合作社带头人。带头人的素质是影响合作社运行的重要因素，对合作社带头人的培训要加强国家视野、领导力、组织力的培训。四是针对乡村公共事务服务人员。据第七次全国人口普查数据，我国乡村 60 岁及以上老人有 1.3 亿人，占比 23.81%，比城镇高出 7.99 个百分点。目前，我国乡村养老助老服务、乡村文化服务、物业服务等方面人才供给不足，为满足乡村需求，可从未就业的大学生、返乡农民、农村闲散人员中，加强培训，重在激活乡村就业需求与拓展就业岗位，为当地农民提供就业岗位，拓宽就业渠道，吸引壮年劳动力留在家乡，为乡村经济发展注入活力②。

典型案例

新理念、新模式、新成就

2001 年，倪林娟从东华大学服装设计系毕业，顺利进入上海一家外企工作。2010 年她看到了国家非常重视农业，认定这是一个商机，毅然决然返乡，回到崇明岛流转土地，组建了取名"享农"的合作社。创业伊始，倪林娟是农业的"门外汉"，人家种青菜也跟着种青菜，导致农产品滞销。倪林娟参加了几轮上海高素质农民和两年的青年农场主培训，特别是参加青年农场主高级研修班后，她思路大变，创新了观念，运用培训中学到的商业模式对基地进行梳理、创新、设计，将爱心贯穿到运营、管理、销售中。"享农"在 2016 年创下了 1 000 万元的利润，占总销售额 2 000 万元的 50%。倪林娟还带动崇明岛上其他合作社一起种植番茄，带动周边 435 户农户增收，给他们订单、教他们技术、帮他们销售，进行产前、产中、产后的服务。

（4）鲜活方式

一些农民对国家政策一知半解，但又不屑于学习，认为对自身没用。高校思政工作者要采取农民易于理解和接受的方式，通过采取农学结合、弹性学制、送教下乡、以考促学、分段式、案例式、体验式等教学方式，充分调动农

---

① 朱启臻. 乡村振兴急需培育三类人才 [J]. 农村工作通讯，2022（5）：45-47.

② 胡景蓉. 乡村振兴战略背景下宜昌市加强农村乡风文明建设研究 [J]. 乡村科技，2021，12（34）：14-16.

民参与学习的积极性，少些满堂灌，多些交流互动，善于用大白话讲大道理，用农民语言讲解农业科技，启发农民思考，产生共鸣，同时将培育、学习、宣传贯彻党的"三农"政策密切结合起来，要突出把理想信念教育、红色教育和道德教育作为教育培训的必修课①。深入解读乡村振兴战略的内涵和目标要求，增强农民对国家方针政策的理解与支持，全力推进乡村振兴。

5. 以农民为中心——建立高素质农民培训示范基地

职业农民教育相比普通教育更需要从农村、农民实际出发，职业院校要以方便农民出发，把学校建在农民身边。高校可建立网络云空间为培训学员提供跟踪指导、政策咨询及市场信息等服务。如脱贫攻坚期间，海南创新"电视＋夜校＋热线"扶贫模式，帮助贫困户了解一系列强农惠农富农政策、科学种养技术，法律法规知识等，贫困户参学率达 90％以上。要加快搭建乡村企业合作平台，借力乡村企业资源，建立高素质农民培训示范基地，如建立专业特色的中草药示范基地，为农民进行现场种植示范，在蹲点基地提供"常态化"的全程专业技术指导服务，使农民的"技与品"得到融合升华。

三、培养乡村"善治"的基层干部

乡村基层干部是党和各级政府在农村基层的执政基础和领导力量，是推动农村经济社会发展、维护农村稳定和谐的中坚力量，是推进乡村振兴战略的前锋。目前乡村基层干部队伍建设现状与乡村振兴战略的要求相比，仍然存在诸多方面的不适应，乡村基层干部队伍普遍存在着文化素质偏低、队伍老化、专业化程度不高等问题。高校思政工作应立足培养"政治强、作风硬、业务精"，具有"三农"情怀的乡村"善治"基层干部。

（一）培养乡村"政治强、作风硬、业务精"的基层干部

要实现乡村"善治"，必须培养"政治强、作风硬、业务精"的乡村干部。

1. 政治强——增强推进乡村振兴战略的政治认同感

政治过硬是干部第一位的品质和标准②。乡村振兴既是攻坚战，也是持久战。面对艰苦条件、复杂矛盾、繁重任务，更需要一支能听党指挥、扛重活、

---

① 辛宝英，安娜，庞嘉萍．人才振兴：构建满足乡村振兴需要的人才体系 ［M］．郑州：中原农民出版社，北京：红旗出版社，2019：62.

② 汤明．着力锻造"三个过硬"的乡村振兴干部队伍 ［J］．党建研究，2022（5）：46－47.

打硬仗的干部队伍，以坚定政治定力确保靠得住、干成事。高校思政工作在助力培养乡村干部工作中，必须增强领导干部的政治意识，强化乡村干部对推进乡村振兴战略的政治认同感，激发其工作激情，助力政府将能人培育成党员，将党员培育成能人，并作为村级后备干部压茬压担培育①。习近平总书记强调："我们党要始终做到不忘初心、牢记使命，把党和人民事业长长久久推进下去，必须增强政治意识，善于从政治上看问题，善于把握政治大局，不断提高政治判断力、政治领悟力、政治执行力。"

2. 作风硬——培养具有"三农"情怀的基层干部

村干部是党在农村的代言人，村干部的一举一动，一言一行都代表着党的政策和形象，基层干部的作风建设事关发展、稳定和民心。习近平总书记指出："做民生工作，首先要有为民情怀。"实施乡村振兴战略对于基层干部的要求有很多，首要的一条就是要有深厚的爱农情怀，这是新时代"三农"基层干部的基本修养。脱贫攻坚中，涌现了无数具有"三农"情怀的乡村好干部，值得我们去宣讲和弘扬，着力培养造就一支懂农业、爱农村、爱农民的"三农"工作队伍。

3. 业务精——培训能干事，能干成事的乡村干部

乡镇承载着各级政府各项政策的具体落实任务，乡镇干部是政策的具体执行者，"上面千条线，下面一根针"，乡镇干部的工作繁杂程度可想而知。而每个乡镇村社的实际情况又各不相同，想要把政策落实到位，这对乡镇干部的综合工作能力是巨大的考验。我国很多农村地区地处偏远，一些有才能的人基本上不愿意留在乡村基层工作，因此，对现有的乡村基层干部加强基本业务培训就显得非常有必要。高校思政工作在助力培养乡村基层干部时，应着力培养五种能力：一是吃透政策的能力。作为政策的最终执行者，如果对政策一知半解，解答不了群众的疑问，消除不了群众心中的顾虑，想要把工作落实到位是相当困难的。有些村干部政策理论学习不深入、法律法规不掌握，在乡村治理工作中遇到新问题、新矛盾时，思路不广、办法不多。法律类院校就可在乡村设立政策咨询、法治宣传、"法律顾问"等网络平台，一方面可为乡村基层干部提供政策咨询，同时也可为村民提供法律咨询、法律援助等。二是调查研究能力。调查研究是乡村基层干部做好工作的基本功。习近平总书记强调："调查研究是谋事之基、成事之道，没有调查就没有发言权，没有调查就没有决策权。""既要'身入'基层，更要'心到'基层，听真话、察真情，真研究问

---

① 赵明辉. 以组织振兴助推乡村振兴［N］. 青海日报，2022 - 03 - 17.

题、研究真问题，不能搞作秀式调研、盆景式调研、蜻蜓点水式调研，'无实事求是之意，有哗众取宠之心'是不行的。这就是严重的形式主义、官僚主义。"三是处理复杂事务的能力。基层干部要会调解矛盾。群众间的矛盾纠纷时有发生，如何合理化解矛盾，避免让事态升级需要具备一定的调解能力。还要有面对火灾、水灾、重大疫情等突发事件时，既能安抚群众的恐慌情绪，又有勇担重任的魄力，能够临危不乱，及时化解风险。四是与群众打交道的能力。乡镇干部每天都要和群众打交道，能否和群众打成一片决定了工作推进的顺利程度。因此，要强化乡村干部的"群众路线"意识，不能犯官僚主义错误，不能高高在上，要降低身段经常深入百姓家中拉拉家常，张家长、李家短都要做到心中有数，讲群众听得懂的语言，与群众打成一片。五是现代化办公能力。现在很多乡镇干部都很缺乏办公软件操作能力和写作能力。现在乡镇基层干部要面对成千上万的人口，如不熟悉办公软件操作，工作效率较低，无限的精力就耗尽在里面，而无法有效干更多改革创新的事情。同时，每一名乡镇干部都负责一项或多项业务工作，少不了要给分管领导和主管部门汇报工作，能够写一篇简明扼要、条理清晰的公文是一个乡镇干部的基本素养。

（二）完善驻村干部选拔及管理服务

在精准扶贫阶段，高校作为"第一书记"的派出单位，依托干部下乡，推动了贫困农村的基层党组织建设，为脱贫攻坚作出了贡献，赢得了当地村民的一致认可。后扶贫时代，高校思政工作要进一步完善驻村干部选拔及管理服务工作。

1. 完善驻村干部选派机制

高校在遴选和推荐驻村干部的过程中，要按照"思想好、素质高、能力强、作风实"的标准，严把政治关、品行关、廉政关和能力关，倾向于遴选在组织建设、乡村旅游、经济管理等方面具有相关优势和特长的干部到村任职，努力做到将单位职能、个人特长及村情特点相吻合。

2. 完善驻村干部管理服务机制

一是在各高校的乡村振兴工作领导小组设立办公室，定期采取调研、抽查、走访、慰问等方式，及时了解驻村干部及所在村情况，总结经验、发现问题，向党委反馈驻村干部的工作进展情况。二是高校要保障乡村振兴驻村干部的待遇，其待遇要高于原岗位待遇，并保障驻村干部的经济待遇、村办公经费和其他必要支出。三是除了"经济留人"外，应探索一些"政治留人"的办法，在学校职务、职称晋升方面给予倾斜，提高其政治荣誉与待遇。四是要时刻关心驻村干部的思想和工作情况，协调解决驻村干部的实际困难，为他们提供"后方支援"。如北京联合大学组建了"党建、产业、医疗、教育、文化"五支帮扶工作队，利用其旅游和艺术等优势专业，积极帮助驻村干部开发红色旅游资源，为村镇扶贫设计方案。

（三）完善大学生村官培育、选拔机制

高校要落实返乡创业各项支持政策，引导各类人才和创新要素支持乡村振兴，为乡村振兴注入新鲜血液。

1. 引导优秀大学生争当大学生村官

目前很多优秀大学毕业生仍然希望留在大城市工作，到乡村工作是"备选方案"。高校要在教育中，增强大学生的"三农"情怀，通过制作专题宣传片、表彰、跟踪报道等形式，宣传典型，让大学生感到大学生村官是能够"下得去，留得住、干得好、能流动、有奔头"的职业。

2. 完善大学生村官培育机制

2018 年 2 月，习近平总书记在打好脱贫攻坚战座谈会上指出："要吸引各类人才参与脱贫攻坚和农村发展，鼓励大学生、退伍军人、在外务工经商等本土人才返乡担任村干部和创新创业。"广大的青年大学生乡村干部为脱贫攻坚画下了浓墨重彩的一笔，典型代表如黄文秀等。2018 年 9 月 21 日，习近平总书记在十九届中央政治局第八次集体学习时强调："人才振兴是乡村振兴的基础，要创新乡村人才工作体制机制，充分激发乡村现有人才活力，把更多城市人才引向乡村创新创业。"现今，有部分优秀毕业生党员也想去乡村干事创业，但想到自身对乡村工作不了解，对乡村工作没底气，就打退堂鼓。因此，高校有必要在大学生在校期间，就对他们进行提前培育，学校党组织应定期开展推进"互联网＋乡村振兴"党员教育管理工作情况的督查，激励"互联网＋乡村振兴"党员教育管理工作常态化与特色化开展，并将"互联网＋乡村振兴"党员教育管理工作成效纳入综合评价，并将考核结果与党员年度考核等次、年终绩效奖励、评先评优等相挂钩①。可提前选派一批思想好、作风正、能力强的优秀大学生到乡村开展志愿服务，对于作出特殊贡献的学生，或在各类乡村振兴创新创业大赛中获得奖项的学生，可预先优选为"大学生村官"培养后备队伍，相比于单纯的"考试"选拔要科学合理一些。

---

① 林丽芳，王尤举，韩怡. 提升高校"互联网＋"党员教育管理水平探析：以乡村振兴为视角[J]. 云南交通职业技术学院学报，2021（4）：57.

同时，要有针对性地定期开展培训，结合一些典型案例，传授开展农村工作的基本经验、方法，帮助意向"大学生村官"掌握与农民打交道、做群众工作的本领。

四、培养农业职业经理人

管理能力强、经营水平高的农业职业经理人，是高素质农民群体的突出代表，是实施乡村振兴战略进程中不可缺少的重要人才与领军人物。2018年中央一号文件明确提出"扶持培养一批农业职业经理人、经纪人、乡村工匠、文化能人、非遗传承人等"。农业职业经理人培养路径主体分别为政府、高校、企业等，高校以及企业培养已成为提高农业职业经理人知识能力及素质的普遍途径[①]，高校要加强如何提升农业职业经理人素质能力的研究，开展有针对性、实效性的培训。

（一）优选培养对象

大部分农民对农业职业经理人的培养，大都抱有观望态度，学习积极性、主动性较差。因此，有必要选择一些略有突出成绩，有浓厚兴趣，有一定专业素养的人作为职业经理人培养对象。如中国农业大学与云南、四川、重庆、广西等省份开展合作，在全国选拔一批基层乡村干部、返乡创业者、乡村龙头企业与合作社青年管理者以及本土毕业大学生，开展职业经理人实践导向的培养。中国农业大学与腾讯公司签订协议，启动"中国农业大学-腾讯为村乡村职业经理人培养计划"[②]。该计划在长达近两年的培养计划结束后，当地政府可以根据学员在项目中的表现，决定是否继续聘用担任乡村CEO，优秀的学员将有机会正式获得"乡村CEO"的职业身份。2023年2月，"中国农业大学-腾讯为村乡村职业经理人培养计划"项目在昭通学院揭牌成立全国首个"乡村CEO学院"，致力于培养高素质的乡村职业经理人，为全面推进乡村振兴提供人才支撑。另外，探索科研单位与地方龙头企业合作培育农业职业经理人模式，邀请各领域专家对农业经营者进行培训，分享农业生产中的创业创新经验，培育新型农业经理人。

---

① 刘晓宇. 乡村振兴背景下苏州特色田园乡村规划策略研究［D］. 苏州：苏州科技大学，2018.
② 乡村振兴需要更多职业经理人！中国农业大学-腾讯为村乡村职业经理人培养计划启动［N］. 中国乡村振兴，2021-11-26.

（二）提升培训实效性

在培训内容上，要重点加强人力资源管理、市场营销、农业经营管理、法律法规、农产品质量安全等方面的实用培训，增长农业职业经理人的科技知识与实践操作技能，充分发挥传输市场信息的先导者功能，提升职业经理人的发展规划能力、决策能力，整合科技、金融、信息等多种要素的经营管理能力等。

（三）规范人才评价体系

我国在构建农业职业经理人培训体系方面还不成熟，缺少权威评价机构，颁发证书的社会认可度较低。因此，高校要加强构建科学完整的农业职业经理人才评价体系的研究，构建政府、企业、学校、行业协会对农业职业经理人进行多元评价的体系和标准。

（四）打通职称晋升绿色通道

1. 学历晋升贯通

在国家大力打通普教职教立交桥的大背景下，职业院校要积极推动与普通院校资源互通，促进相关学段融通，创建不同类型学习成果认定、积累和转换机制，构建学历证书和职业技能等级证书互通衔接渠道，打通农民职业经理人职称晋升绿色通道，构建融学历、资历、业绩以及专业综合能力等指标为一体的职称评审量化考核标准，使现代职业教育学历证书与普通教育学历证书具有同等社会公认度，在评定技术职称和劳动工资待遇等方面具有同等效用，让"土专家""田秀才"等优秀农民成为真正的农业专家。

2. 职称评定及待遇畅通

我国当前也在积极构建职业农民职称评价体系，一般评价方式由第三方机构、经认定的培训机构等进行综合评定。我国高素质农民培训一般由涉农高职院校、中职学校、各级农广校以及农村成人文化技术培训学校等机构实施，修满600学时并通过考核后可取得证书。中共中央、国务院印发的《乡村振兴战略规划（2018—2022年）》明确提出，深化农业系列职称制度改革，鼓励各地开展职业农民职称评审试点。在过去，农业战线上的土专家评不了高级职称并非个案。究其原因，一方面，许多农民是个体户，没有挂靠单位，不少农民对职称评定反应冷淡。另一方面，国家人才评价体系在农业领域缺乏系统性、针对性、精准性，对农民职称评价缺乏抓手。打通职业农民职称评定的渠道，能够激励农民认识自身在经济发展过程中的价值，增强他们的专业感，进而提升社会对职业农民的认知，增强具有专业性的高素质农民的职业自信。评审标准要打破唯学历、唯资历、唯论文论，强化业绩导向，更加注重把论文写在大地上，要在科技奖励、发明专利技术、荣誉表彰奖励等方面设立破格的绿色通道，对有特殊专长、业绩突出、作出重大贡献、受到表彰奖励、拥有较高社会知名度的农民技术人员作出"一事一议"具体评审规定。许多农民最关心的是，职称评定之后有哪些好处？首先是职业农民参加职称评定，不仅不收取任何费用，而且还应该给予一定物质奖励。对取得初级、中级职称的个人分别给予相应的一次性补助。对获得高级职称的职业农民，可享受国家补贴、优惠政策，优先提供信息技术、融资支持、产品推介服务，优先安排学习培训，优先获得财政资金支持项目政策补贴。如云南省安宁市制定出台了《农民技术职称评定管理办法》，从农民技术专业职称类别、职称等级等 7 个方面，分初、中、高 3 个级别，将种养、农产品加工、环保、新能源推广、农经管理、社会服务等 18 类农业技术人员专业类别纳入职称评审范围，获得高级职称的职业农民，可享受市级财政每人每年 300～400 元"农民技术职称津贴"、优先安排为科技示范户、承担科技项目、参加科技培训、开展专业技术有偿服务、享受国家农用物资及资金扶持等待遇。

五、引导城市"富人"返家乡

这里的"富人"指"精神层面"的富人。显然，现在城市里有些专业的毕业生已经过剩。城市过剩的知识分子如果转移到乡村中去，必将会对"三农"工作和乡村振兴产生巨大的推动作用。2018 年中央一号文件明确提出，全面建立高等院校、科研院所等事业单位专业技术人员到乡村和企业挂职、兼职和离岗创新创业制度，保障其在职称评定、工资福利、社会保障等方面的权益。高校思政工作，可在如何引导城市"富人"返乡作贡献上下功夫。

（一）引导"先富"带"后富"

从这些年脱贫攻坚的经验看，致富带头人在乡村发展中起到了"领头羊"的作用。如广西灵川县恩泽食用菌专业合作社理事长、南宁市宇辉食用菌专业合作社法定代表人石志辉，带动附近村民实现增收，成为当地的农村致富带头人，他先后被评选为"广西食用菌种植标兵""乡村创富好青年"，2017 年还荣获了共青团中央、农业部联合授予的第十届"全国农村青年致富带头人"称号[①]。高校思政工作在助力乡村人才振兴中，要发掘、宣传、引导一批乡村龙头企业成为当地的致富带头人，并发挥好其带富示范作用。如中南大学通过"公司＋农户""平台＋基地＋农户"的形式，重点扶持瑶郡公司等1～2家农村龙头企业发展特色种养、乡村旅游等，推动产业升级转型，优先聘用村民到基地务工，提取部分盈利分红等措施增加村民收益。

（二）引导"新乡贤"返家乡

"新乡贤"是推动乡村振兴不可忽视的一支中坚力量。大多"新乡贤"是从乡村走出去的商人、企业家、知识分子等，他们具有一定的社会资源，有管理和经营能力，同时愿意为乡村做贡献。很多典型合作社、示范合作社，就是由"新乡贤"领办和带动的。因此，应重视"新乡贤"的作用，从政策、制度和体制机制上引导他们为自己家乡做出贡献。高校要充分利用校友会等社会资源优势，举办恳谈会、联谊会等，以"乡缘"为纽带把"新乡贤"人才链接为一个共同体。如通过抖音、视频号、快手等新媒体渠道，宣传乡村振兴的相关政策、发展优势、营商环境、宜居环境等，吸引一批"新乡贤"返家乡干事创业。

典型案例

振兴乡村产业的"探路先锋"——从"老板"到"新乡贤"[②]

浙江宇翔生物科技有限公司、浙江山狼谷旅游产业发展有限公司等多家企业的负责人陈景景，曾获评"十佳浙商女杰"。事业有成的陈景景始终铭记故土的养育之恩，"只有把家乡建设好、发展好，我们才会更有荣光"，于是她选择了成为"另类"做一个"逆行者"，在人潮都往大城市涌动时回乡创业。2015年，浙江山狼谷旅游产业发展有限公司在景宁景南乡成立，秉持农旅融合、文旅融合的理念经营旅游接待业务。商海搏击的陈景景深知乡村旅游只有成为"多次消费"才能真正创造价值。于是她计划投资3 500万元建设三期项目，将家乡串成集吃住游购为一体的旅游环线，并推出"认种一棵果树"的模

① 刘红宇，周琼，等．农村精准扶贫扶志扶智案例评析［M］．北京：中国财政经济出版社，2021：261．

② 巾帼创丨陈景景：振兴乡村产业的"探路先锋"［N］．景宁妇联，2022－05－11．

式吸引游客多次旅游。2019 年，她带领第一批来自荷兰、英国、尼日利亚等 13 个国家和地区的 40 余名艺术家走进景南，将家乡风光、文化推向了世界各地。在旅游产业起步阶段，难以为乡亲创造太多的财富，陈景景积极探索引进可直接食用的改良小红薯，采购种苗免费发放给农户，并引进浙江农林大学团队开展技术指导，2021 年为全村增加收入 25 万余元。七年来，陈景景为家乡产业谋发展、为乡里乡亲谋福利，也让她从事业有成的"老板"成为了百姓心中真正知冷知热的"新乡贤"。

第八章　高校思政工作助推乡村生态振兴

党的十八大报告指出："建设生态文明，是关系人民福祉、关乎民族未来的长远大计。"人民对美好生活的向往包括对美好生态环境的向往，光靠"双重财富"（物质财富和精神财富）来满足人民对美好生活的需要是不够的，还要提供更多优质生态产品来满足人民对优美生态环境的渴求①。高校思政工作助推乡村生态振兴，要以习近平生态文明思想为引领，强化主体责任，创新乡村生态治理模式，共建生态文明建设基地，协同创设生态宜居的和美乡村。

一、以习近平生态文明思想为引领

马克思主义生态观为乡村生态振兴提供了认识论和方法论，习近平生态文明思想为乡村生态振兴提供了根本遵循和科学指南②。2018 年 5 月 18 日，习近平总书记在全国生态环境保护大会上指出："保护生态环境就是保护生产力，改善生态环境就是发展生产力；""良好生态环境是最普惠的民生福祉。发展经济是为了民生，保护生态环境同样也是为了民生。"党的二十大报告强调："必须牢固树立和践行绿水青山就是金山银山的理念，站在人与自然和谐共生的高度谋划发展。"习近平生态文明思想为我们推进乡村生态振兴指明了方向，积极回应人民群众日益增长的优美生态环境需要，深刻阐明了一系列新思想新理念新观点。高校思政工作者要探究马克思主义生态观的理论内蕴，以马克思主义生态观和习近平生态文明思想为引领，注重引导农民群众践行习近平生态文明思想，将内在的生态素养外化为良好的生态行为。

---

①　朱倩倩，谭文华．乡村生态振兴的时代价值、现实困境与实践路径．[J].台湾农业探索，2021（3）：28 - 32.

②　曹立，徐晓婧．乡村生态振兴：理论逻辑、现实困境与发展路径 [J]. 行政管理改革，2022（11）14 - 22.

（一）汲取中华优秀生态文化智慧

生态文化即是人类文化行为与其所处的自然环境之间相互作用的关系①。其含义有三层：一是生态文化是一种人与自然关系的价值取向，人与自然是和谐统一的，自然限制人类的发展，人类的行为又直接作用于自然，对自然产生重大影响；二是生态文化是以自然生态环境为主的一种文化形态，生态文化的主体是自然，只有自然生态环境发展良好，才能促进人类生态文化的可持续发展；三是人类只有认识及遵循生态规律，才能实现人与自然和谐发展。我国是一个典型的农耕文明社会，在不同的农业文明时期，不同的学派产生了不同的生态理念，积累了丰富的生态文化智慧。中国生态文化继承着传统优秀文化的"天人合一""道法自然"等基因，是建立在顺应时代发展需要基础上的一种文化形态②。其中，儒家"天人合一"的思想主张天、地、人是一个相互作用的有机整体；孟子说"亲亲而仁民，仁民而爱物"，这个"物"包括世间万物；《荀子·天论》中有"应之以治则吉，应之以乱则凶"，强调了在保护自然资源基础上进行人类开发活动，实现人与自然的和谐共生；宋代张载说的"民胞物与"，也将仁爱扩展至世间万物。道家"道法自然"的思想强调"无为而治"，在人与自然的关系中，天地万物的运行处于一种无目的、自然而然的状态。"知止不殆"就是要遵循适度原则，在生态道德准则中要克制私欲，反对过度开发。佛家"众生平等"的思想体现要以平等的观念对待自然万物，众生和平相处才能实现和谐共存③。习近平生态文明思想根植和升华于生生不息的中华文明，是马克思主义基本原理同中国生态文明建设实践相结合、同中华优秀传统生态文化相结合的重大成果。习近平生态文明思想是在推进新时期生态文明建设和社会主义法治建设过程中形成、发展并逐步完善的科学思想体系④，是对马克思主义自然观和唯物辩证法的丰富和发展。

当前，城市的生态文化发展较快，但大多数农村地区，长期以来传统教育对生态培育的忽视，导致村民生态文明观念淡薄，乡村生态文化发展相对滞后，存在乡村生态文明宣传及教育不到位、民众环保意识较差、生态保护活动

---

① 曾蓉. 从文化视角探索乡村振兴的发展之路 [M]. 北京：经济管理出版社，2019：130.

② 李泽，刘淑兰，钟霞. 乡村振兴视域下乡村生态文化的时代价值及实践路径 [J]. 信阳农林学院学报，2022（1）：56-61.

③ 洪梅，仇彩红. 传统生态思想在乡村生态振兴中的传承与超越 [J]. 乡村论丛，2022（4）：13-20.

④ 于文轩，胡泽弘. 习近平法治思想的生态文明法治理论之理念溯源与实践路径 [J]. 法学论坛，2021，36（2）：18-24.

较少等主要问题。高校思政工作助力乡村生态振兴，要加强乡村生态建设调研，不顾乡村文化生态系统而简单复制城市文化或想当然地引入外来文化，往往会难以融入乡村原有文化系统而成为项目"孤岛"①。乡村生态振兴既要从推动乡村自然生态恢复着手，更要从提升以人为主体的乡村生态文化上下功夫，要厚植中华深厚的优秀生态文化土壤，以"天人合一""道法自然""厚德载物"的生态思想对民众施展"以文化人"的教化功效，充分挖掘和汲取乡村传统优秀文化中蕴含的绿色生态文化和生态智慧，并创造性地融入现代生态文明成果。乡村生态文化作为生态振兴的力量之源和发展之魂②，要通过乡村生态文化的选择、保留、传承、创新融合，强化生态文化对村民的熏陶，"内修人文，外修生态"，增强群众的生态素养，培养"生态人"，以生态文化铸牢生态振兴之魂。近年涌现了一些乡村生态文明建设典型示范，如黔东南苗族侗族自治州有着彰显少数民族生存智慧的稻鱼鸭共生系统，是传统种植业与传统养殖业相结合的复合农田生态系统和立体农业生产系统，是古老农耕文明的活态传承，呈现了人与自然和谐共生。成都市的"小组微生"（"小规模聚居、组团式布局、微田园风光、生态化建设"的简称）模式，对乡村生态文明建设具有重要贡献。

（二）创新学习宣传方式

高校思政工作助力乡村生态文明，要结合乡村环境特点，辅之以多样化的宣传方式，应采取循序渐进、潜移默化、易被村民接受的方式。一是应注重差异化分类宣传教育，如对于留守老人与儿童为主的农村，应采用他们易于接受的宣传模式。二是突出重点进行宣传教育。如加大针对过量施用化肥农药、农业废弃物污染危害的宣传。三是采取村民易于接受的方式。发挥师生力量，可制作一些生态保护的动植物科普挂图，发放爱护花鸟鱼虫等倡议书、科普宣传图片等，提高人们保护环境、爱护自然的意识。大学生自己绘画生态文化墙，组织村民参加生态旅游，组织环保知识竞赛，组织农民饰演环保小品，演唱环保歌曲，播放环保微电影等，积极调动农民的参与性。四是要发挥社会各方力量，改变政府为主导的一元主体生态治理机制，健全多主体宣传机制，多方位多渠道开展生态文明宣传。善于通过抖音、快手、微信等渠道，有针对性地向

---

① 朱启臻. 乡村振兴中的生态文明智慧［N］. 光明日报，2018-02-24（9）.
② 宋小霞，王婷婷. 文化振兴是乡村振兴的"根"与"魂"：乡村文化振兴的重要性分析及现状和对策研究［J］. 山东社会科学，2019（4）：176-181.

农民推送生动有趣的生态文明宣传教育内容，让村民可以随时随地进行学习和互动，让村民认识到自身就是生态宜居和美乡村建设的参与者、实践者和贡献者。如贵州财经大学组建专家团队指导台江县抓好乡村旅游建设与发展，推动生态停车场、旅游厕所、农家客栈的建设和提升改造等方面的专题培训，全面做好台江旅游宣传推介①。广东财经大学"燃创净村联盟"三下乡团队开展暑假"三下乡"社会实践，对吴川市黄坡镇展开有关乡村垃圾治理水平的实践调研与垃圾分类的宣传活动。团队根据自建的垃圾治理水平评价指标体系，对黄坡镇下属自然村进行了垃圾治理水平评估；录制了线上"垃圾分类知识小课堂"微视频，团队还为黄坡镇垃圾分类治理改善工作提出了具有实践价值的意见②。

（三）强化生态价值

乡村生态振兴的目的是要满足人民群众对优美的自然环境、美丽宜居的生活环境的需求，改善乡村生态环境最直接的受益者是农民，实现农民振兴是最有效的振兴③。加强生态保护修复，推动自然资本大量增殖，使社会经济发展与资源环境承载能力相适应，让乡村生态振兴在经济社会发展全面绿色转型与乡村全面振兴中发挥更大作用④。目前，乡村干部是政策的主要执行者，但大多没有真正树立生态价值观、"大农业"思想观，对乡村生态缺乏系统性认知。部分乡镇企业往往在政策的高压下勉强达到排污标准，长久以高耗能、高污染、低回报的方式进行生产，生态赤字不断扩大。部分农民倾向于利益至上，而忽视了可持续发展的生态价值观。

高校思政工作者要深刻领会生态文明价值观，通过文艺汇演等多种宣传形式，强化村干部及村民的生态价值观，引导村民践行习近平生态文明思想，把生态文明建设摆在更加突出的位置，促进生态资源价值评估，强化生态产业化和产业生态化，将空间生态资源拓展为新的生产要素，改造传统生产关系，通过货币化将丰富的空间生活资源转化为自身长期财产性收入基础，成为具备理性生态行为的"理性生态人"。习近平总书记强调："在生态环境保护上一定要

---

① 贵州财经大学：坚持党建引领 以"四高四有"助推乡村振兴［N/OL］. 人民网精选资讯官方账号，2022 - 06 - 13.

② 林珮帆."乡"约盛夏，助力乡村生态振兴［N/OL］. 金羊网，2022 - 09 - 08.

③ 胡钰，付饶，金书秦. 脱贫攻坚与乡村振兴有机衔接中的生态环境关切［J］. 改革，2019（10）：141 - 148.

④ 曹立，徐晓婧. 乡村生态振兴：理论逻辑、现实困境与发展路径［J］. 行政管理改革，2022（11）：14 - 22.

算大账、算长远账、算整体账、算综合账，不能因小失大、顾此失彼、寅吃卯粮、急功近利。""在一些生态环境资源丰富又相对贫困的地区，要通过改革创新，让土地、劳动力、资产、自然风光等要素活起来，让资源变资产、资金变股金、农民变股东，把绿水青山蕴含的生态产品价值转化为金山银山。"

（四）树立大食物观

树立大食物观是推进农业现代化的重要内容和客观要求[①]。我国土地资源有限，解决吃饭问题，不能光盯着有限的耕地，在保护好生态环境的前提下，要根据各地资源禀赋，宜粮则粮、宜经则经、宜牧则牧、宜渔则渔、宜林则林，形成同市场需求相适应、同资源环境承载力相匹配的现代农业生产结构和区域布局。我国有大量丘陵、山地，具有发展木本粮油、森林食品的巨大潜力，要学会向森林要食物。我国草原开发潜力巨大，要学会向草原要食物。我国有发展大水面生态渔业和深远海鱼类养殖的条件，可获得数量可观的优质蛋白食物资源，要学会向江河湖海要食物。高校师生要树立大食物观，发挥高校优势资源，推动生物技术、信息技术、农业设施技术的发展和融合，有效缓解农业对自然资源的依赖，一方面要保护生物资源，另一方面要提高资源利用率。

（五）加强生态法治教育

健全的乡村生态法治体系，是推进乡村生态"三治"有效融合的基本保障，推进生态文明建设需要健全有力的制度保障。生态环境没有替代品，用之不觉，失之难存，必须用最严格的制度、最严密的法治，为守护绿水青山提供可靠保障[②]。高校思政工作者在推进乡村生态振兴中，要认真学习国家相关法律法规、政策依据，提升自身对国家生态文明建设相关政策的认知水平与领悟能力，从而有效向村民开展耕地保护制度、水污染防治、野生动物保护、森林资源保护、草原管理政策、生态补偿奖励、重点领域生态补偿机制等方面的知识培训和法治宣传，从而助力乡村干部提升生态治理效能。

二、强化乡村生态文明建设的主体责任

习近平总书记指出："我们在快速发展中也积累了大量生态环境问题，

---

① 党的二十大报告学习辅导百问［M］. 北京：学习出版社，党建读物出版社，2022：80.
② 高平. 用最严格制度、最严密法治守护绿水青山［N］. 光明日报，2021-03-11（11）.

成为明显的短板，成为人民群众反映强烈的突出问题。"这一突出问题，与地方政府及领导干部、村民的责任虚化、监督落实不力是分不开的。责任虚化，就会导致责任担当只是喊在嘴上、挂在墙上、浮在面上。因此，必须引导村干部、农民树立生态共同体意识，强化生态文明建设主体的责任意识。

（一）强化农民的主体意识

农村村民和基层干部的生态环保意识淡薄是乡村生态振兴建设的首要问题①。目前大多数乡村由于没有配套的管理措施和维护方法，生态环境问题突出，农业生态效益不佳。诚如费孝通先生所言，基于传统乡土熟人社会所形成的社会结构和人际关系，无疑是乡村生态文明的重要组成部分。作为乡村生态振兴主体的农民，一是生态意识淡薄，农民接触生态文明建设方面的知识较少，对生态规律的认知依然停留在传统农业生产所形成的认知中，依然没有摆脱"靠山吃山，靠水吃水"的思想②，对保护生态的法律、法规、制度理解不到位，保护生态意识淡薄。二是大多数农民认为，无论是生态环境保护还是推广绿色发展的活动都是政府的职责③，他们的生活不受条条框框约束，对周围居住环境的维护意识不强，保护生态行为不积极，缺乏建设生态宜居、和美乡村的主体责任感。三是农民对发展生态农业的知识掌握不够，缺乏生态农业种植技术等。人的生态素养和生态人格不是与生俱来的，每一种文明形态都会通过教化塑造出相应的人格模式以获得文明发展的主体条件④，它需要通过教化来养成生态人格模式。生态文明教育是素质教育的重要内容，有效发挥思想政治教育生态功能，既能够传播新发展理念，贯彻"两山"理论，也是推动乡村生态振兴的重要保证，更是引导受教育者生态德育知行合一的重要法宝⑤。因此，高校思政队伍在对村民和村干部的生态伦理教育培训中，要强化农民的生态责任意识和权利意识。

---

① 程思静，郎群秀．乡村生态振兴实施困境与对策建议 [J]．农村经济与科技，2022，33（7）：38 - 41．
② 姚星星，张国防．生态减贫的"隧道效应"研究 [J]．生态环境学报，2018（2）：389 - 396．
③ 崔健，王丹．乡村振兴背景下农村绿色发展问题研究 [J]．农业经济，2021（2）：44 - 45．
④ 李培超．论生态文明的核心价值及其实现模式 [J]．当代世界与社会主义，2011（1）：51 - 54．
⑤ 彭茂超．乡村振兴战略视域下思想政治教育生态功能发挥的"三维"审视 [J]．农村经济与科技，2022，33（16）：247 - 250．

（二）强化政府主体责任

1. 做好乡村生态文明建设顶层设计

当前，围绕生态保护的价值理念和实践活动正在发生深刻变革，绿色循环、可持续发展成为世界关注的重点，生态安全与生态环境在某种程度上已经成为国家综合国力和国际竞争力的重要表现。党的十八大把生态文明建设纳入中国特色社会主义事业"五位一体"总体布局，这表明了党中央加强生态文明建设的坚定意志和坚强决心。我国提出 2030 年前要实现碳达峰，2060 年前实现碳中和。我国 90％ 的国土面积居住着全国近 50％ 的乡村人口，乡村必然是碳减排的重要一环。在经济发展和生态振兴的双重压力下，加之乡村生态本身较为脆弱，乡村生态振兴处于压力叠加、负重前行的关键期[①]。后扶贫时代，全面推进乡村生态振兴，地方基层政府需要进一步明确良好的生态环境对乡村振兴的价值意义，应做好乡村经济、生态协调发展的顶层设计规划，把握现代化进程中生态文明建设规律，创新发展理念，转变发展方式，统筹物质文明、精神文明、生态文明三者融合发展[②]，以生态环境充当减贫的"踏板"，有效避免"环境库兹涅茨曲线"的发生[③]。如湖南长沙县浔龙河村早在 2012 年就通过推动土地集中流转、环境集中治理、村民集中居住的"三集中"，以教育产业为核心、生态产业为基础、文旅产业为抓手、康养产业为配套，实现生态、文化、教育、旅游、康养五大产业相容并生，探索了城乡一体化模式——湖南"浔龙河"生态模式，推动了农民增收致富。

2. 加大财政投入

在推进农业现代化发展过程中，财政部门要强化责任意识，提高农业科技投入，优化资金使用效率，大力发展绿色技术，为乡村生态振兴提供资金和技术支撑。

（三）高校的责任担当

1. 培养生态技术技能人才

目前，大多数乡村生态较为脆弱，乡村生态环境的治理要通过专业化的操

---

① 蒋成飞，朱德全，王凯. 生态振兴：职业教育服务乡村振兴的生态和谐"5G"共生模式 [J]. 民族教育研，2020，31 (3)：26 - 30.

② 周琳娜，黄俊朋. 乡村生态振兴：成效、现实难题与实现路径 [J]. 天水行政学院学报，2022 (5)：30 - 34.

③ 姚星星，张国防. 生态减贫的"隧道效应"研究 [J]. 生态环境学报，2018 (2)：389 - 396.

作和技术资源的嵌入来实现，在具体环境问题上依赖专业化的人才队伍和针对性的技术手段①。因此，高校助力乡村生态振兴，要加大培养乡村生态振兴专业人才，推动乡村农业生态建设科技化，充分利用先进生态科学技术、生态建设大数据赋能农业发展，建立健全多元化、多形式、多内容的生态科技服务体系，大力推广乡村生态建设关键技术。乡村生态振兴是数据生产过程、数据治理过程和数据使用过程的统一，要结合农民现实认知和实践能力，将生态技术纳入农民农业生产培训体系中，培养懂数据、管理数据、分析数据、使用数据的高素质农民，指导农民积极运用数字化、智能化技术推动农业生产的精确化，提升农民发展生态科技农业产业的能力。

2. 强化大学生乡村生态振兴的责任意识

高校大学生是乡村生态文明宣传的主力，是乡村未来生态振兴的主要践行者、引领者和推动者。返乡工作创业的大学生群体能够具有较强的乡村生态环境发展保护意识，他们能够掌握先进的农业生产管理技术，能够掌握正确处理乡村经济社会发展与乡村生态环境的直接关系、村庄生态建设同乡村生态环境利益保护的直接关系②。因此高校对大学生强化生态文明教育就显得尤为重要。就目前来说，大多高校对学生的生态文明教育主要局限于思政课中的部分理论教学，与社会的实践教学相脱节。生态文明教育本身具有强烈的实践性特征，是一项"在实践中""为了实践"和"通过实践"的教育活动③。因此，高校加强生态文明实践教学，一方面要着力"构建"课程＋课堂＋基地＋产业＋农校＋高校"为一体的"六联动"运行模式④，让大部分学生有机会步入乡村，着力提升大学生的生态素养，让大学生在感受鸟语花香的同时，在实践中培养爱护花鸟、爱护大自然的真情；另一方面让大学生在亲临乡村的实践活动中，真正认识地貌、土壤、农药、化肥等影响生态环境的因素，避免"纸上谈兵"，从而在做农民的思想工作时，用真实可信的言行引导农民践行习近平生态文明思想。另外，高校可组织一些生态文明主题实践活动，增强大学生助力乡村生态文明建设的创新能力。如 2022 年 12 月，重庆文理学院、西南大学、重庆市高等教育学会、重庆新发展生态修复与产业研究院共同承办了第二

---

① 赵国正. 乡村振兴视域下基层乡村生态治理的问题、原因与对策［J］. 黑龙江粮食，2022 (6)：126-128.

② 易纯艳，张应青，张小云，等. 大学生返乡助力乡村振兴的创业生态系统研究［J］. 农村经济与科技，2021，32 (18)：268-270.

③ 徐洁. 生态文明教育的内涵、特征与实施［J］. 现代教育科学，2017 (8)：8-12.

④ 朱德全. 农村中学"三位一体"课程与教学模式创新的行动研究［J］. 西南大学学报（社会科学版），2015，41 (1)：80-86，190.

届重庆市大学生乡村振兴创意大赛。该大赛专项赛活动内容之一为历史遗留矿山生态修复利用创意设计专项赛，各团队展示了在文创产品、环境优化、外观包装、历史遗留矿山生态修复利用等方面的创意设计，展现了当代大学生助力乡村振兴的青春风采。

3. 强化教师的责任意识

教师是对乡村大学生、乡村干部、农民开展生态文明的教育者，直接影响到教育效果。因此，开展生态文明教育必须要拥有一支具有较高生态素养的教师队伍。高校要建立健全全方位、全领域的教师队伍建设机制，特别是要匹配足量的思想政治理论教师，以此培养农民正确的生态道德观①。教育部及高校要加强对教师乡村生态文明专项培训工作，一方面要强化教师增强生态文明教育的责任感和使命感，自觉学习生态文明教育的相关知识，不断提升自身生态素养，积极投身到乡村生态文明教育之中②，使之成为能够真正胜任服务乡村生态文明教育的决定性力量。另一方面，要在培训中增加生态伦理学、生态学、生态美学等方面的理论教学和实践性体验教学。

三、创新乡村生态治理模式

乡村生态治理，必须贯彻创新、协调、绿色、开放、共享的新发展理念，积极整合社会各方资源，健全乡村生态文明治理体系，聚焦治理重点，创新乡村生态治理模式，协同创设生态宜居的和美乡村。

（一）乡村科学规划先行

建设生态宜居的美丽乡村，规划先行③。合理的乡村规划有助于构建高效、协调、可持续的国土空间开发格局，不断提高区域生态系统服务供给水平，更好实现国家重点生态功能区的主体功能定位。高校思政工作助力乡村生态规划，要树立"创新、协调、绿色、开放、共享"新发展理念，助力做好乡村规划。创新：融合智慧农业、智慧生态、乡村特色文化，打造新时代独特的"自然＋现代化"的特色文化和美乡村、特色生态农产品等。协调：乡村布局、

---

① 朱倩倩，谭文华．乡村生态振兴的时代价值、现实困境与实践路径．［J］. 台湾农业探索，2021（3）：28－32.

② 范婷，杜瑞萍，谭碧云．乡村振兴战略背景下乡村学校生态文明教育及其实施路径［J］. 生活教育，2020（5）：45－49.

③ 张新华．建设生态宜居美丽乡村是乡村振兴的关键［N］. 中国经济时报，2019－05－14.

房屋建筑布局、交通道路规划、道路绿化、园林设计、公共文化设施等进行整体设计，避免规划设计中最大的资源浪费。绿色：立足保护乡村生态系统，处理好自然生态与乡村建设的协调，向公众提供现代快捷、生活便利的基础设施，同时要保住乡村的绿水青山，怡静的田园风光，淳朴的生态文化产品等。开放：既要向外开放，同时也要规避因开放随之带来的外界人流、车流带来的自然污染。共享：秉持乡村生态公共产品全民共享，生态治理先进经验先进模式共享理念。如贵州财经大学城乡规划学学科团队积极参与贞丰县、三都县、榕江县、施秉县等近 10 个县域的田园乡村规划，还与北京清华同衡规划设计研究院贵州分院，共同完成了特色田园乡村·乡村振兴集成示范点息烽项目和花溪项目①。同济大学选派了规划、环境、材料和新农村建设领域专家赴云龙县实地考察调研，与云龙县协商一致，确定了建设有地域特色、文化内涵的山地小城镇的城乡发展道路。

（二）形成绿色生产生活方式

习近平总书记指出："生态环境问题归根结底是发展方式和生活方式问题。"目前，乡村植被破坏、大气污染、水源污染比较严重，如农民损害植被来修建房屋，发展畜牧业，开荒种地，砍伐树木充当生活燃料等。农业生产以及乡村企业所排放的工业污染物等造成的大气污染也比较严重。《2019 年中国生态环境状况公报》显示，卫星遥感共监测到全国秸秆焚烧火点 6 300 个（不包括云覆盖下的火点信息）②，这表明我国农村大量存在着秸秆就地焚烧的情况。要从根本上解决生态环境问题，加快形成节约资源和保护环境的空间格局、产业结构、生产方式、生活方式，把经济活动、人的行为限制在自然资源和生态环境能够承受的范围内。

高校思政工作助力乡村生态文明振兴，可通过开展"和美乡村主题日""乡村生态文化月"等活动，以垃圾分类、清洁取暖、节水节能为抓手，通过多种形式宣传绿色消费观，引导村民在生产、生活、消费中树立保护环境、节约资源的意识，逐步将绿色生态理念内化于心、外化于行，共同建设"美丽家园"。

---

① 贵州财经大学：坚持党建引领 以"四高四有"助推乡村振兴［N/OL］. 人民网精选资讯官方账号，2022 - 06 - 13.

② 中华人民共和国生态环境部 . 2019 年中国生态环境状况公报［EB/OL］. （2020 - 06 - 02）. http://www.mee.gov.cn/hjzl/sthjzk/zghjzkgb/ 202006/P020200602509464172096.pdf.

（三）协同推进人居环境整治行动

创设城乡二元结构背景下的生态宜居和美乡村，不仅要改善乡村落后的村容村貌，更要注重乡村人居环境整治，创设一个生态和谐的农村宜居环境。2019年5月20日，习近平总书记在江西省于都县梓山镇潭头村看望老区群众时强调："要加强乡村人居环境整治和精神文明建设，健全乡村治理体系，使乡村的精神风貌、人居环境、生态环境、社会风气都焕然一新，让乡亲们过上令人羡慕的田园生活。"针对乡村厕所问题，习近平总书记特别指出："厕所问题不是小事情，是城乡文明建设的重要方面，不但景区、城市要抓，农村也要抓，要把这项工作作为乡村振兴战略的一项具体工作来推进，努力补齐这块影响群众生活品质的短板。""补齐厕所问题这一公共服务体系和社会文明的短板，需要从思想认识、文化观念、政策措施、体制机制等各方面进行一系列广泛而深刻的变革。"

高校师生在助力乡村人居环境整治行动中，要发动社会各方力量，积极协同基层政府制定环境整治方案，以发展视角解决农村脏乱差问题，积极开展依法治污、科学治污、精准治污、垃圾分类、"厕所革命"等人居环境整治主题活动，科学设置农村水电气设施、生活垃圾、污水处理等基础公共设施，创设生态宜居的和美乡村。

（四）以村规民约促生态保护与修复

乡村地区地广人稀，仅靠政府部门人为监督或者村民自觉，治理起来力不从心。在依法治国的时代趋势下，以法治为本，立法先行，适时发挥村规民约的协调补强功能，是积极回应乡村生态建设中多元利益诉求的有效途径[①]。高校思政法律队伍可发挥法律专业人才优势，加大调研，在已颁布运行的法律基础上，结合当地乡村风俗习惯，协助乡村制定符合乡村实际的生态保护与修复的村规民约。如制定"生态保护先锋"表彰奖励规约、垃圾处理农户付费规约等，提升乡村村容和居民幸福感。勐海县布朗山乡老班章村将保护生态环境纳入村规民约：严禁私自砍伐国家、集体或他人的林木，砍伐自己栽种的林木也要依法办理相关手续，不准在村集体附近或田边挖坑取土，严禁损坏庄稼，违者除赔偿损失外还要处违约金2 000~5 000元；为保证老班章茶"回甘"的品

---

① 余贵忠，周折.西南民族地区乡村生态振兴法治保障研究［J］.中国农机化学报，2022，43（9）：224-231.

质，严禁机动车进入古茶树园区，严禁对茶树施肥、打农药，让茶纯靠天然氧吧"吸天地之精华、采日月之灵气"。

（五）以科技创新推动生态治理

农业类高校要加大乡村生态技术创新研发投入，加强生态技术人才队伍建设，以科技创新推动乡村生态化转变，要积极引导相关领域专家、教师投身现代农业生态安全技术、产业发展关键技术研发工作，提升科研成果应用价值，充分发挥社会服务职能[①]，以此加强对农民生产提供技术支持和指导。如贵州大学深入实施"博士村长 2.0 工程"，"一院一品""一院一业""科技小院""揭榜挂帅"等计划和服务体系，主动承担并全力助推贞丰、榕江、湄潭、威宁、石阡、黔西等 15 个县（市）乡村振兴示范试点工作，贵州大学对外合作处、动物科学学院、智库等组织团队共同完成了《书写贵州山地高原的"生态畜牧大产业"——贵州大学生态畜牧践行"两山"理论全力推进乡村振兴典型案例》，并成功入选教育部第五届省属高校精准帮扶典型项目。

四、共建生态文明建设基地

我国很多农业高校都具有较强的科研力量，在助推乡村生态振兴服务工作中，为便于与当地乡村加强常态化生态文明建设、技术攻关等方面的交流合作，高校可与当地乡村共建生态文明与乡村振兴合作示范基地。

（一）共建"生态产学研"一体化基地

农科类高校的一些农业与科技融合项目，有待于在乡村落地生根发芽，乡村也需要一些适宜于当地的小科技小发明的推广运用，因此，共建"生态产学研"基地有助于实现高校产学研与乡村生态农业发展相互促进、互利共赢。如武威职业学院依托"科技下乡万里行""科技特派员"活动，开展科技帮扶和技术推广服务，投入资金 105.95 万元，在黑松驿镇和八步沙林场建成"一林一屋一基地"特色乡村振兴项目，建有生态保护示范林 628 亩、2 万羽规模的肉鸽养殖基地等，提升了群众获得感和满意度[②]。2021 年 11 月，阜南县与江

---

① 朱杰. 发挥地方高效优势推动乡村振兴［N］. 2022 - 04 - 13. http：//szb. gzrbs. com. cn/pad/cont/ 202204/13/content _ 52 965. html.

② 马琪. 学院乡村振兴成果获评全国优秀案例［N］. 武威职业学院工会，2022 - 03 - 30. http：//www. wwoc. cn/Item/24540. aspx.

南大学建立了"生态文明与乡村振兴合作共建示范基地"①。

（二）共建大数据精准管理平台

高校助推乡村生态振兴，利用大学生的智力优势，运用数字化、信息化、智能化等现代技术，共建智慧化智能监测系统和预警系统，建立乡村生态资源信息库。通过平台可以有效挖掘数据价值，并依据生态数据进行安全精准有效的管理。可定期开展空气、水资源、荒漠等自然资源勘测，以及种植、养殖等生态产品的基础信息调查，使生态环境治理由人治为主向智治转变，促推乡村生态治理体系与治理能力现代化。利用平台数据和技术手段，调和各方利益相关者的数据诉求，挖掘海量乡村建设数据，实现数据价值增值和服务创造。利用生态治理后的大数据模拟未来环境可能面临的破坏程度，预测生态环境承载能力，可分析研判生态修复可能性及有效路径。可对村民乱扔垃圾及人畜废物、毁林开采等突出破坏人居环境的行为进行监督，以真实性的舆论监督助力乡村生态治理。

（三）多渠道筹集建设资金

乡村生态文明示范基地建设资金不足是乡村生态治理面临的突出问题。因此，高校思政工作要充分发挥高校师生的人力资源优势，通过政策支持、科技支持、规范和多种渠道筹集乡村生态环境保护基金②，通过新媒体等多种渠道，宣传引导社会成功人士发挥慈善、捐赠等第三次分配在乡村生态治理中的作用，加大共建基地的人力与资源投入，推动共建基地有序发展。

---

① 张涛、韩帅. 阜南县与江南大学建立"生态文明与乡村振兴合作共建示范基地"［N］. 阜南县人民政府办公室，2021 - 11 - 29.

② 张冲. 乡村振兴战略下乡村生态环境协同治理探讨［J］. 资源节约与环保，2022（11）：133 - 136.

第九章　高校思政工作助推乡村组织振兴

乡村产业、人才、文化、生态、组织"五大振兴"中，组织振兴是乡村振兴的"牛鼻子"①，是实施乡村振兴战略的基石和根本保障。全面推进乡村振兴，需要以乡村组织振兴为引领，从宏观层面发挥制度优势，以增强乡村内生发展能力②。高校思政工作助力乡村组织振兴，要以目标、方向、实现路径为导向，积极构建高校助力乡村振兴的协同联动机制，以增强乡村基层党组织的战斗力为重点，着力推动乡村"三治融合"，提升乡村基层治理体系和治理能力现代化水平。

一、加强对乡村治理体系和治理能力现代化的研究

习近平总书记强调："农村现代化既包括'物'的现代化，也包括'人'的现代化，还包括乡村治理体系和治理能力的现代化。""加快推进乡村治理体系和治理能力现代化，加快推进农业农村现代化，走中国特色社会主义乡村振兴道路，让农业成为有奔头的产业，让农民成为有吸引力的职业，让农村成为安居乐业的美丽家园。"

（一）治理主体

乡村治理能力现代化重在提升治理主体及其执行力。我国国家治理的主体包括党、政府、社会组织和人民群众等多元主体，政府是各项政策和战略的主要执行主体。基层政府在行政链条中位于行政链条的末端，是各项政策和政府治理体系建设的最终执行者和重要主体，直接影响到政策执行的效果。同时，基层政府是国家政府与社会、市场、民众之间打交道的关键主体和关键

---

① 柯凌云 . 推进乡村组织振兴的实践与思考［J］. 中国质量万里行，2022（7）：45－47.

② 郑有贵 . 扎实推动乡村组织振兴［N/OL］. 光明网，2023－02－15.

连接点。政府的治理效能直接影响到人民群众对政府的满意度评价和政府的公信力。因此，高校思政工作助推乡村组织振兴，要在提升乡村基层治理主体这一关键的"牛鼻子"上下功夫，这是推进基层政府治理体系现代化的基础。

（二）治理现状

近年来，尽管我国乡村基层治理水平已经有较大提升，但仍然存在一些不足。一是科学化设置机构不足。我国基层政权组织主要为乡、镇、街道三种，基层政府机构应依据治理环境和任务的不同而具体设置，然而，基层政府的机构设置往往简单复制上级政府的机构设置，缺乏符合自身发展的体制设计，从而加剧了科层制结构与功能之间的张力[①]。二是上下级权限划分问题。尽管随着近年政府"放管服"改革不断推进，但仍存在权力下放不彻底，基层政府同上级政府机构设置上仍存在"一对多"与"多对一"的矛盾和问题，如何梳理好上下级机构之间的对应关系仍是研究重点。三是基层政府组织运行管理不规范，党政机构统筹、分工不清，基层执法权责脱节，执法不规范、不透明、不文明，多头执法、重复执法等现象突出。如很多乡村在完成高标准农田建设项目后，由于职责不够明确、资金不到位等问题，出现政府管不到、集体管不好、农户无心管的局面。四是基层党组织凝聚力、战斗力不足。部分基层党组织缺乏群众基础，干群关系紧张，党组织凝聚力较差。另一方面，乡村干部官本位思想严重，干部与村民关系不太和谐，干部难以带动村民积极参与乡村管理。五是作为一种非常态化普遍存在的运动式治理模式，在政府运行中所占比例不小，其应对诸如疫情、地震、洪灾等紧急、重大、临时性风险的能力有待提高。

（三）有效治理的重点

1. 乡村治理的"四个明确"

一是明确治理主体，即坚持党的领导，加快构建党组织领导的乡村治理体系。二是明确乡村公共治理事务，深入研究乡村产业、政治、文化、生态等村情，精准制定匹配的治理对策。三是以保障和改善乡村民生为优先方向，明确治理措施。四是明确治理目的，即推进乡村治理现代化，增强乡村治理能力、维护乡村社会稳定、创造良好乡村环境。

---

① 叶贵仁，陈丽晶. 构建整体性的基层政府治理体系［N/OL］. 中工网，2021-01-27.

2. 乡村治理的重点和难点：推进乡村全过程人民民主

党的二十大报告把发展"全过程人民民主"确定为中国式现代化本质要求的一项重要内容，"全过程人民民主"是社会主义民主政治的本质属性，是最广泛、最真实、最管用的民主；是全链条、全方位、全覆盖的民主。"基层民主是发展我国社会主义民主政治的基础性工程。全国14亿多人民生产生活的重心在基层，扩大基层民主，让人民群众直接行使民主权利，依法管理自己的事情，是社会主义民主最广泛的实践，是社会主义民主政治建设的基础性工作"①。推进乡村基层"全过程人民民主"必须坚持人民立场，维护农民的核心利益，"新型农业发展的关键在于利益分配；利益分配的根本在于心中有民"②。只有在乡村真正推进了"全过程人民民主"，才能推进乡村治理"三治融合"，才能充分调动农民积极参与到农业农村现代化建设中来。

二、构建政府、高校和乡村三方协同联动机制

各高校要认真贯彻落实国家推进乡村振兴战略的各级文件精神，积极成立助推乡村振兴行动领导小组，充分发挥教育部及地方政府的政策导向及行政管理优势，积极构建政府、高校以及乡村基层组织三方协同推动乡村振兴的联动机制。

（一）发挥政府的主导作用

1. 加强顶层设计，提供政策供给

后扶贫时代，教育部及地方政府要为高校思政队伍融入乡村振兴提供政策供给，出台系列高校党务工作者、思政课教师、学生党员等融入乡村振兴的文件，明确高校思政工作队伍服务乡村的工作重点任务、保障措施，制定切实可行的服务实施方案、激励措施、评价机制，为高校师生服务乡村提供必要的服务平台、技术平台，出台参与志愿服务的大学生在就业、考公考研等方面享有的优惠政策等。如2022年7月，云南省人力资源和社会保障厅等3部门印发《关于进一步引导高校毕业生服务乡村振兴的通知》，对毕业3年内的高校毕业生在本省辖区内乡镇（村）创业且稳定经营6个月以上，按规定给予不超过3

---

① 党的二十大报告辅导读本 [M]. 北京：人民出版社，2022：372.

② 虞江永，周艳艳. 推进乡村振兴的内在逻辑 [N]. 华声在线，2018-11-01.

万元的一次性创业补贴；有条件的县（市、区）要利用现有创业园区为返乡入乡创业的高校毕业生免费提供创业场所、办公设施等①。三江县政府下发《三江侗族自治县人才精准扶贫实施方案》，与高校进行合作，吸引高校专业教师将贫困乡村作为教学实践和研究基地，让相关专业教师对乡村旅游扶贫进行指导；对被调到贫困村驻村帮扶的选调生和大学毕业生等，在事业单位公开招聘考试中给予享受加分照顾，以及优先录取的待遇②。

2. 发挥好桥梁作用

教育部及地方政府应全面加强政策统筹力度，根据不同类型高校的优势，精准匹配定点服务乡村，同时制定差异化的分类管理和评价机制，提升高校与服务乡村之间的"耦合度"和"协调度"。另外，有必要 6 年一轮换，可以把好经验好做法在另一个地方进行推广应用，而不是形成一个"思维定式"和服务模式。

■ 典型案例

呈贡区推进"1＋2＋3＋4"工程，走出乡村振兴特色路（摘录）③

昆明市呈贡区是中国著名的花卉和蔬菜生产基地。党的十九大以来，区委、区政府充分聚合政校企优势，依托驻呈高校科研、人才优势，政府搭建"校地企"促乡村振兴发展平台，10 所驻呈高校组织部、参与乡村振兴主要行业部门党组织、街道党工委建立乡村振兴党建联盟，党建引领乡村振兴。

社区"开菜单"，平台"来配菜"，校企"来掌厨"。万溪冲实验社区分别与 5 所驻呈高校 48 个学院签订了教育实践基地和劳动实践基地建设协议，万溪冲成为高校师生创新创业的教学实践基地。目前云南艺术学院、云南大学、云南师范大学、云南中医药大学等高校部分项目已在社区落地。

打好"文化牌"，文化赋魂，促进产业融合。通过举办"中国·呈贡万溪梨花节""中国农民丰收节"系列活动，讲好宝珠梨故事，逐步提升呈贡梨文化旅游品牌影响力。

打好"人才牌"，人才赋能，激发发展活力。建立集致富带头人、返乡创

---

① 云南省率先出台 10 条措施　引导高校毕业生服务乡村振兴 [N]．就业彩云南，2022－07－29．

② 刘红宇，周琼，等．农村精准扶贫扶志扶智案例评析 [M]．北京：中国财政经济出版社，2021：223．

③ 呈贡区融媒体中心．呈贡区推进"1＋2＋3＋4"工程，走出乡村振兴特色路 [N]．中国国情，2021－10－20．

业人才、传统手工业人才等为主体的乡村振兴人才库。建立李小云教授专家工作站、唐丽霞教授省级专家基层科研工作站，中国农业大学3名博士生驻村开展乡村振兴课题研究，承担起前沿理论与村民思想之间的桥梁纽带。在"一对一""点对点"的师带徒人才培养中，培养本地产业人才。与驻区高校、医院、企业合作，扶持"呈贡区花卉行业电商人才队伍建设""果实蝇防控专业人才培养"等人才项目13个，通过投入项目资金、提供信息技术、指导产业发展、引导社会治理、培训基层技术人才等方式，集中力量破解一批制约社区产业发展的突出问题。

夯实创业就业保障，营造创业就业氛围。在全省率先出台鼓励高校毕业生就业创业实施办法。在全区范围开展农民技术职称评定申报工作，鼓励本地长期从事农业农村生产经营和社会管理的居民参评，加强农村实用性人才培训，加大扶持非遗传承人、涉农花卉产业人才培养，推动新型职业农民发展。创建"农业创业示范乡村""农业创业孵化基地"，完善创业孵化器功能配套，强化农业科技成果转化应用，不断提升农业科技贡献率。

夯实集体经济保障，深化村集体经济强村工程。以实施"领头雁"培养工程、青年人才回引计划、社区"青年人才培养计划"等为切入点，加强社区致富带头人培养建设。

呈贡区依托产业园区资源优势、驻呈高校产学研一体化落实见效，把高新技术、新兴商业模式等引入农业，大力发展都市农业、休闲旅游农业、创意农业、电子商务等新兴业态，推进农业与旅游、文化、康养、休闲、教育、互联网等产业深度融合，促进高原特色现代农业精深发展。

3. 加强典型宣传

教育部及地方政府要多开展评先表彰活动，并通过多种渠道及方式加大宣传力度，营造向上向善的浓厚氛围。目前，存在对一些助推乡村振兴做得好的高校及师生的表彰模式单一，激励作用不够突出，宣传渠道单一等问题。

（二）健全高校助推乡村振兴的运行保障机制

健全的组织、经费、制度保障，是确保高校助推乡村振兴正常运行的基础。

1. 成立高校乡村振兴行动领导小组

为确保后扶贫时代有效推进乡村振兴工作，各高校应相应成立乡村振兴工作领导小组，全面肩负起推进农业农村现代化的历史担当，制定各具特色的服务乡村振兴工作方案，突出基础教育、职业教育协同发力，培养富有乡村情怀、专业技能强、综合素质高的乡村振兴人才。东北林业大学、长安大学、西安音乐学院、西安体育学院、四川轻化工大学、四川职业技术学院等高校率先成立了乡村振兴工作领导小组，工作有序推进。

2. 搭建乡村振兴"智志双扶"线上志愿服务平台

受制于教学经费及交通安全等因素，高校开展校外实践教学往往覆盖率太低，这既是难点也是痛点。调研结果显示，有 60.94% 的人认为可搭建远程教育、医疗、文旅等线上平台，让更多大学生有机会参与乡村振兴志愿服务。高校要充分动员二级学院、学生社团、思政课教师、辅导员，搭建线上大学生助推乡村人才振兴"智志双扶"App、VR 虚拟网络志愿服务平台。大学生们可通过平台了解乡村发展现状，结合自己的专业知识对乡村发展发表自己的独特建议。学生们还可通过线上平台对乡村的留守儿童、老人、妇女、脱贫户等，开展"一对一"的线上学业辅导、"智志双扶"、心理疏导、普通话技能培训、感恩教育引导、政策宣讲等志愿服务，其线上志愿服务时长可转化为劳动教育时长等，可有效解决实践育人覆盖率低的问题。如北京师范大学建成了服务乡村振兴"上热点"App 互联网实践平台，为大学生服务乡村人才振兴提供了契机，也为实践育人提供了视角。清华大学校企慕华教育与云南南涧彝族自治县共同设立了"慕华-南涧互联网学校"，为南涧县 2 万多名师生提供了优质的在线课程①。中南大学搭建了网络教育资源共享平台，组织城乡教师开展集体备课、示范课观摩等活动。

3. 健全组织管理，构建协同联动机制

在推进乡村振兴背景下，高校是助推乡村振兴"扶贫扶志"的主力军，学校党委要在助推乡村振兴服务方面加强顶层设计和过程管理，要积极对接政府，争取得到政府的政策供给、协调及牵引，构建校党委把大局、控方向、促成效的工作格局。同时要推动学校教务处、团委、学工部、人事处、科研处、乡村振兴工作部门、马克思主义学院、财务处、宣传部、后勤保障处等部门协同联动，实现各部门齐抓共管、群策群力、统一实施、统一考评的联动机制。

4. 完善经费保障，突破瓶颈约束

资金投入有限，是高校推进乡村振兴的瓶颈。高校应加大推进乡村振兴的科技研发、人才培养、校外社会实践的专项经费投入，特别是涉农院校要加大

---

① 潘昆峰，吴延磊，等. 打赢打好脱贫攻坚的高校答卷：高校扶贫理论与实践［M］. 北京：中国青年出版社，2020.

高水平前沿基础的研究，强化产学研合作，加大对乡村特色优势产业的技术研发和技术服务。可设立"乡村振兴志愿服务"孵化基金，积极探索引入地方共建资金、社会捐赠等多元化筹资渠道，多维度破解经费瓶颈。如上海财经大学教育发展基金会牵线上海东洲资产评估有限公司董事长王小敏（1978级金融班校友）捐资100万元设立了"先星-上财奖学金"，以资助云南元阳县一中和元阳高中高考排名前20的高三学生，每学年10万元（每人5 000元）。

5. 健全制度保障，推进乡村振兴有序健康发展

大力推进乡村振兴与高校实践育人有效融合，需要有配套完备的制度作保障。国家层面应加快大学生服务乡村振兴的全国性立法，以提供健全的法律支持及良好的法律政策环境。学校层面要建立健全高校师生开展乡村振兴激励机制及相关工作实施方案，要增加乡村振兴工作在年度综合考核中的分值比重，逐级压实责任，明确工作任务。要落实相应的政策规定，确保为每一位参与社会志愿服务大学生购买意外伤害保险及第三责任险，给他们吃下一颗"定心丸"。学校教务、团委等各相关职能部门应出台开展社会实践的相关管理规章制度、考评制度、应急处置机制等，确保高校助推乡村振兴校外实践活动健康有序推进。

（三）乡村基层组织提供需求清单

乡村基层组织、村干部要加强调研，一方面要搞清本乡镇（村）的发展目标定位，透彻了解农民的发展需求，另一方面，要加强研究了解对接服务高校的优势资源，精准向政府及高校提出服务需求清单。

（四）成立县政研究会

目前来说，高校在假期组织师生开展"三下乡"社会实践活动已成为一种常态。但问题是这些"三下乡"活动的社会实践成果并未真正进入政府部门成为资政的有效资源。建议成立一个县政研究会，该研究会为地方政府服务，地方高校成为县政研究会的成员，每个假期由该研究会制定调研主题，组织高校师生组织小分队开展乡村振兴社会实践活动，形成的调研报告仍旧可以评选奖励，但同时研究会理事会应把这些优秀成果向县级政府报告，并提出针对性的建议，让"三下乡"社会实践调研报告真正用在乡村振兴实践中。同时，每年举行的乡村振兴模拟政协提案，也可以经该研究会挑选后向政府推荐。

（五）共建合作管理服务平台

根据教育部2018年出台的《高等学校乡村振兴科技创新行动计划

(2018—2022 年)》，各高校在 5 年间应共建成近 800 个教授工作站、乡村振兴基地、科技服务点；200 余个服务乡村振兴相关领域分子设计育种前沿科学中心、教育部重点实验室、教育部工程研究中心等各类科研服务平台，以此大幅提升服务乡村振兴的条件能力。因此，各高校一是要高度重视建设服务平台的重要意义，加大资金及人力投入。二是要充分利用自身人才优势、科研优势，积极共建政府、高校、乡村三方管理服务平台。三方可共同优化升级"乡村振兴行动台账"管理系统，做好台账和数据分析研判，发现并及时解决问题。三是应健全激励师生参与乡村振兴服务的制度，让广大师生加入服务平台参与乡村振兴志愿服务。四是高校应积极为企业与乡村双方牵线搭桥，促成合作项目；企业也应尽可能开放内部场所供村民学习参观。

三、增强乡村基层党组织的组织力、凝聚力、战斗力

党的基层组织是党在社会基层组织中的战斗堡垒，是党的全部工作和战斗力的基础。坚持以党建引领基层治理，不断增强基层党组织的组织力、凝聚力、战斗力，努力让群众生活和办事更方便，不断增强人民群众的获得感、幸福感、安全感①。组织力是一种整体力、综合力，既包括组织设计科学性、制度完备性等"硬"指标，也包括共同价值观、组织目标吸引力、成员思想作风等"软"指标②。当前，少数基层党组织政治功能淡化、班子队伍建设"软化"、制度落实形式化、履行职责虚化、作用发挥弱化等问题依然存在，表面看是工作不实不细，深层次来讲是基层党组织组织力不强的问题③。基层党组织组织力不强等问题，已成为制约乡村振兴的因素。习近平总书记强调："党的力量来自组织，组织能使力量倍增。""坚持大抓基层的鲜明导向，抓党建促乡村振兴，把基层党组织建设成为有效实现党的领导的坚强战斗堡垒。"党的十九大报告指出："要以增强组织力为重点，突出政治功能，把企业、农村、机关、学校、科研院所、街道社区、社会组织等基层党组织建设成为宣传党的主张、贯彻党的决定、领导基层治理、团结动员群众、推动改革发展的坚强战斗堡垒。"

高校思政工作助力乡村组织振兴，要把抓党建促乡村振兴列入学校"十四五"重点任务，把建强村党组织作为推进乡村振兴的"先手棋"，从增强农村基层党组织的政治领导力、思想引领力、群众组织力和社会号召力等方面入

---

① 冯玉臻．不断增强组织力凝聚力战斗力 以党建引领基层治理［N］．人民日报，2020－07－17．
②③ 马平．着力提升基层党组织的组织力［N/OL］．中国共产党新闻网，2019－03－29．

手，着力把党的政治优势、组织优势转化为推动乡村振兴的发展优势。

（一）强化基层党组织设置

习近平总书记指出："党的基层组织是党的机体的神经末梢，要发挥好战斗堡垒作用。基层党组织是党执政大厦的地基，地基固则大厦坚，地基松则大厦倾。""帮钱帮物，不如帮助建个好支部。"高校思政工作助力乡村组织振兴，要聚焦提升农村基层党组织的组织力量、组织功能与组织优势，助推乡村治理现代化水平提升。

1. 创新设置乡村党组织，共建示范党支部

高校与乡村共建党支部，可创新设置乡村党支部，在一定特色区域跨村共建、区域联动，将分散的村庄、农户统筹谋划组织起来，把基层党组织建在产业链、合作社、生产小组、村民小组上，积极探索"党支部＋专业合作社（协会）＋产业＋基地＋农户""党支部＋技术示范基地"等多种模式，构建以党建融合发展区党委（党总支）为核心、辖区村（企）党支部为支撑、特色党支部为拓展的组织体系，以党的建设推动区域内组团融合发展，统筹盘活资源，拓宽"致富路"。如广东食品药品职业学院通过"党建＋智慧＋文化"的模式，政治基础、经济产业、文化培育"三管齐下"，为高校探索乡村振兴走出了一条新路①。高校还可以把在志愿服务中涌现出的典型榜样、优秀党员、入党积极分子编入乡村党支部，共建乡村振兴"样板党支部"，充分发挥高校师生党员在乡村振兴第一线的先锋模范作用。福州大学经管学院派出福建省首支以党建引领乡村振兴工作的高校党员"科技特派员"团队，正式搭建科技助力产业振兴、人才振兴、文化繁荣、党建共建的创新协同平台——"福州大学乡村振兴工作站"。2022 年 7 月，该工作站实践队前往闽清县桔林乡、闽侯县上街镇候官村，围绕"党建引领下，如何探索乡村振兴发展路径"主题，开展老中青"书记传帮带"座谈会等一系列社会实践活动②。为寻求突破改变现状，福建商学院与仙游县金溪共建，成立党员干部教育实践基地，助力打造高校基层服务型党组织③。肇庆学院生命科学学院柑橘党支部（广东省西江流域柑橘产业

① 巫斌，董健. 智慧党建与文化扶贫的融合：试论高校推进精准扶贫工作模式创新 [J]. 农村经济与科技，2019，30（6）：259 - 260.

② 福州大学经管学院：强化党建引领 推进志愿帮扶 助力乡村振兴 [N/OL]. 党建网，2022 - 09 - 23.

③ 吴娇蓉. 高校与扶贫联系点党建共建的实践与思考：以福建商学院为例 [J]. 佳木斯职业学院学报，2021（10）：19 - 20.

协同创新中心党支部），是肇庆学院党委首先在科研创新团队、重点学科专业、重点项目和重大平台上建立起来的党支部，在 2018 年被教育部办公厅列为首批"全国党建工作样板支部"培育创建单位。该党支部围绕广东省西江流域柑橘产业开展技术应用与创新研究，坚持把小柑橘做成扶贫大产业，探索出一条高校"学习型、服务型、创新型"党支部在助推脱贫攻坚和乡村振兴上的新路子[①]。

2. 共建智慧"移动党校"

基层党组织建设要不断推动理念与技术手段的创新，从而确保拥有与时俱进的社会号召力[②]。针对农村基层党组织党员老龄化严重、创新思维不足的问题，高校与乡村基层党组织共建智慧党建平台，通过微博、微信群、手机客户端、远程教育等，建立校、县、乡、村一体化的网上"移动党校"。可组织高校党员、预备党员、毕业生党员等"新鲜血液"参与到乡村党支部线上线下的党员志愿服务活动中，让乡村干部"减负""提神"，推动农业科技平台、人才、成果、服务、市场与贫困地区实现有效衔接[③]，着力提升乡村基层党建信息化、科学化水平。针对目前乡村基层党组织建设情况，实施软弱涣散基层党组织整顿专项行动。让高校师生党员、入党积极分子参与到党建网格化管理服务中，通过承担"零距离"服务"网格员"，开通专门的热线电话、QQ、微信及上门服务平台，对农民、企业等开展应急性技术指导和培训工作，让专家、农民、企业主到种植基地进行指导、学习、参观，并持之以恒[④]，增强服务乡村基层党组织建设的能力。

3. 探索设立农村党建专项基金

探索通过校友会捐赠、社会企业赞助等多种第三次分配形式，筹措乡村党建专项基金，以此解决乡村基层党建经费不足问题。主要用于选树先进典型奖励，改造提升乡村党建村建文化场所、多功能党建文化活动中心等基础设施，开展党团共建活动等。

（二）突出乡村基层党组织的政治功能

党的二十大报告指出，要增强党组织政治功能和组织功能。强化政治功能

---

① 梁嘉慧，李文明. 高校基层服务型党组织建设的探索与实践：以肇庆学院科技创新团队为例 [J]. 湖北函授大学学报，2016，29（18）：63－65.

② 张垚. 新时代怎样增强党的社会号召力：对话相关专家学者 [EB/OL]. 中国社会科学网，ht-tp：//ex.cssn.cn/zzx/zggcd_zzx/201711/t20171122_3750125_1.shtml.

③ 李丽颖. 科技发力：要啃深度贫困硬骨头 [N]. 农民日报，2019－04－26.

④ 梁嘉慧，李文明. 高校基层服务型党组织建设的探索与实践：以肇庆学院科技创新团队为例 [J]. 湖北函授大学学报，2016，29（18）：63－65.

是推动组织振兴的根本要求。村党组织处于组织体系的最末端，联系群众的最前沿，必须把强化政治功能放在首位。

1. 加强政治领导力

政治领导力是党的十九大报告中提出的新概念，是政党领导力的重要要素，是政党对各种政治力量、政治现象正向的影响力[①]。《中共中央　国务院关于实施乡村振兴战略的意见》提出了实施乡村振兴战略的基本原则，第一项就是"坚持党管农村工作"。坚持和完善党对农村工作的全面领导，是我国在长期反贫困实践中形成的"坚持中国共产党的领导，夯实中国特色社会主义制度基础"等宝贵经验的结晶[②]。2020 年 12 月，习近平总书记在中央农村工作会议上强调："要加强党对'三农'工作的全面领导，各级党委要扛起政治责任，落实农业农村优先发展总方针，以更大力度推动乡村振兴。"把党对乡村治理的领导落实到健全乡村治理体系中，确保党在乡村治理工作中始终总揽全局、协调各方，确保中国特色社会主义农业农村现代化建设正确方向，这是全面推进乡村振兴的政治保障，是走中国特色社会主义乡村振兴道路的内在要求。

高校党委在加强农村党员干部培训工作中，要把习近平新时代中国特色社会主义思想作为重点，不断强化乡镇干部、党员的政治信仰，坚定"四个自信"、增强"四个意识"、做到"两个维护"，使基层党组织和党员对党的事业有高度认同感，从而形成强大的凝聚力[③]，乡镇干部、党员的政治信仰、政治责任得到进一步增强。

2. 严肃党内政治生活

习近平总书记强调："严肃党内政治生活是全面从严治党的基础。党要管党，首先要从党内政治生活管起；从严治党，首先要从党内政治生活严起。"目前，有些乡村基层党支部"三会一课"制度虚化，党员党性意识淡薄，"三不党员"（无正当理由连续六个月以上不参加党的组织生活、不交纳党费、不做党所分配的工作）时有发现，农村基层党组织凝聚力较弱。部分农村基层干部以权谋私、"小官大贪""微腐败"等现象突出。发展党员过程中优亲厚友，优秀人才被拒之门外。

高校思政工作助力乡村组织振兴过程中，一是要强化乡村基层党组织的政

① 刘波. 建设新的伟大工程须统筹增强"四力"[J]. 中国党政干部论坛，2018（3）.

② 孙咏梅. 马克思反贫困思想及其对中国减贫脱贫的启示 [J]. 马克思主义研究，2020（7）：87 － 95.

③ 黄克亮. 乡村组织振兴视域下增强农村基层党组织和党员内生动力的路径研究 [J]. 探求，2018（5）：43 － 50.

治意识，肩负起执行党内法规制度的第一责任，健全党内法规执行责任制，坚决维护党内法规制度的严肃性和权威性。二是要助力乡村基层党支部创新"三会一课"制度，把服务困难党员、群众的工作做到实处，提升组织生活的吸引力、号召力、凝聚力。

（三）选拔好乡村"第一书记"

乡村治理工作队伍，是实现"治理有效"的实践者和推动者。村集体经济强不强，村民富不富，环境美不美，取决于班子强不强。发展基础条件差不多的村庄，发展程度差距较大的原因，一般就是班子治理效能的差别。习近平总书记强调："推动乡村组织振兴，关键要打造千千万万个坚强的农村基层党组织，培养千千万万名优秀的农村基层党组织书记。"推动乡村组织振兴，需要大力实施"头雁"工程，构建农村基层党组织书记后备队伍。习近平总书记强调："必须坚持发挥各级党委总揽全局、协调各方的作用，落实脱贫攻坚一把手负责制，省市县乡村五级书记一起抓，为脱贫攻坚提供坚强政治保证。"现在有些家庭虽然自家挣了钱，物质上过好了，但总觉得缺了支柱，少了灵魂，虚了精神。这说明农村还是缺少"主心骨"。当前，我国部分农村基层党组织书记文化素质不高，传统管理型书记多，改革型与创业型书记少，现代化运用技术差，习惯以"经验""面子"办事，难以担起乡村有效治理的重任。坚持头雁引领是推动组织振兴的关键之举，要坚持把带头人队伍建设作为建强村党组织的关键任务①。

因此，高校思政工作助力乡村组织振兴，一是要不断落实完善选派单位帮扶责任机制，选拔政治强、作风硬、能力高的思政工作者到乡村任"第一书记"，并签定任期责任状，加强对"第一书记"的管理及支持，帮助他们真正成为农村经济发展的"主心骨"和"头雁"。二是要健全相关驻村干部激励约束机制，大力开展"乡村振兴好书记"评选表彰，建立健全常态化从优秀乡村"第一书记"中定向招录专升本、攻读硕士、博士学位机制，打破政治成长路上的"天花板"，激励驻村干部在乡村振兴伟大实践中担当作为。

（四）提升服务能力

习近平总书记关于扶贫工作的重要论述，充分体现了马克思主义政党的本质特征和社会主义的本质要求，体现了中国共产党以人民为中心的发展思想，

---

① 农科讲堂．从四个方面推动乡村组织振兴［N］．三农快讯交流平台，2022－08－03．

体现了新发展理念对脱贫攻坚的统领，体现了当代共产党人和党的领袖的深厚情怀[①]。习近平总书记指出："要围绕农民群众最关心最直接最现实的利益问题，加快补齐农村发展和民生短板，让亿万农民有更多实实在在的获得感、幸福感、安全感。""把人民群众的小事当作我们的大事，从人民群众关心的事情做起，从让人民满意的事情做起。""我们党的执政水平和执政成效都不是由自己说了算，必须而且只能由人民来评判。人民是我们党的工作的最高裁决者和最终评判者。"目前，有一部分农村党员几乎完全将自己和普通群众看齐，基层党组织的战斗力和党员先锋意识亟须提升。

1. 增强服务意识

高校党建助力乡村振兴，一是要增强党员领导干部为民服务的意识。如怒江傈僳族自治州新时代农民讲习所针对很多"直过民族"家中仍保留着原始习俗的情况，讲习员深入贫困群众家中，教他们形成折衣叠被、整治家居环境的习惯，从实处着手、细处着眼，从生活习惯的改变入手，带领贫困群众学常识、学技能、学礼仪、增智慧，不仅打开了贫困村民的视野，提升了他们的发展能力，也点燃了他们生活的勇气[②]。二是组织培训一批师生深入乡村开展志愿服务，与基层党组织一同实施"便民服务中心亲民化改造行动""一站式"服务，把服务群众"最后一公里"变成"零距离"。三是高校要对愿意参与乡村志愿服务的师生党员进行摸排，建立台账，把那些办事能力强、敢于担当、真正愿意服务乡村的优秀教师、优秀毕业生选拔到乡村服务中。四是要助力乡村基层组织避免人力资源外流，培育一批致富带头人，先富带动后富。有意识地鼓励引导高素质农民、党员成为农民增收致富的"领航员""宣传员"，使大部分党员由自富型向带富型转变，使农村党员不仅能够自己致富而且能够带领群众致富[③]。如肇庆学院柑橘党支部针对贫困地区果农管理技术水平低等问题，特邀国内柑橘专家对郁南县、德庆县等扶贫联系村中的果农进行柑橘种植技术培训[④]。

2. 细化岗位职责，杜绝"躺平"

当前，部分基层乡镇机构权责不清，职能越位和缺位问题依然普遍存在；

---

① 刘永富. 打赢脱贫攻坚战的科学指引［N］. 人民日报，2019 - 12 - 23.

② 国务院扶贫办政策法规司，国务院扶贫办全国扶贫宣传教育中心. 中国减贫奇迹怎样炼成［M］. 北京：研究出版社，2020：278.

③ 姚毅. "四措并举"实现乡村组织振兴［N］. 乡村振兴，2021 - 02 - 22.

④ 蒋惠，郭丽英，吉前华，等. 坚持党建引领 凸显专业优势 助力产业扶贫与乡村振兴：基于肇庆学院培育创建全国党建工作样板支部实践［J］. 科教文汇，2020（27）：3 - 8.

个别岗位职责设置不明，存在"一人多岗"和"一岗多责"的情况，容易导致忙闲不均等问题。调研中发现：个别基层干部并不是严格按照定岗定责来划分的，而是人随事走，遇到紧急、重要的任务时，比如疫情防控、秸秆禁烧，基层大量人员会从现有岗位被抽调去补位，相当一部分基层干部并不只是完全从事本岗位工作，还承担着相当多的岗位之外的特殊任务或临时任务，这种情况在基层乡镇十分普遍。岗位职责任务不清，有时就会导致忙闲不均的情况发生，有的特别忙，干得越多，分配的任务也就越多，总有干不完的事；有的特别闲，逐步成为"躺平干部"，出现了"忙者愈忙、闲者愈闲、鞭打快牛"的情况。

高校思政工作助力乡村组织振兴，要加强对乡镇基层组织的调研，厘清常态化事务与偶发性事务及归属，优化基层岗位职责配置，科学划分部门、人员岗位职责界限；要及时调整基层机构权责清单，确保每个机构和岗位职责明确、工作量饱满，职责权利相统一，详细列出职位名称、职责权限、工作内容、工作事项、任职资格、职位人等信息，确保人员各安其位、各司其职，无法"躺平"。

四、推进乡村"三治融合"

乡村组织振兴的目标是要实现治理有效，治理有效的根本途径就是整合乡村中的各类组织力量，不断促进多元主体在基层社会治理中的协同作用。乡村组织体系的系统构建，以夯实乡村有效治理为根基，立足提升乡村善治水平，以建立和完善以党的基层组织为核心、村民自治和村务监督组织为基础、集体经济组织和农民合作组织为纽带、各种经济社会服务组织为补充的组织体系。党的十九大提出健全自治、法治、德治相融合的乡村治理体系。自治有助于消化矛盾，法治定分止争，德治则是春风化雨。各高校要强化"三治融合"理念，结合基层乡村实际，整合各方力量，探索乡村"三治融合"模式，构建乡村治理新体系新格局。

（一）助推乡村居民自治

高校师生融入乡村自治，就是给予乡村更多的借鉴模式、典型案例，高校对乡村而言仅是一种推荐作用，而非类似政府的强制作用，因此，高校思政队伍作为第三方助力乡村自治，其作用意义与政府较为不同。

1. 突出乡村居民自治主体地位

农村工作得以开展的基础是群众的参与，乡村振兴要突出乡村居民自治的主体地位，解决好乡村治理"干部干、群众看"的现象。中国农业大学叶敬忠教授从 2021 年 3 月开始到山东、湖南、陕西、浙江、河北 5 个省共 10 个村庄对 529 位农民开展调研，发现有近 40％人没有听说过乡村振兴。习近平总书记强调："各地要制定符合自身实际的实施方案，科学把握乡村的差异性，因村制宜，发挥亿万农民的主体作用和首创精神，善于总结基层的实践创造。""必须坚持依靠人民群众，充分调动贫困群众积极性、主动性、创造性，坚持扶贫和扶志、扶智相结合。组织、引导、支持贫困群众用自己辛勤劳动实现脱贫致富。"2020 年 9 月，习近平总书记在长沙市主持召开基层代表座谈会时强调，要把加强顶层设计和坚持问计于民统一起来，鼓励广大人民群众和社会各界以各种方式建言献策。高校要探索完善村党组织领导的村民自治机制，总结一些全国做得好的村民议事会、理事会、监事会、"新乡贤"参事会等议事协商自治模式，并积极向各乡村村民推广。

2. 发挥"新乡贤"的作用

2023 年 7 月，农业农村部、国家发展和改革委员会、教育部等九部门联合印发了《"我的家乡我建设"活动实施方案》，引导品行好、有能力、有影响、有声望、热衷家乡建设事业的专业人才、经济能手、文化名人、社会名流等能人回乡参与建设。探索通过岗编适度分离等多种方式，鼓励城市在职科教文卫体等工作人员定期服务家乡，鼓励引导退休干部、退休教师、退休医生、退休技术人员、退役军人等回乡定居，当好产业发展指导员、村级事务监督员、社情民意信息员、村庄建设智囊员。高校要积极为那些想为振兴乡村出钱出力的教师找到参与乡村建设的渠道和平台。

3. 提升村民参与基层治理的积极性

高校在上级政府机关的同意下，可以派出乡村治理观察员和协助员，一是帮助基层乡村干部规范村级事务运行规则，加强基层民主监督；二是结合各村实际，借鉴国外先进典型经验，帮助提升村民参与村务管理、决策、监督的积极性。如浙江象山采用"村民说事"等方式，提高农民群众主动参与村寨公共事务的积极性，让农民群众对村级权力的运行看得见、说得上，让村民自治实实在在地运转起来。

4. 搭建村民自治平台，探索乡村"数治"模式

国务院印发的《"十四五"推进农业农村现代化规划》指出：构建线上线下相结合的乡村数字惠民便民服务体系，推进"互联网＋"政务服务向农村基层延伸。通过"互联网＋"政务服务，一方面可提升乡村治理智能化、精细化、专业化水平，另一方面可方便农民参与到乡村基层治理中来。高校助力乡村组织振兴，要用好现代信息技术，充分发挥高校计算机专业、大数据专业优势，构建乡村数字治理和村务公开"阳光工程"，为乡村基层组织搭建多方主体参与村民数字化治理平台，加快构建高校与县、乡、村三级数字乡村服务体系，推广应用积分制、清单制、数字化等治理方式，推行乡村网格化管理、数字化赋能、精细化服务①，推动数字技术与乡村治理深度融合。该数字化平台可创设民意汇集、民主协商、决策推进、民主监督、矛盾化解等栏目，以线上线下相结合的方式，加大"三务"公开力度，让村民们积极参与村务管理，实现村民从"被动管理"向"主动治理"转变，让村民在村级协调议事中"唱主角"，有利于激发乡村发展活力和化解农村自治"撂荒"的窘境，形成民事民议、民事民办、民事民管的多层次基层议事协商格局。

（二）助推乡村法治

在当前我国城乡二元结构体制下，城乡发展不均衡，其中之一就是乡村刚性法律的缺失，如何把握好乡村法治的柔性与刚性是一个哲学问题，也是乡村现代化治理能力的体现。目前我国很多农村普法宣传教育流于形式，只是在赶集天，发发资料、拍拍照，达到所谓"工作留痕"的要求，普法宣传效果较差，乡村法治建设推进参差不齐。有些村（居）都设立了法律顾问，但其为农村群众提供涉法事务服务不多，很多群众都不知道村里还设有法律顾问，也不认识法律顾问。农民群众法律知识、法治素养普遍不高，大多法律知识都是从"抖音"等媒体传播途径获得的片面信息，甚至是负面信息。

高校思政工作助推乡村法治建设，一是要加大乡村基层公共法律服务平台的建设力度，通过平台推进乡村法治化建设。二是推进选派具有法律素养的师生开展"法治三下乡"活动，对基层干部及村民加强乡村法治宣传教育，提升乡村法治化治理水平。三是强化乡村干部不能只当老好人，要增强严格执法的意识。

（三）助力乡村德治

2018年9月21日，习近平总书记在主持十九届中央政治局集体学习时强调："很多风俗习惯、村规民约等具有深厚的优秀传统文化基因，至今仍然发挥着重要作用。要在实行自治和法治的同时，注重发挥好德治的作用，推动礼仪之邦、优秀传统文化和法治社会建设相辅相成。"很多时候，"以德化人"能

---

① 党的二十大报告辅导读本［M］. 北京：人民出版社，2022：110.

解决自治和法治不能解决的问题。高校思政工作助力乡村振兴，要深入乡村挖掘各乡村蕴含的优秀传统道德规范，推进社会主义核心价值观进村入户，突出德治为先，强化道德教化的作用，传播正能量，弘扬真善美，推广道德评议会、文化娱乐理事会等社区性社会组织，培育文明乡风、良好家风、淳朴民风，把德治与自治、法治结合起来，推动乡村"三治融合"。

五、凝聚社会各方力量

虽然我国部分高校已成为推进乡村振兴战略政策咨询研究的高端智库，但高校对乡村振兴的助力仍有广阔的空间。

（一）深化高校协作

高校思政工作助推乡村振兴涉及到的领域非常多，非高校和学者一己之力可以完成，需要构建"政府—高校—社会组织—市场"四维有效互动机制，政府部门可以促进相关高校之间的合作，各高校间要加强交流合作，相互借鉴助推乡村振兴的成功经验和特色模式。

1. 完善高校乡村振兴发展智库

早在 2014 年，教育部就制定了《中国特色新型高校智库建设推进计划》，由高校各领域专家组成高校智库（Think Tank），根据服务定位和研究重点开展研究服务工作，发挥高级智囊和参谋咨询作用。高校作为智力和人才的重要聚集地，在智库建设方面具有天然优势和深厚积淀[1]。近年来高校智库针对精神扶贫也进行了卓有成效的研究。今后可针对以下四个方面加强重点研究和实践探索。

一是有深厚理论研究基础的高校可着重开展事关国家长远发展的基础理论研究，为国家重大战略决策的科学制定提供坚实的理论支撑[2]；普通高校可发挥重要文献资源基础优势，围绕科技、教育、新业态等领域开展调查研究。

二是有计划培养复合型专业智库人才[3]。专业人才能对调查到的乡村海量信息数据进行统计分析，为政府制定相关乡村振兴政策提供对策建议和大数据

① 有的放矢：提升高校智库服务经济社会发展能力 [N/OL]. 人民网，2019－09－23.
② 刁嘉程. 高校"互联网＋"精准资助育人工作体系的构建研究 [J]. 智库时代，2019（23）：286－287.
③ 白才进，贾琦，张衡硕. 精准扶贫背景下高校智库服务研究：以山西高校智库建设为例 [J]. 山西财经大学学报，2020（4）：68－72.

支撑。

三是高校智库针对农民普遍关心关注的乡村振兴问题，科学解释各级政府的乡村振兴政策，解答疑难困惑，引导社会舆论和公众积极参与。

四是重点聚焦精神贫困问题，探讨高校开展"智志双扶"的有效途径，解决后扶贫时代精神扶贫的重点任务。

2. 加强乡村振兴高校联盟

乡村振兴高校联盟可充分发挥各高校的独特优势和广大校友资源，释放"硬核"力量，有利于打造乡村振兴高端智库和协同创新平台，为乡村振兴提供人才、技术和智力支撑、制度设计等。2021 年 12 月，由全国 42 所具有不同学科及地域特点的高校共同发起成立了全国乡村振兴高校联盟；2022 年 7月，辽宁省乡村振兴高校联盟在沈阳农业大学成立；2022 年 11 月，浙江农林大学联合全省高校共同筹建了"浙江省高校助力乡村振兴联盟"。乡村振兴高校联盟的成立是高校立足新发展阶段、贯彻新发展理念、构建新发展格局，助推乡村振兴高质量发展的重要举措，为高校服务乡村振兴搭建了共享平台。如浙江省 109 所高校助力乡村振兴联盟与乡伴文旅集团牵头发起了"百校对百村"计划，通过创新合作模式，将高校资源引进广大农村，与各村庄深度对接，促进科研、教育、技术推广深度融合①。

3. 建设乡村振兴"科学服务工作站"

高校要利用帮扶村的基础条件，以"国情思政""专创融合"为理念，依托"青马工程"、暑期"三下乡"等载体，联合农学、生物科学、社会科学等多学科领域师生团队，深入乡村"科学服务工作站"开展驻村科研工作。

4. 凝练实践经验

后扶贫时代，各高校应加强校际合作研究，对助推乡村振兴的理论应用及实践研究成果进行概括提炼，并将其转化为可借鉴的经验、模式。如浙江百家高校成立了助力乡村振兴联盟，通过加强联盟工作的组织领导和统筹调度，持续深化联盟工作深度和广度，加强联盟间各高校助推乡村振兴典型经验的推广应用。在联盟会议上，浙江大学、中国美术学院、宁波大学、浙江工商大学、浙江财经大学、浙江旅游职业学院、浙江商业职业技术学院充分交流助力乡村振兴的典型做法。各高校通过不断总结提高，不断深化乡村振兴与实现共同富裕、推动现代化的规律性认识，积极探索具有浙江特色、能为全国提供有益借

---

① 百校对百村！109 所高校成立联盟赋能乡村振兴［N］. 文汇报，2022 - 12 - 29. https：//bai-jiahao. baidu. com/s? id＝17535490087170163778＆wfr＝spider＆for＝pc.

鉴的高校助力乡村振兴模式。

5. 加强东西部地区高校协作

加强东西部地区高校合作，可充分利用东部地区高校的资本与人力资源优势，西部地区丰富的自然资源优势，搭建乡村振兴合作机制，实现资源共享、合作共赢。在教育部的组织牵头下，东部地区高校对口支援、重点帮扶了 160 个国家乡村振兴重点帮扶县，以点带面促进了西部地区乡村振兴。如东南大学积极联系江浙一带服装企业，帮扶南华县七彩彝州工艺品刺绣加工厂不断提升绣品品质，在全县带动 840 多位绣女就业，其中还包括 30 多位残疾人①。

（二）凝聚社会力量助力乡村治理

高校助推乡村组织振兴，既要讲情怀、讲奉献，也要按照市场规律办事，要增强多元共治意识，把政府的支持引导与市场的主导结合起来，引导社会各组织从支持者向参与者转变，积极参与乡村组织治理，畅通多元共治路径，实现社会各界共同助力乡村振兴和"共建共赢"。

1. 建立价值利益共同体

高校要积极争取、吸纳农工商企业、科研院所、社会组织参与到乡村振兴战略中来，建立价值利益共同体。依托校友会、产业集团发动组织校友企业家筹集资金支持帮扶脱贫地区设立教学奖教基金、助学金，建设体育文化活动中心、儿童文化活动室等，如福建商学院组织校友会成员创建电商运营平台，将茶叶、薏米推广到各大电商平台，销往全国各地，为当地农村经济发展添砖加瓦。校友会还联系校友企业向帮扶村龙头企业定点采购产品，搭建起"校友企业＋龙头企业＋基地＋农户"的利益长效链接机制②。

2. 组织力量，为乡村振兴建言献策

各高校积极承办和召开各类学术会议，邀请省外高校知名专家、学者参与本地乡村振兴热点问题研讨，聚焦乡村振兴开展学术研讨交流活动，为本地乡村振兴建言献策。如针对当前村干部大多数是兼职、工资补贴低等突出问题，高校可向政府建议增加村干部编制，提高工资待遇等。实现共同富裕要落实人力资本投资均等化③，要加大乡村教师的培养力度。选派专家赴乡村地区宣讲

---

① 整合资源 凝练特色 精准发力：构建高效集成、长效发展的定点扶贫工作体系［N］.教育部规划司，2018－10－17.

② 蓝澍德，林炜双.高校党建引领扶贫实践模式研究：以中山大学定点扶贫为例［J］.南方论刊，2021（8）：15－23.

③ 李实.实现共同富裕要落实人力资本投资均等化［N］.中国发展研究基金会，2022－01－21.

乡村振兴的方针政策和重大实践。如贵州财经大学依托"绿色发展""连片特困地区研究""一村一策"谋划农村产业发展特色，组织专家学者深入结对帮扶村，为当地量身打造乡村旅游、林下经济等发展规划。浙江大学中国农村发展研究院在嘉兴市、平湖市成立乡村振兴专家工作站，推动乡村振兴深度研究。

（三）加强国际交流合作

目前教育扶贫和乡村振兴研究的主要理论，如"资源要素理论""人力素质贫困理论"等均来自西方，在国际反贫困研究学术圈中，主流研究机构、核心学者，他们在国际上开展的跨国学术与实践研究基本上形成了一个相对闭合的学术圈子。各高校应有历史责任担当，积极参与高水平国际交流合作，主动筹建国际学术交流平台，在国际交流中诠释和传播好中国高校助推乡村振兴的"中国智慧""中国故事"，不断提升中国在国际学术界的影响力和话语权，努力构建中国高校风格的助推乡村振兴扶贫理论体系。近年，我国建立了"一带一路"绿色科技扶贫创新联盟、"一带一路"国际农业科技产业创新院、国际技术转移中心、国际合作联合实验室等国际科研合作平台 100 余个，为世界减贫提供了中国智慧，为中国乡村振兴引才引智。如西北农林科技大学联合 18 个国家的 95 个科教单位成立"丝绸之路农业科技创新联盟"，分别在哈萨克斯坦、吉尔吉斯斯坦等"一带一路"沿线国家建立了 8 个农业示范园。